MW00709927

MADRID - MÉXICO - BUENOS AIRES

TERRY LYNN TAYLOR Y MARY BETH CRAIN

365
meditaciones con los
ÁNGELES

MENSAJE VIVO

Título del original:
ANGEL COURAGE

Traducido por:
PEPA LINARES

Dirección en Internet: http://www.arrakis.es/~edaf
Correo electrónico: edaf@edaf.net

Para la edición en español por acuerdo con LORETTA BARRETT BOOKS INC. 101 Fifth Avenue New York, N. Y. 10003 USA

Edaf y Morales, S.A.
Oriente, 180, n.° 279. Colonia Moctezuma, 2da. Sec.
C.P. 15530. México D.F.
Edaf@edaf-y-morales.com.mx
http://www.edaf.y.morales.com.mx

Edaf y Albatros, S.A.
San Martín, 969, 3.°, Oficina 5.
1004 Buenos Aires, Argentina.
Edafal3@interar.com.ar

Junio 2000

Depósito legal: M. 22.255-2000
ISBN: 84-414-0738-X

PRINTED IN SPAIN IMPRESO EN ESPAÑA

Anzos, S.L. - Fuenlabrada (Madrid)

AGRADECIMIENTOS

Lo mejor de escribir un libro a medias con Mary Beth es estar al lado de una de las mejores amigas que se pueden encontrar. Hace once años que nos conocemos, y las dos coincidimos en que afrontar la vida con la conciencia de los ángeles nos llena de bendiciones, nos hace más valientes y aumenta en nosotros el sentido del humor. Nuestra amistad se basa en las risas compartidas y en una concepción de las cosas poco común, que, además, nos hace la vida más agradable.

Cada vez que, durante la redacción de este libro, las ideas se negaron a venir en mi ayuda, perdí el buen humor o me superaron mis emociones, fueron muchos los amigos que acudieron a rescatarme. Agradezco la suerte de haber conocido a lo largo de mi vida a una gente tan creativa y tan simpática, y a ellos les agradezco las ideas que me regalaron. Son los siguientes: Jai Italiaander, Shannon Mroczkowski, Lisa Rome, Ellen Blake, Janet Harris, Holly Phillips, Peter Sterling, Michael Bennet, Geoffrey Menin, Ken Kalb, Tont Gwilliam y Ed Wortz.

TERRY LYNN TAYLOR

Quiero agradecer a Sant Kaur Khalsa, Joanna Rice y Steve Vance la inspiración de muchas de las meditaciones que he escrito aquí, y a algunos de mis auxiliares angélicos, Adam, George y Arthur, las ideas y la lucidez que me dieron día tras día. También agradezco a Karen Levine, nuestra editora, esa perspectiva angelical del tiempo que tuvo con el vencimiento del plazo de nuestro manuscrito y su inagotable capacidad de estímulo. Y desearía mostrar mi agradecimiento también a Terry Lynn por ser, como siempre, un amigo y un colaborador maravilloso.

MARY BETH CRAIN

INTRODUCCIÓN

POR LO GENERAL, descubrimos la existencia de los ángeles cuando tenemos algún problema o nos enfrentamos a una pérdida. La mayor parte de los lectores que hayan encontrado consuelo en libros anteriores buscarán ahora la capacidad de entender una situación dolorosa y de no apartarse de Dios durante el proceso. *365 meditaciones con los ángeles* representa un nuevo enfoque ante la desgracia, porque ofrece una meditación cotidiana para los 365 días del año sobre los conceptos que generalmente consideramos desagradables, dolorosos o trágicos, con el objetivo de proporcionar una perspectiva nueva y esperanzadora que ayude a discernir tanto el significado que se oculta tras el dolor como las posibles «salidas», aunque para ello haya que «entrar» más profundamente en nosotros mismos.

365 meditaciones con los ángeles es en realidad un saludo de bienvenida que ellos te envían, con el deseo de que permanezcas abierto a todas las cosas que te ofrece el mundo. Los jungianos utilizan el concepto de bienvenida o aceptación en su sentido más creativo. Se nos ha enseñado que los malos tragos de la vida es mejor pasarlos rápidamente o tratar de no verlos, pero cuando sabemos aceptarlos, sin oponernos a lo imposible, sin echar a correr, pero sin permitir que se hagan crónicos, aprendemos a comunicarnos con ellos y extraemos lecciones del sufrimiento. Cuando damos la bienvenida a algo, lo reconocemos y ofrecemos una respuesta. Por tanto, aquí estamos, en la Tierra, con los ángeles, con nuestro miedo y nuestra humanidad, dando la bienvenida y dispuestos a aprender. Y durante ese proceso puede cambiar la química de la situación, el dolor puede transformarse en rebeldía, el miedo, en valor, y la desesperación, en esperanza.

Esperamos que *365 meditaciones con los ángeles* te ayude a salir del laberinto y a tener la valentía de afrontar los problemas, sin huidas, sin evasiones y sin negaciones. Este libro trata de la humildad, una palabra que viene del latín *humus*, que significa tierra. Hasta que no caemos al fondo, no podemos comenzar a subir. Hasta que no nos rompemos del todo, no podemos recomponernos, ni curarnos. Este libro no trata a los ángeles como seres por encima de nosotros, sino como seres que están aquí, especialmente cuando ya hemos caído del todo y creemos que nunca volveremos a levantarnos. Entonces, y solo entonces, conectamos con el *humus*, con la tierra, las raíces y la humildad. Cuando nos rendimos a nuestra humanidad, entramos en conexión con nuestro aspecto creativo. Es una forma por lo general muy útil de encarar los acontecimientos negativos. A través de esta meditación esperamos que descubras por qué una pérdida puede darte la libertad que necesitas para encontrarte a ti mismo y aprender a utilizar tus recursos internos.

365 meditaciones con los ángeles no pretende dar respuestas absolutas, fórmulas de éxito típicas de la «Nueva Era», explicaciones o falsas esperanzas; por el contrario, pretendemos proporcionarte un medio para permanecer alerta en el dolor, para evitar esos temores que te paralizan. Leyendo el libro a diario, tendrás la oportunidad de aumentar tu valor psíquico, de modo que cuando te enfrentes a una situación delicada, sepas a cuál de las «fichas» recurrir, para perder el miedo y actuar en la mejor dirección.

Pero, por encima de todo, *365 meditaciones con los ángeles* te demostrará que ellos siempre pueden cambiar una situación o aliviar un dolor. No pueden devolverte lo que has perdido, pero pueden darte consuelo y coraje para que te mantengas firme, para que amplíes tu conciencia, e incluso para crear un nuevo espacio en el que alguna vez vuelva a caber la alegría.

365
meditaciones con los
ÁNGELES

1 DE ENERO

LOS ÁNGELES GUERREROS

Consejo de los ángeles: La verdad os hará libres.

EL ÁNGEL guerrero es la encarnación de la integridad. Su misión (sea él o ella) es revelar la verdad, no como acto virtuoso en sí mismo, sino como forma de vida. Todos sabemos que a veces no resulta agradable enfrentarse a la verdad, por eso los ángeles son seres extraordinarios. Si hasta ahora no nos hemos convertido en ángeles guerreros es por miedo al rechazo, al conflicto, o, sencillamente, al fracaso. La verdad puede costarnos mucho: amistades, trabajos e incluso la libertad. No cabe duda de que es mucho más fácil dejar las cosas como están y sacrificar nuestra integridad en aras de un cómodo *statu quo.* En realidad, no somos sinceros con nosotros mismos, porque también así perdemos la libertad y vivimos esclavos de los temores. Todos podríamos ser ángeles guerreros; bastaría con perder el miedo a las consecuencias de defender nuestros principios y nuestros sentimientos. Los ángeles siempre están dispuestos a proporcionarnos el valor que necesitamos para conocernos y, lo que es más importante, para querernos, por muchos que sean nuestros errores. Los ángeles guerreros no son perfectos, pero sí cinceros, porque saben que la auténtica fuerza viene del amor, y el auténtico poder, de la voluntad de aceptar la verdad de nuestro ser y mostrarla al mundo sin temor.

¿Crees que vives con integridad? ¿Tus actos y tu estilo de vida están en consonancia con tus creencias y tus valores? ¿Hace ya tiempo que temes decir la verdad? Si crees que hay aspectos de tu vida en los que no eres sincero, debes comprender que, aunque lo hagas por defenderte, estas equivocado.

***Meditación de los ángeles:* Afrontar la realidad no es una colisión frontal de fuerzas opuestas, sino la asunción de la responsabilidad al servicio de la verdad.**

2 DE ENERO

LA FIESTA ES MÍA

***Consejo de los ángeles:* «La fiesta es mía y si quiero, me pongo a llorar... si quiero, me pongo a llorar... si quiero, me pongo a llorar...».**
LESLIE GORE, *It's my party*

EL LECTOR que pase de los cuarenta probablemente recordará este éxito musical de principios de los años sesenta. La heroína de la canción coge una rabieta el día de la fiesta de su cumpleaños, porque su novio, Johnny, sale con Judy, su rival. Este pequeño melodrama se alzó hasta los primeros puestos de todas las listas de la época, y aun hoy se oye con frecuencia, sobre todo en las emisoras de música dedicadas a los éxitos antiguos, lo que significa que caló hondo en el inconsciente colectivo. Naturalmente, tuvo su continuación, en una triunfante *Judy's Turn to Cry*, en la que nuestra protagonista proclama encantada: «Ahora le toca llorar a Judy... le toca llorar a Judy..., porque Johnny ha vuelto conmigo». ¿Qué pensarán los ángeles cuando comprueben la mezquindad del contenido de las canciones de nuestra vida? Probablemente se digan, sí, desde luego, la fiesta es tuya y puedes llorar si te apetece, pero lo cierto es que las fiestas organizadas para dar pena suelen acabar con un solo invitado: el anfitrión. Los ángeles esperan que nos estimemos lo suficiente para exigir una auténtica lealtad en el amor, y nos dicen que si queremos comportarnos como niños llorones, ¡adelante!, pero ellos no asistirán a nuestra fiesta.

¿Qué te parecen los niños llorones? ¿Qué piensas de esas personas que disfrutan con las escenas lacrimógenas de otros? La próxima vez que te tiente ser un niño llorón, imagina que los ángeles te están observando; probablemente la situación se volverá ridícula y te dará vergüenza.

***Meditación de los ángeles:* Prefiero reírme de mis problemas que llorar por ellos.**

hora 1:54 Am
thur

—— *2002

3 DE ENERO

«SI TE APETECE, HAZLO»

***Consejo de los ángeles:* Si le apetece a Dios, hazlo.**

A FINALES de los años sesenta y principios de los setenta se puso de moda decir: «Si te apetece, hazlo». Hemos pasado medio siglo dedicados a lo que nos gusta y nos hace felices, pero esa actitud ha causado también mucho dolor. Necesitamos una nueva forma de ver el mundo: exactamente la forma de los ángeles, porque ellos nos ofrecen una vida humana que viene de arriba, aunque tiene hondas raíces en esta Tierra. Los sentidos están para relacionarnos con el mundo que nos rodea. Ha llegado el momento de ser más sensibles y tener más sentido común. Solo así sabremos lo que significa un ser humano, al margen de la búsqueda de la satisfacción y el placer.

Por lo general, cuando llegamos demasiado lejos en la búsqueda del placer, pagamos un precio muy alto por él. Existe un modo de sintonizar nuestros sentidos con los ángeles: tener interacciones sensuales en un sentido espiritual. Vuelve tus sentidos hacia una fuente espiritual y percibirás con una intensidad mucho mayor la belleza y la alegría. En esos momentos de éxtasis, sentirás que Dios despierta tus sentidos con un amor que lo limpia todo.

***Meditación de los ángeles:* Abriré mis sentidos al sustento espiritual de los ángeles.**

hora: 11:08AM
fri

—— * 2002

4 DE ENERO

METAS IMPOSIBLES

***Consejo de los ángeles:* A veces lo imposible se hace posible.**

CONOCER los propios límites y no traspasarlos ayuda a ser una persona feliz y a hacer felices a los que nos rodean, porque cuando tenemos tendencia a exigirnos lo imposible solemos hacer lo mismo con los demás y convertimos el mundo en un lugar lleno de frustración. Ni Dios ni los ángeles nos plantean metas imposibles, ¿por qué lo hacemos nosotros? Ellos, como no sienten la inseguridad del ser humano, no tienen necesidad de hacer o pedir lo imposible para sentirse bien. Por el contrario, nos quieren tal como somos, y les gustaría que nosotros hiciéramos lo mismo.

¿Te planteas cosas imposibles, metas inalcanzables o logros que están más allá de tus capacidades? Si es así, ¿a qué crees que responde tu actitud? ¿Esas metas imposibles son realmente tuyas, o te las inculcaron tus padres u otros adultos durante tu infancia? Cuando corremos demasiado deprisa, podemos caernos al suelo. ¿Alguna vez te has puesto o has puesto a otros en esa situación? Pide a los ángeles que te ayuden a valorar tus fuerzas y a comprender que tener límites no es ningún desdoro.

***Meditación de los ángeles:* Conozco y acepto mis límites y aprendo a sacar el máximo provecho, contando con ellos.**

hora: 10:29. PM
Sat

*2002

5 DE ENERO

El incumplimiento de las leyes

Consejo de los ángeles: **Las leyes se han hecho para no cumplirlas.**

SEGÚN el diccionario, una ley es una línea de conducta obligada y un conjunto de reglas que nos instruye sobre lo que es correcto en todos o en la mayoría de los casos. Sin embargo, las leyes pueden convertirse en un problema con cierta facilidad, y algunas se han hecho para no cumplirlas. Por ejemplo, cuando dictamos leyes sobre el amor, nos estamos engañando a nosotros mismos.

Conviene recordar que las leyes humanas no son lo mismo que las naturales o espirituales. Las primeras son un invento de los hombres, mientras que las segundas se desprenden de la realidad. Si quieres ser auténtico, pídele a Dios que te dé la sabiduría de gobernar tu vida. Una ley, solo por el hecho de existir, puede crear una energía opuesta a lo que establece. Si te atrae una persona que trabaja contigo, pregúntate ¿De verdad estoy interesada en esa persona? ¿Es el riesgo de saltarme una norma lo que me atrae de ella? ¿Hasta qué punto interfieren las normas en mi vida cotidiana y hasta qué punto me afectan negativamente?

Meditación de los ángeles: **A los ángeles les gusta que cuestionemos la autoridad, y nos guiemos por el amor.**

6 DE ENERO

COMPLICAR LAS COSAS

***Consejo de los ángeles:* La vida es ya bastante difícil, no hace falta complicarla más.**

¿ALGUNA VEZ has tenido la experiencia de complicar algo más de lo que era necesario? Muchas veces dificultamos las cosas, porque previamente esperábamos que fueran difíciles, y esto ocurre porque nos sobrepasan. Entonces, la dificultad se agranda y su sombra nos acobarda. Cuanto mayor nos parece y más tardamos en hacerle frente, menores serán nuestros recursos, hasta que no nos quede más remedio que echar a correr. Pero cuando empezamos a comprender que es nuestra propia mente la que proyecta ese monstruo, podemos detenernos y pensar cómo hacer fácil lo que parece difícil, cambiando nuestra forma de verlo. Si, por ejemplo, tenemos por delante una actividad que no sabemos afrontar, como hacer la declaración de la renta o empezar una dieta, en vez de angustiarnos, adoptaremos una actitud de expectación positiva. Podemos decir: «Voy a convertir mi declaración en un hecho interesante; por ejemplo, cuando reúna todos los recibos, pensaré en los acontecimientos y las personas asociadas a ellos». O también: «Voy a convertir la pérdida de peso en un juego, buscaré los alimentos más apetecibles, y en vez de sentirme privado de algo, me esforzaré en estar bien nutrido». Los ángeles saben que la vida no es fácil, entonces ¿por qué empeorarla cuando no es necesario?

¿Cuál es tu forma de complicar las cosas? ¿Adoptas actitudes negativas y derrotistas que inmediatamente te conducen al fracaso? ¿Tiendes más a la preocupación que a la confianza? Si tienes que hacer algo que consideras difícil, los ángeles te animan a que empieces ya, día a día, poco a poco, hasta que dejes de colocar obstáculos en tu camino y todo quede hecho.

***Meditación de los ángeles:* No desvío mi camino, ni busco los problemas.**

7 DE ENERO

CUANDO ESTAMOS MAL, SEAMOS SINCEROS

***Consejo de los ángeles:* «Es mejor ser sinceros cuando nos sentimos mal que fingir una alegría que acaba por diluirse».**

CAROLINE CASEY

DICE el refrán inglés que el malestar necesita compañía. Es fácil sentirse contrariado, a todos nos ocurre de vez en cuando. Piensa en la última vez que un contratiempo te puso de mal humor, ¿qué hiciste? Quizá hacía un calor insoportable, llamaste a un amigo, y los dos os quejasteis mutuamente de lo mal que os sentíais. Una de las razones que nos mueven a compartir el malestar es que nos reafirma en nuestro sufrimiento. Compartir esas sensaciones sirve para acercarnos más a la otra persona, pero cuando nos convertimos en «quejicas» podemos acabar aumentando el malestar de los todos. El malestar puede ser un sufrimiento, un dolor físico, una sensación de desagrado... cosas que no le gustan a nadie, pero, en todo caso, es mejor ser sinceros y reconocerlo que recubrirlo con una fachada mentirosa.

A veces el reconocimiento del malestar es el primer paso para cambiar la química de la situación. Si necesitamos compartirlo, recordemos que los ángeles no buscan su compañía. Sin embargo, quieren que nos expresemos con libertad, y que nos sirva para salir del atolladero, quizá con sentido del humor, riéndonos de nosotros mismos. La próxima vez, reconoce tu malestar y luego deja que los ángeles lo transformen.

***Meditación de los ángeles:* Seré sincero cuando sienta algún malestar, pero nunca me quedaré empantanado en las quejas.**

8 DE ENERO

VALOR ANIMAL

***Consejo de los ángeles:* Los animales poseen el valor instintivo de vivir exactamente como son.**

LOS ANIMALES tienen muchas virtudes que los humanos descuidamos. Viven con sencillez, y nunca toman de la Tierra más de lo que necesitan para sobrevivir. Muchas veces sacrifican su vida por sus crías, y cuando están domesticados, por sus amos. No les importa la apariencia o la condición, y se presentan ante el mundo sin pretensiones. Los ángeles quieren que observemos a nuestros amigos los animales, porque quizá podemos aprender algo de ellos. Los indios americanos creen que cada animal representa una «medicina» para los problemas y las enfermedades que afectan a la vida humana, y que debemos pedirles que nos den valor, decisión, paciencia y otras virtudes que necesitamos para superar los obstáculos y vivir equilibradamente.

Piensa a qué animales te pareces y por qué. ¿Cuál de sus virtudes refleja tu fuerza o tus deseos? La próxima vez que se cruce un animal en tu camino, detente y trata de conectar con él, pero no como si fuera un ser distinto e inferior, sino como un igual ante Dios. Observa qué cualidades tiene, quizá te digan algo. Si tienes una mascota, intenta escucharla en vez de decirle tú a ella lo que tiene que hacer. ¿Qué mensajes podría darte que representaran algo importante en tu vida actual?

***Meditación de los ángeles:* Respeto el carácter único de toda forma de vida, y doy gracias por haber sido aceptado como miembro de la familia de la Tierra.**

9 DE ENERO

Abatimiento

***Consejo de los ángeles:* «Consumido estoy a fuerza de gemir, todas las noches mudo mi lecho, y con mis lágrimas riego mi estrado».Salmo 6:7**

El abatimiento es algo distinto al cansancio. Cuando estamos cansados es que nos encontramos fatigados físicamente, pero cuando nos sentimos abatidos es que nos oprimen las circunstancias, hasta el punto de que no podemos conciliar un sueño reparador. La vida se convierte en una carga difícil de soportar, pero los ángeles no consideran necesariamente de un modo negativo el abatimiento, porque a veces es la forma de acercarnos a nuestro verdadero hogar, es decir, a Dios. Son muchos los salmos que nos hablan de un abatimiento no del cuerpo, sino del alma. Es entonces cuando el salmista se vuelve hacia Dios, para salir adelante. El abatimiento es la señal de que debemos detenernos y tomarnos tiempo para volver a comunicarnos con nuestro espíritu, para pedir que se nos muestre el camino de vuelta a la vida.

Si te sientes abatido, pregúntate qué debe cambiar en tu vida. ¿Qué necesitas cambiar para renovar las fuerzas y la energía? ¿Trabajas demasiado últimamente? ¿Te ha deprimido una relación? ¿Te pesan las preocupaciones? Una de las posibles definiciones del abatimiento es la incapacidad para tener tolerancia o paciencia, así pues, pídeles a los ángeles que te den un suplemento de esas dos extraordinarias virtudes, que pueden surtir un maravilloso efecto de calma en ti.

***Meditación de los ángeles:* El abatimiento me servirá para reflexionar sobre mi vida y responder a las necesidades de mi espíritu.**

hora: 11:17 P.m
thur

10 DE ENERO

LA PIEZA QUE FALTA

***Consejo de los ángeles:* Aunque no lo sepamos, somos un Todo.**

A VECES la vida nos parece incompleta, como si le faltara una pieza fundamental. Sentimos insatisfacción, frustración y soledad. En esas ocasiones es fácil pensar que bastaría con encontrar esa pieza para que todo encajara y, por fin, pudiéramos ser felices. Si apareciera esa pareja que estamos esperando. Si nuestro marido dejara de beber. Si nos tocara la lotería... Lo curioso es que todas estas frases empiezan con ese *Si...* que siempre habla del futuro, nunca del presente. Pero Dios y los ángeles viven en el ahora, y, aunque no lo sepamos, ellos son la pieza que falta, por eso, cuando recuperamos el contacto con ellos, descubrimos que podemos volver a vivir felizmente, no para siempre, sino en el momento.

¿Falta alguna pieza en tu vida? ¿Crees que hay alguien o algo fuera de ti que puede completarte? ¿De qué forma? ¿Qué pasaría si volvieras a perder ese alguien o ese algo? Pide a los ángeles que te ayuden a completar el cuadro de tu vida y te permitan ser feliz y estar satisfecho.

***Meditación de los ángeles:* Cuando sintonizo con la sabiduría divina, me siento más completo.**

11 DE ENERO

PELEAS

***Consejo de los ángeles:* «No disponemos de tiempo para pasar media vida enzarzados en peleas».**
ABRAHAM LINCOLN

LAS PELEAS son como los tumores, pueden ser malignos o benignos. A veces pelearse resulta un pasatiempo útil para definir posiciones o aclarar determinados asuntos. Los debates son formas sanas e incluso productivas de pelea. Hay también riñas amistosas, como las que estallan cuando todos queremos pagar la cena. Pero cuando las peleas son profundas y hostiles tienden a extenderse como un cáncer, y a destruir nuestra vida y la de las personas que nos rodean. Los litigantes están tan apegados a sus egos que pierden la perspectiva y la compasión, y por encima de todo, antes de comportarse como un ser humano, lo que les interesa es tener razón. Las continuas riñas de los padres, por ejemplo, suelen surtir un efecto destructivo en los hijos. Las naciones que se enfrentan pueden destruir el mundo. Los ángeles nos recuerdan que lo que decimos y hacemos repercute en nuestro entorno, más allá de nuestra limitada esfera individual, por eso nos previenen para que no gastemos nuestro precioso tiempo en el resentimiento o el odio, y quieren darnos el valor de afrontar nuestros asuntos con la intención de no inflamar las llamas de la guerra, sino de mantener la antorcha de la paz.

¿Te has peleado con alguien? ¿Ha durado mucho el enfado? Según tu opinión, ¿qué es lo que te empuja a preferir la pelea a la paz negociada? Si la otra persona es tan intratable que no se puede razonar con ella, puedes poner fin a la pelea negándote a participar.

***Meditación de los ángeles:* Prefiero dedicar mis energías a las actividades constructivas.**

12 DE ENERO

EL PASADO

***Consejo de los ángeles:* Dejemos el pasado donde está.**

EL PASADO ya no nos pertenece, a no ser que queramos vivir en él. Si es así, debemos olvidarnos de los ángeles, porque ellos viven el aquí y el ahora. Los ángeles pueden ayudarnos a transformar nuestra conexión con el pasado cuando queremos cambiar y crear algo nuevo. Seguro que si observas tu vida de aquí y ahora encuentras cosas que pertenecen al pasado. Por ejemplo, si aún tienes esperanzas y deseos de una relación pasada, mira a tu alrededor y constata que esa persona ya no está en la habitación contigo. Si estás atrapado en la trampa de un antiguo victimismo, comprende que aquí y ahora puedes elegir liberarte de esa actitud. Tan pronto como los ángeles perciban un cambio dentro de ti, te bendecirán con más luz y más amor, para guiar tus pasos hacia un nuevo futuro.

Deja las ofensas del pasado en el pasado. Para lograrlo, necesitas dedicar tus energías a olvidarlas. ¿Arrastras algo del pasado? ¿Olvídalo y sigue adelante?

***Meditación de los ángeles:* Pido a los ángeles que abran mi corazón al olvido.**

13 DE ENERO

SIN CONTROL

***Consejo de los ángeles:* «La mejor forma de controlar a la gente es animarla a que sea egoísta».**
SHUNRYU SUZUKI

QUERER controlar a los demás es un comportamiento espantoso que, sin embargo, repetimos continuamente, con mayor o menor sutileza. Decimos lo que hay que hacer y cómo debe hacerse. Utilizamos el dinero y el poder para conseguir lo que queremos de otras personas. Empleamos métodos pasivos-agresivos para manipular la situación con quejas, intentando crear mala conciencia en el otro o abrumándolo con atenciones para que se sienta obligado a correspondernos. Pero, aunque parezca una paradoja, nunca controlamos tanto una cosa como cuando la dejamos en paz. Cuando el maestro zen Shunryu Suzuki habla de permitir que los demás sean egoístas, quiere decir dejarles que examinen su vida a su propio ritmo. Dejémoslos con sus errores y sus descubrimientos. Basta con observar el proceso. Cuando lo hagamos así, nos daremos cuenta de que no podemos controlar a nadie. Lo más que podemos hacer es controlar nuestra necesidad de controlar. Cuando nos olvidamos de una obsesión —y abandonamos la fantasía del control—, al menos podremos controlar a nuestro mejor aliado, que no es otro que nuestra propia mente.

¿Intentas controlar a los demás? ¿Cómo y por qué lo haces? ¿Cómo te sienta que otros lo intenten contigo? Procura abandonar poco a poco la idea de tener que hacer las cosas de una determinada manera para sentirte cómodo y seguro? Disfruta de la libertad que proporciona no tener que controlarlo todo.

***Meditación de los ángeles:* No busco controlar, sino comprender.**

14 DE ENERO

EXAMINAR, EXAMINAR...

***Consejo de los ángeles:* Hay que hacer un examen de entrada a la escuela de la conciencia elevada.**

TODOS HACEMOS exámenes; nos salen bien cuando los preparamos, y suspendemos cuando no hemos hecho los deberes. ¡Si fueran tan predecibles las pruebas a las que Dios nos somete! Por desgracia, ese gran maestro prefiere ponernos los exámenes por sorpresa, hasta tal punto que la mitad de las veces no nos damos cuenta. La única preparación posible para aprobar estos pequeños tests cósmicos es vivir todo lo centrados y conscientes que podamos. Si nuestros fundamentos espirituales no son firmes o tomamos la dirección del ego, descuidando la del alma, no obtendremos una buena puntuación. Pero cuando somos fuertes en valor, fe, compasión e ingenuidad, podemos pasar cualquier examen que Dios nos ponga.

¿Te ha sometido Dios últimamente a una prueba? ¿Has respondido desesperándote y dándote pena a ti mismo? ¿Has sacado todo tu arsenal espiritual para realizar el test con valor y esperanza? Recuerda que las pruebas de Dios nunca son juegos de poder o ejercicios de placer sádico, porque están pensadas con un espíritu de amor.

***Meditación de los ángeles:* Recibo los exámenes de Dios como una oportunidad de afinar mis herramientas espirituales.**

yo quiero escribir
algo de esto despues

15 DE ENERO

EL PRIVILEGIO DE DAR

***Consejo de los ángeles:* «Solo recibimos cuando damos». La oración de la paz.**

HAY UN PRECIOSO cuento zen que narra la historia de un rico mercader que decidió donar una gran suma de dinero a un maestro zen que necesitaba una escuela más grande. El maestro aceptó el dinero sin dar las gracias, como si estuviera haciendo un favor al mercader. Este, irritado, recalcó al maestro en términos inequívocos que le estaba dando una suma considerable.

«¿Quieres que te lo agradezca?», preguntó el maestro.

«Deberías hacerlo», respondió el mercader.

«¿Por qué?», replicó el maestro. «La persona que da es la que debe estar agradecida.»

A los ángeles les gusta este cuento, porque ellos son donantes cuyas gracias se nos dan en forma de alegría y aumento de nuestra sabiduría. Ellos quieren que demos con el mismo espíritu, sin esperar las gracias; por el contrario, quedando agradecidos por la oportunidad de ejercer la virtud de la generosidad y de ver la alegría que proporcionamos a otros.

¿Esperas que te den las gracias cuando das algo? Agradecer un regalo es, sin duda, una señal de educación, pero nuestro maestro zen no era un maleducado, sencillamente quería comprobar con qué espíritu le daba el dinero aquel mercader. La próxima vez que des algo, abandona la necesidad de recibir agradecimiento; por el contrario, da tú las gracias por la oportunidad de devolver al universo una parte de lo que te ha dado a ti.

***Meditación de los ángeles:* Disfruto dando.**

16 DE ENERO

SIN COLOR

***Consejo de los ángeles:* El espíritu se expresa en el color de la vida.**

A VECES la vida pierde color y es como un día nublado. ¿Dónde quedan el entusiasmo y la energía? Sin embargo, en esos días sin color se pueden hacer varias cosas: meternos bajo las sábanas y no salir hasta que lo haga el sol, mirar por la ventana y apreciar la belleza del paisaje gris, o crear nuestro propio color, utilizando las pinturas de nuestra luz y nuestra calidez. Los ángeles desean que recordemos que el color es relativo y que los días nublados pueden aprovecharse para descansar del exceso de luz y actividad. Cuando las cosas parecen descoloridas y deprimentes, los ángeles nos animan a dejar que el gris haga su propio milagro y nos dé tiempo para reflexionar. Cuando aprendamos a distinguir lo que nos aburre o nos entristece, podremos empezar a añadir breves toques de color atrevidos y creativos a nuestro día.

Cuando la vida pierda color, imagínala como la tela blanca de un cuadro que está pidiendo a gritos que la pintes. Tú eres el artista. Comienza a colorearla, poco a poco, con tonos que representen distintos aspectos de ti mismo. A cada color le corresponde un significado psicológico y espiritual; por ejemplo, el rojo simboliza el fuego, la pasión y la creatividad; el amarillo, el intelecto, la fe y la alegría; el verde, la salud y la vinculación con el entorno natural, etc. Es interesante observar cuáles son los colores que más nos gustan, porque pueden indicar tanto nuestras necesidades como las fuerzas de nuestra alma y nuestro espíritu.

***Meditación de los ángeles:* Dejo que el color entre en mi vida.**

17 DE ENERO

ATASCOS EN LA CARRETERA

***Consejo de los ángeles:* Un atasco puede dar paso a lo inesperado.**

CUANDO nos encontramos con un atasco en la carretera, tenemos varias alternativas. A veces, el hecho de no poder avanzar durante un breve periodo de tiempo nos frustra tanto que se nos sube la tensión. Pero también podemos aprovecharlo para esas cosas que generalmente no hacemos por falta de tiempo: repasar el talonario, escuchar música, escribir una entrada del diario o cerrar los ojos e intentar relajarnos unos minutos. Si el atasco es tan grande que nos obliga a dar la vuelta, busquemos una salida y tomemos otra carretera, y si la carretera está impracticable por completo, volvamos sobre nuestros pasos. Todos nos encontramos atascos en la carretera de la vida; a veces, nos obligan a detenernos a estudiar la situación con calma; otras, necesitamos estar abiertos a nuevos rumbos; y otras, hay que volver al principio y comenzar de nuevo. Los ángeles saben que estos obstáculos en nuestro camino responden a razones que no podemos desentrañar. Cuando, en vez de dejarnos paralizar, permitimos que los ángeles nos guíen, podemos estar seguros de que saldremos adelante.

Cuando encuentres un atasco en tu vida, busca a los ángeles, porque están a tu lado dispuestos a ayudarte. Pregúntales qué tipo de atasco es y por qué te lo has encontrado, y luego decide si tienes que esperar, tomar otro camino o volver atrás y afrontar de nuevo el problema.

***Meditación de los ángeles:* Cuando me encuentro con un atasco en la carretera de mi vida, intento saber por qué y pido la escolta de los ángeles para atravesarlo.**

18 DE ENERO

HACER OLAS

***Consejo de los ángeles:* «¡Agítate, agítate, agítate!».**
FREDERICK DOUGLASS

EN NUESTRA vida ordenada, estructurada y llena de ocupaciones, nunca nos atrevemos a hacer algo especial, ni a introducir el menor desorden; de hecho, estas cosas se consideran malas para el funcionamiento de la bien engrasada máquina social. Es cierto que la tranquila superficie del agua comunica calma y serenidad, pero cuando no se agita puede convertirse en un pantano de aguas cenagosas. Cuando las olas se rompen en la playa, interrumpiendo la calma, el mar se convierte en una fuente de energía, unas veces violenta, otras, estimulante, pero siempre necesarias. Si nos fijamos en la Naturaleza, veremos que las olas son tan necesarias como la tranquilidad. Todo necesita renovación de vez en cuando, hay que quitar los escombros, cambiar la energía y limpiar el entorno. Forma parte de la ley natural.

Cuando tenemos el valor de ir contra la apatía general y hacer olas, contribuimos a limpiar y equilibrar nuestro entorno. ¿Hay alguna zona de tu vida en la que temas hacer olas? ¿Crees que deberías hacerlas en tu familia, en el puesto de trabajo, en la vecindad, o te parece que deberías luchar por cambiar algo a una escala mayor? No olvides que cuando nos comprometemos a luchar contra las injusticias e intentamos cambiar las cosas, con el fin de mejorar la conciencia humana, los ángeles nos apoyan calurosamente.

***Meditación de los ángeles:* Me niego a ser un esclavo de lo establecido.**

19 DE ENERO

¿POR QUÉ YO?

***Consejo de los ángeles:* ¿Por qué no?**

¿ALGUNA vez has sentido que llevabas todas las papeletas para la tómbola universal de las desgracias? Si es así, debes de ser una persona muy importante, porque de otro modo no parece lógico que un solo ser humano merezca toda la atención del universo. Imagínate a Dios, tomando su agenda diaria y diciendo: «Vamos a ver, está produciéndose un terremoto de gran intensidad en Filipinas, la India se dispone a tirar una bomba atómica, y toda África muere de hambre..., pero eso no es urgente, porque tengo aquí a la señorita María Antonia Gutiérrez, que es la más desgraciada del mundo». Los ángeles saben que la vida no siempre es fácil y que a veces parece que ya no puede ir a peor. Pero también saben que todos tenemos nuestra cuota de tiempos difíciles, nuestros desafíos diseñados para crecer personalmente, poner a prueba nuestra fe y convertirnos en seres humanos más fuertes y más compasivos. A los ángeles les parece muy interesante el hecho de que precisamente la gente que más ha sufrido sea la que a menudo inspira a los demás con su valor y su optimismo.

¿Crees que te ha ocurrido algo que no merecías? Si es así, párate a pensar en las malas experiencias que también han padecido otras personas. Luego, haz una lista de todo lo malo y lo bueno que hay en tu vida en este momento. ¿Es más lo bueno que lo malo? ¿Hay un equilibrio entre lo bueno y lo malo?

***Meditación de los ángeles:* Me enfrento a los problemas de la vida con valor y huyo del resentimiento.**

20 DE ENERO

DECAIMIENTO

***Consejo de los ángeles:* Cuando has tocado fondo, solo puedes moverte hacia arriba.**

ESTAR VIVO significa sentirse decaído alguna vez. Puede fallar un trabajo, pueden rechazarnos una propuesta, puede fallar una expectativa o un sueño. Cuando estamos desanimados, deberíamos detenernos a examinar qué es lo que nos ha conducido a esa situación. ¿Hemos depositado nuestras esperanzas en una meta irreal? ¿Nos hemos jugado todo a un solo número? ¿Hemos proyectado en otra persona cualidades que no tenía? Quizá teníamos esperanzas justificadas, pero nos ha fallado el momento o ha intervenido una circunstancia que no está en nuestras manos modificar. Los ángeles nos recuerdan que ni el decaimiento ni el dolor son eternos. La mayor parte de las veces nos espera algo mejor si dejamos que se desarrollen los acontecimientos, sin anticiparnos a predecir o a anticipar los resultados. Cuando nos sintamos decaídos, analicemos si el sueño o la meta eran realistas y si realmente nos convenían. Si la respuesta es positiva, siempre podemos cambiar de estrategia y formular otras alternativas para salir adelante con éxito.

¿Te has sentido decaído últimamente? ¿Cómo has reaccionado? ¿Te has dejado caer en el abatimiento total o te has levantado y has superado su estado de ánimo? ¿Has contribuido a desanimar a otra persona? Si es así, ¿cuál te parece que ha sido la razón? ¿Cómo podrías recuperar tu propia confianza y la de los demás?

***Meditación de los ángeles:* Intentaré que mis expectativas y mis metas sean realistas en la medida de lo posible, y no dejaré que mi felicidad dependa de una sola cosa.**

21 DE ENERO

CUANDO LA VIDA IMITA LAS LETRAS DE LA MÚSICA TRADICIONAL

***Consejo de los ángeles:* «Si vas a la gramola, ¿te importaría poner una canción «country»? Es que esta noche me encuentro muy solo».**

VINCE GILL, *The Key*

SI TE ENCUENTRAS en una situación melancólica y quieres escuchar una canción adecuada a tu ánimo, te recomiendo que sintonices tu emisora preferida de música tradicional: copla, tango, fado, «country», es igual, esta música antes considerada banal y poco importante está completamente viva y gusta a todo tipo de personas, incluidas las más cultas. La mayor parte de sus temas versa sobre cuestiones del corazón, y ya se sabe que esos asuntos son universales y que pueden ocurrir en la vida de cualquiera de nosotros. Nos rompen el corazón, nuestros amores nos dejan, y nos ocurre todo lo malo que puede ocurrir en este mundo. Cuando nuestra vida se parece a una canción tradicional, los ángeles nos animan a seguir adelante. Con ellos como vocalistas, conseguiremos una vida armónica.

¿Se parece tu vida a una mala canción sentimental? La próxima vez que te encuentres con el corazón destrozado, intenta ponerte a cantar, pero, sobre todo, pide a los ángeles que cojan el micrófono y escucha una armonía distinta.

***Meditación de los ángeles:* Los ángeles aportan a mi vida una música nueva.**

22 DE ENERO

SITUACIONES IMPOSIBLES

***Consejo de los ángeles:* Todo es posible para las personas que saben dejar que las cosas corran.**

A VECES nos enfrentamos a situaciones que parecen imposibles de solucionar. Nada sirve, ni lo que hacemos ni lo que decimos, de modo que el enfado y la frustración no hacen más que aumentar. Los ángeles conocen dos remedios para estos momentos de bloqueo. Uno, dejar que corran las cosas; dos, ofrecérselas al Universo. El metafísico Emmet Fox escribió en los años veinte un influyente panfleto titulado *The Golden Key*, donde afirma que la «llave de oro» para toda situación difícil es ponerla en las manos de Dios. Fox cuenta numerosas historias milagrosas de deudas pagadas, maridos que vuelven a casa, nuevos trabajos que le caen del cielo a una persona que había perdido el suyo hacía mucho, etc., todo ello de repente y después de tranquilizarse y visualizar que se dejaba en manos de Dios. ¿Por qué funciona un procedimiento tan sencillo?, porque, con la carga, también dejamos caer la tensión y la angustia, nos sentimos más ligeros, más libres y más sueltos. La energía se hace más clara y comienza a atraer lo positivo. Como estamos menos preocupados por el problema, las soluciones llegan mejor a nuestra atención y se hacen más evidentes. Por otra parte, comienza a gravitar alrededor de nosotros gente que puede ayudarnos. Los ángeles saben que esta energía invisible no es un misterio, y que cuando decidimos aprovecharla podemos convertir las desgracias en milagros.

Si padeces alguna situación imposible en tu vida, los ángeles te invitan a utilizar ahora mismo la «llave de oro». Ponla en manos de Dios, con una oración de agradecimiento y tranquilidad y ten la seguridad de que cuando digas esas palabras los ángeles estarán ya trabajando para solucionar tu problema.

***Meditación de los ángeles:* Cuando me siento superado por los acontecimientos, acepto la ayuda de un poder superior.**

23 DE ENERO

UNA RESERVA DE GRACIA DIVINA

***Consejo de los ángeles:* «Para manifestar las cosas positivas en nuestra vida, necesitamos acumular energía de alto voltaje».**

CAROLINE MYSS

LA MÉDICA intuitiva Caroline Myss nos enseña que cuando tenemos miedo o nos sentimos manipulados o culpables de algo, nos ponemos en una situación de «carencia energética», que puede minar nuestra salud. Para crearnos una «reserva de gracia divina» nos aconseja rezar con frecuencia, mantenernos íntegros y ser agradecidos. Tener una reserva de gracia divina nos permite alimentar nuestro espíritu siempre que lo necesitemos para enfrentarnos a un problema, sea de salud, de trabajo o de relación con los demás. Todos los días tomaremos alguna decisión que nos cargue de energía espiritual y nos permita crecer en fuerza y en convicción. La oración sirve para hacer frente al miedo, y la culpa y la manipulación pueden convertirse en un capital espiritual diciendo la verdad y dando gracias por la bendición de la vida. La tinta roja del déficit energético se transformará fácilmente en la tinta negra de nuestra cuenta corriente de gracia divina cuando volvamos la mirada hacia los ángeles para pedir su ayuda.

¿Cuántas «carencias de energía» has acumulado por falta de valor o gratitud? Recuerda que es fácil cambiar las cosas y tener una reserva de gracia divina, que basta con una sencilla oración o una frase de agradecimiento. La próxima vez que sientas miedo, detente a rezar. No te importen las palabras, basta con que seas sincero. Los ángeles gestionarán tus ahorros en gracia divina, aunque ellos son solo la contraseña de tu cajero.

***Meditación de los ángeles:* Cada vez que elijo el amor, acumulo gracia divina.**

24 DE ENERO

LA BENDICIÓN DE LO IMPERFECTO

***Consejo de los ángeles:* Puesto que todas las cosas son únicamente apariencia perfecta en sí misma, que nada tiene que ver con el bien o el mal, la aceptación o el rechazo, podemos echarnos a reír.**

LONG CHENPA

LA GRAN paradoja es que la perfección existe y no existe. No existe en la forma pervertida que dicen muchas religiones y códigos morales: un ideal de comportamiento al que debemos atenernos para alcanzar la santidad o la recompensa eterna. Tampoco existe como ese ideal propagandístico que difunden los medios masivos de comunicación como si fuera un nuevo santo (¿) grial basándose en el deseo superficial de parecerse a las modelos anoréxicas de las portadas, ganar dinero a la lotería o encontrar a don Perfecto o doña Perfecta. Sin embargo, existe en todas las cosas, como afirma el místico budista Long Chen-Pa, porque Dios, que es el único ser perfecto, creó el mundo, con todas sus verrugas y sus imperfecciones, y todo lo que viene de Él ha de ser perfecto, incluso en su imperfección. Los ángeles saben que Dios nos habla directamente a través de nuestras imperfecciones, nuestros fracasos y nuestros deseos insatisfechos que nos conducen a tomar conciencia de la realidad para cambiar. Si fuéramos perfectos, no nos necesitaríamos unos a otros; en realidad, ni siquiera necesitaríamos a Dios.

Si eres un perfeccionista o buscas la perfección aquí o allá, intenta aceptar tus imperfecciones y las de aquellos que te rodean. Te sorprendería experimentar la libertad que proporciona amar sin miedo al rechazo, examinarse sin miedo a la desilusión, crear sin miedo al fracaso.

***Meditación de los ángeles:* Acepto agradecido el hecho incuestionable de mi humanidad.**

Angel de Corejir
te ago esta tres letras
yo se que no soy perfecta
porque se que soy una
imperfecta lo digo en patabras
grandes. yo misma lo se
Angel. disme o Corijeme
Cuando ago argo Imperfecto
Corijeme.
Mi Angel de Corejir
Muchas Gracias

Angel

25 DE ENERO

«LAS MANOS INACTIVAS SON EL PATIO DE RECREO DEL DEMONIO»

***Consejo de los ángeles:* «El demonio también fue un ángel».**
MIGUEL DE UNAMUNO

CUÁL es el significado de este refrán? ¿Por qué las manos inactivas? No hacer algo no implica necesariamente ser perezoso o estar aburrido y dispuesto a pecar. Por el contrario, puede indicar que estamos descansando, pensando, meditando o teniendo una visión. Los puritanos, siempre vigilantes, piensan que los seres humanos tenemos que estar continuamente ocupados en actividades que «rindan algo» y nos liberen de las preocupaciones; el problema es que también nos impiden disfrutar de los buenos momentos de la vida. Desde el punto de vista estricto del dogma religioso, el demonio representa nuestro lado salvaje, esa parte curiosa, rebelde y creativa de nuestra naturaleza que se niega a quedar encuadrada en el breve espacio que las mentes estrechas y los guardianes de la moral pública han decretado para mantenernos firmes. Los ángeles no nos quieren inactivos por aburrimiento, apatía, depresión o cualquier otra actitud capaz de socavar nuestra vitalidad, pero tampoco desean que estemos siempre ocupados, en detrimento de la alegría de vivir, de la creatividad o, sencillamente, de la calma y la reflexión. En efecto, no les parece normal que estemos pensando siempre en el demonio, aunque sea para evitarlo.

La próxima vez que no estés haciendo nada, trata de imaginar que el demonio se te aparece y te invita a que lo sigas. ¿Adónde te lleva? Haz un dibujo o describe por escrito las imágenes que se te vienen a la mente. ¿Cómo es ese patio, está lleno de trastos y de signos de abandono? ¿Es un lugar tentador? ¿A qué jugarías allí? ¿Quién iría contigo?

***Meditación de los ángeles:* Disfruto de los beneficios espirituales y creativos de la inactividad.**

26 DE ENERO

UN ENGRANAJE INFINITO

***Consejo de los ángeles:* «El territorio de la imaginación es siempre cambiante y cambiable».**

TODOS VIVIMOS en un mundo delimitado por nuestro sistema de creencias. Cuando tenemos una buena idea, dejamos que se deshaga en el aire, porque nos falta confianza para convertirla en realidad. Pensamos que no podemos hacer las cosas, y por eso no las hacemos. Nos da miedo soñar, por si nuestros sueños no se hacen realidad. En esencia, nosotros vivimos en un engranaje finito, pero los ángeles viven en un mundo infinito del que nosotros podemos disfrutar también con su guía y su ayuda. La imaginación no conoce límites, puede expandirse y contraerse por el sencillo método de ajustar nuestras expectaciones y nuestro comportamiento. Cuando seamos capaces de cambiar el engranaje, descubriremos que la realidad material cambia en consecuencia. Las puertas empiezan a abrirse, las barreras caen y los sueños se hacen realidad.

¿Qué límites sueles poner a tu capacidad de soñar? ¿Qué límites has trazado a tu «nación imaginada»? Piensa por qué e intenta borrarlos por un día y cambiar tu engranaje finito por otro infinito. Piensa en ser o hacer algo que hayas soñado. ¿Qué imágenes, deseos o emociones surgen en ti?

***Meditación de los ángeles:* Aprovecho nuevas posibilidades y nuevas formas de percibir el mundo.**

27 DE ENERO

CONEXIONES

***Consejo de los ángeles:* «Me gusta pensar en los ángeles como conectores. Según unas tradiciones, nos conectan con la sabiduría, según otras con la salud o con la defensa de los males o con la inspiración».**
MATTHEW FOX

REFLEXIONA un momento en el tiempo que lleva aprender. Se necesita paciencia, una actitud adecuada, capacidad para escuchar activamente y *consciencia*, a veces puedes aprender más en una comida que durante un año de trabajo con esa misma persona. Cuando comprendamos que una conexión profunda es la clave de toda relación basada en la consciencia, conseguiremos que cambie nuestra vida. Es perfectamente posible relacionarse largo tiempo con una persona sin llegar a sentir una verdadera conexión con ella. Sin embargo, podemos establecer una conexión profunda hablando con alguien una sola vez a la semana por teléfono, y sentirnos más cerca de esa persona que de las que tratamos a diario.

De nosotros depende repasar nuestra vida y hacerla más vital y conectada, y para ello debemos ser conscientes. Pide a los ángeles que te ayuden a mantenerte en conexión con las personas, los lugares y la vida misma. Si de veras lo desea, piensa en lo que puedes hacer para lograrlo.

***Meditación de los ángeles:* Me mantengo conectado a los niveles más altos.**

28 DE ENERO

EXCESO DE TOLERANCIA

***Consejo de los ángeles:* Ese exceso es malo**

A VECES ocurre que nos despertamos en plena noche, y no podemos conciliar el sueño, porque hemos sido demasiado tolerantes con ciertas cosas. Por ejemplo, hemos ido más allá de nuestras propias fuerzas o hemos dejado que las tensiones ofusquen nuestros sentidos. Quizá nuestra generosidad se ha pasado de la raya y hemos emprendido algo que habríamos debido pensarnos antes de empezarlo. Para superar esa sensación de haber ido demasiado lejos, basta con compartirla con los ángeles.

Antes de sentirte superado por la vida, pide a los ángeles que te ayuden a repasar esas cosas que debes quitarte de encima, y luego ríete a gusto de todo ello.

***Meditación de los ángeles:* De día y de noche, la luz de los ángeles me ilumina.**

29 DE ENERO

SABER MÁS

***Consejo de los ángeles:* Hasta en la estupidez se puede actuar con sabiduría.**

¿HAS COMETIDO alguna estupidez, sabiendo que lo era desde el principio? Creo que la motivación se esconde detrás de los lapsus de sensibilidad. ¿De verdad queremos sabotearnos? ¿Tenemos una necesidad secreta de ponernos en peligro? ¿O será que no escuchamos la voz de la intuición? Sea cual sea el motivo, los ángeles nos recuerdan que nunca hacemos nada sin una razón. Quizá lo que hacemos nos procura una satisfacción transitoria, por ejemplo, comernos una chocolatina cuando estamos a dieta. Puede que nos digamos que «no hemos podido soportarlo», como en esas ocasiones que nos empeñamos en que nos quiera una persona que, desgraciadamente, no puede, esperando contra toda esperanza que entre en razón. Siempre cabe la posibilidad de que nos hagamos daño nosotros mismos, consciente o inconscientemente. Los ángeles nos aconsejan que la próxima vez que persigamos algo, a pesar de saber que no es lo mejor para nosotros, nos detengamos un momento a preguntarnos por qué, y que, tanto si lo hacemos como si no, tengamos claros los motivos. Si nos lanzamos sabiendo lo que hacemos, quién sabe, hasta puede salir bien. Quizá estemos convencidos de que la experiencia nos enseñará algo.

¿Has hecho últimamente algo que no era muy inteligente? ¿Por qué? Haz una lista de experiencias cuya motivación conoces y trata de buscar en ellas una pauta común. ¿Tus elecciones son pobres porque no confías en tus propios juicios? ¿Te ves arrastrado a hacer cosas contra tu voluntad? Y sobre todo, ¿has aprendido de esas experiencias o continuas repitiendo los mismos errores?

***Meditación de los ángeles:* Cuanto más me cuido de mí mismo, mejor preparado estoy para escuchar mis juicios acertados.**

30 DE ENERO

DESAMPARADOS

***Consejo de los ángeles:* «Hacia la hora de nona exclamó Jesús con voz fuerte, diciendo: ¡Elí, Elí, lemá sabactani! Que quiere decir: «Dios mío, Dios mío, ¿por qué me has desamparado?».**
MATEO 27:46

DESAMPARAR significa «abandonar, dejar sin amparo a una persona o cosa que lo necesita, ausentarse». La Biblia nos dice que a las nueve de la noche Jesús se sintió desamparado por Dios. ¿Qué pasó en la décima hora? El nueve es el número de los finales y del acabamiento de un ciclo. También en nosotros se produce esa sensación siempre que nos sentimos al final de algo. Cuando estamos en la novena hora del desamparo y de la falta de amor, nos parece que la pesadilla no acabará nunca. A veces, en esos momentos recriminamos con ira la actitud de Dios, porque la ira es el resultado del miedo y el abandono; es un sentimiento real, que Dios puede soportar. Cuando nos hallamos en la novena hora ha pasado lo peor, porque ya llega la décima y estaremos limpios y dispuestos a comenzar de nuevo.

A veces es conveniente abandonar, aunque sea por un tiempo, un estilo de vida. Cuando lo hacemos, ¿qué queda atrás? Quizá somos muy importantes para alguien, que puede sentirse desamparado si nos vamos. Los ángeles quieren que recordemos que Dios no siempre está cerca, como el Sol cuando se oculta para brillar en otro hemisferio; sin embargo, unas horas más tarde brillará de nuevo sobre nosotros y Dios siempre es amor. Nos desamparamos y desamparamos a otros, pero Dios y los ángeles nunca estarán demasiado lejos de nosotros.

***Meditación de los ángeles:* Confío en que llegará el momento de la renovación.**

31 DE ENERO

EL DÍA DEL JUICIO

***Consejo de los ángeles:* «Solo nuestro concepto del tiempo hace posible hablar del Día del Juicio; en realidad, se trata de un tribunal sumario en sesión perpetua».**

FRAZ KAFKA

A VECES los juicios son trampas; las sentencias escandalosas llenan las páginas de los periódicos, y todo el mundo enjuicia más allá de los tribunales. Deberíamos detenernos a pensar cuál es la meta real de un juicio y cuántos estamos cualificados para emitirlo. La próxima vez que vayamos a enjuiciar o a enjuiciarnos, o que tengamos que soportar el juicio de otro sobre nosotros mismos, deberíamos recordar que los buenos juicios son los que siguen las normas de la justicia, no la necesidad de tener la razón o el poder. Un juez ideal debe ser sabio, limpio, imparcial, severo en su compasión, y compasivo en su severidad, porque no se trata de un santo que juzga a un pecador, sino de un ser humano que trata de ser justo con otro.

Imagina que llega el Día del Juicio y que tú mismo eres tu juez y tu jurado. ¿Cómo te tratarías? ¿De qué faltas te acusarías? ¿Serías comprensivo y compasivo contigo mismo? ¿A qué sentencia te condenarías? No se te olvide imaginar la escena siempre que te sientas tentado a juzgar a otro.

***Meditación de los ángeles:* No juzgo a los demás, y cuando me juzgo a mí mismo, lo hago con sinceridad y compasión.**

1 DE FEBRERO

Un mal servicio

***Consejo de los ángeles:* Si no lo hacemos nosotros, quién lo hará**

Se dice que, en la actualidad, las personas que trabajan con el público no tienen espíritu de servicio, porque cuidar de los demás y trabajar a conciencia ya no son parte de nuestra formación moral. ¿Quién no se ha encontrado con un camarero que te ignora, la empleada de un almacén que mira por encima de ti cuando le haces un gesto para que te atienda o la fila de una entidad bancaria o de una oficina de correos, donde de diez ventanillas solo están abiertas dos? ¿Y a quién no le han dejado esperando al teléfono, y ha tenido que colgar sin que le atiendan? Todo ello porque la mayoría de las personas de nuestra sociedad no consideran que merezca la pena invertir tiempo o esfuerzo en pedir responsabilidades? Los ángeles desean que exijamos siempre un buen servicio, para que los demás comprendan cuándo no nos están tratando con cortesía y respeto, y que no nos olvidemos de actuar también nosotros según esas virtudes en nuestro trato con ellos. La recuperación de esos valores humanos en nuestra sociedad solo será posible empezando por nosotros mismos.

¿Te han dado un mal servicio últimamente? Si es así, ¿cómo se produjo la situación y cómo reaccionaste? ¿Has dado tú un mal servicio a otro? Si es así, ¿por qué? La próxima vez que te ocurra algo parecido intenta corregir el problema. Habla con la persona que te ha atendido y con su supervisor. Escribe una carta a la Asociación de Consumidores. Sé activo. Si obtienes resultados, mejor; pero si no es así, al menos habrás contribuido a recuperar la decencia en este mundo.

***Meditación de los ángeles:* Si no tomo conciencia del problema, paso a formar parte de él.**

2 DE FEBRERO

LA PIEDRA FILOSOFAL

***Consejo de los ángeles:* Los símbolos son las puertas de entrada a los misterios profundos que nos rodean y entretejen mágicamente nuestra vida.**

TODOS los alquimistas de la Antigüedad buscaron la piedra filosofal que transformaba los metales en oro. Los alquimistas creían que el cambio era el proceso más elemental de la vida y que todos los elementos poseían la capacidad de transformarse en algo distinto. Pero la alquimia puede considerarse también un proceso de transformación espiritual. La alquimia espiritual toma como fundamento el metal de nuestro ser divino aún sin desarrollar, la materia prima de la que hemos nacido, para transformarla en oro. El oro simboliza la pureza interior y la capacidad de irradiar el brillo de la luz espiritual. La simbólica piedra filosofal es el instrumento del cambio divino que tiene lugar en nosotros cuando somos merecedores del amor de Dios. Somos responsables de encontrar nuestra propia piedra filosofal, lo que significa seguir nuestros anhelos para encontrar nuestras rutas espirituales, nuestra auténtica naturaleza. En esta alquimia el ingrediente más importante somos nosotros. De nosotros depende cultivar el deseo y la capacidad de encontrar y usar nuestra piedra filosofal, la invisible chispa divina que prende en nosotros el deseo de transformación.

La piedra filosofal representa el toque de nuestra conciencia por parte del amor divino de Dios y de los ángeles. El trato con los ángeles produce fabulosos cambios en nuestra vida, porque ellos vibran a un nivel tan alto que el contacto aumenta nuestras vibraciones, cambia nuestras conciencias y las sitúa en la dirección de la luz dorada de la transformación espiritual.

***Meditación de los ángeles:* Mi conciencia ha sido bendecida por la luz dorada y alquímica de la piedra filosofal.**

3 DE FEBRERO

SALUD

***Consejo de los ángeles:* La mayor riqueza está en las cosas que no se ven.**

TENÍAMOS una amiga que estudió para concertista de piano. Como era una mujer de talento, que tocaba con sensibilidad, a todos nos encantaba escucharla. Sin embargo, nunca había podido colmar su sueño: comprar un piano de cola. Cierto día se encontraba en casa de una mujer muy rica, que no era una gran pianista, pero que poseía un hermoso Bechstein de cola, que costaba cincuenta mil dólares. De repente, nuestra amiga podía arrancar a un instrumento los sonidos que siempre había soñado; el piano le respondía como un amante intuitivo. Nuestra amiga estaba llena de irritación, porque aquella mujer sin talento tenía el piano que habría debido corresponderle a ella, y le apetecía levantar el puño hacia Dios para protestar por semejante injusticia. Sin embargo, la dueña del piano no sentía menos envidia. Cuando nuestra amiga comentó lo mucho que le gustaría tener dinero para un instrumento como aquel, la señora comentó tristemente: «Sí, yo tengo el piano, pero de las dos usted es la que tiene más suerte, porque alguna vez podrá comprarse un Bechstein, pero yo nunca podré comprar un talento como el suyo».

¿Qué significa para ti la riqueza? ¿La valoras en términos de dinero y propiedades o valoras las cosas intangibles que no pueden comprarse porque nadie puede ponerles precio? Haz una lista de tus auténticas riquezas: talentos, habilidades, amores y amistades que no pueden comprarse con dinero, y te darás cuenta de que eres mucho más rico de lo que crees.

***Meditación de los ángeles:* Soy rico en regalos del espíritu.**

4 DE FEBRERO

MOTIVOS PARA DESAPROVECHAR LA VIDA

***Consejo de los ángeles:* «Cuando nos enfrentamos a la disyuntiva de cambiar de opinión o probar que no hace falta, casi todos elegimos lo segundo».**
JOHN KENNETH GALBRAITH

SIEMPRE hay motivos para no arriesgarse, pero a veces nos arrepentimos de haberlos tenido en cuenta. Si estás buscando razones para no vivir plenamente es fácil que las encuentres, porque a todos nos han enseñado a fijarnos en ellas. Por tanto, no nos arriesgamos a amar, casarnos o tener un hijo, porque según todas esas razones nos habríamos equivocado. El caso es que nunca lo sabremos, y que de las razones no extraemos más que una fría comodidad. Dale a la vida la oportunidad de que te sorprenda. Esa persona con la que no has querido salir más, porque no da la medida que pide tu mente crítica podría ser el gran amor de tu vida. Deja a un lado esos motivos y fíjate en lo que tienes delante, abandona la necesidad de probar que seguramente no habría salido bien.

¿En qué nos fijamos? ¿Buscamos razones para no vivir plenamente o permitimos que los ángeles nos conduzcan al apasionante mundo del riesgo? No tenemos por qué castigarnos a nosotros mismos si el resultado no es perfecto. La perfección es solo un proyecto; lo bueno y lo malo son solo juegos.

***Meditación de los ángeles:* Miraré más allá de las razones y trataré de vivir plenamente.**

5 DE FEBRERO

BUENAS INTENCIONES

***Consejo de los ángeles:* La intención no es suficiente.**

¿VERDAD que conoces a ese tipo de persona que todo lo estropea cuando intenta hacer algo bien? Por lo general, decimos: «Bueno, pero ponía buena voluntad». Eso está muy bien, pero si el resultado de nuestros esfuerzos es justo lo contrario de lo que buscamos, deberíamos estudiar detenidamente cuáles son nuestras auténticas intenciones. Puede que esa gente que «tiene buenas intenciones» no comprenda las necesidades de los demás; por el contrario, plantean la situación según su forma de entenderla, sin pararse a pensar si es eso lo que quiere la persona que pretenden ayudar. Por eso, la tía Jessie nos envía un jersey horroroso, que ella ha tejido a mano, por Navidad, y nuestra madre nos da continuamente la lata porque se preocupa por nuestro bienestar. Los ángeles aprecian las buenas intenciones, pero prefieren que aprendamos a sintonizar con las auténticas necesidades de los otros. Piensan que sería mejor que nuestra tía nos enviara el jersey que nos gusta a nosotros, no el que le gusta a ella, y que nuestra madre haría mejor en mostrar su preocupación por nuestro bienestar con una comunicación directa y sincera, en vez de proyectar en nosotros sus propios miedos. Los ángeles nos recuerdan educadamente que las buenas intenciones suelen ser bastante egoístas, y que para hacer bien las cosas conviene tratar de verlas también desde la perspectiva del otro.

¿Cómo reaccionas ante la gente con buenas intenciones? ¿Sueles justificar sus errores o su inoportunidad porque «tienen buen corazón»? Desde luego es lo más educado. ¿O intentas, con no menos educación, que comprendan cuáles son tus verdaderas necesidades?

***Meditación de los ángeles:* Intento aproximarme a los problemas de otras personas desde su perspectiva.**

6 DE FEBRERO

REBELDE

***Consejo de los ángeles:* «La ortodoxia es la muerte de la inteligencia».**
BERTRAND RUSSELL

SEGURO que hay en ti una parte rebelde. Quizá no hayas conectado aún con ella, o quizá la conoces demasiado bien. La rebeldía es una respuesta natural al exceso de control y de imposiciones. La palabra *rebelde* viene del latín *rebellis*, un adjetivo formado por el prefijo *re-* «otra vez» y *bellum*, «guerra». Es decir, un rebelde es aquel que después de haber sufrido una derrota resurge y vuelve a presentar batalla a los que lo sojuzgan. Nuestro espíritu tiene una tendencia natural a la rebeldía. El espíritu es nuestra llama interior, el fuego que alimenta la fuerza vital. Hay varias formas de ser rebelde: unos son agresivos, y otros, pasivos-agresivos. Todos nos rebelamos instintivamente con la expresión creativa y el humor. El espíritu humano lucha por no quebrarse y tolera mal que intente domarlo. Solo cuando aprendemos a dominarlo a través del estudio espiritual, podemos salvarlo, porque es señal de que hemos comprendido la importancia de respetarnos y de respetar nuestro espíritu, que, al fin y al cabo, es un reflejo de otro más grande.

Si te sientes desesperanzado y superado por los acontecimientos, puede que haya llegado el momento de rebelarte. Pide a los ángeles que te ayuden a conservar todo lo positivo, todo aquello que afirma la vida. Piensa en un aspecto de tu vida en el que te creas derrotado. Piensa en cómo resurgir y defender tus derechos. Si empleas la imaginación, quizá puedas producir un cambio que te proporcione la sensación de que la vida no se te escapa. Los ángeles te darán humor para alumbrar el camino.

***Meditación de los ángeles:* Soy un rebelde que lucha por la causa de los ángeles, que es la causa del amor.**

7 DE FEBRERO

HORAS ALTAS

***Consejo de los ángeles:* Conócete a ti mismo y conoce tus ciclos.**

¿TE SIENTES más despierto y más vivo a ciertas horas del día o durante ciertos periodos? Hay personas mañaneras, y otras que se encuentran más productivas por la tarde, y están incluso los búhos, que dan lo mejor de sí mismos durante la noche. Todos tenemos nuestras horas altas, esos momentos del día en los que nuestro vigor físico y mental alcanza su culminación, cuando trabájamos con el máximo de eficacia y claridad. Sin embargo, no siempre somos conscientes de esta condición, especialmente cuando los deberes laborales o familiares nos fuerzan a seguir adelante, aunque el cuerpo nos pida descanso para recuperarse. Siempre que necesitemos creatividad o una dosis extra de energía para acometer algo, los ángeles nos sugieren que descubramos nuestras horas altas y las aprovechemos, o que convirtamos en horas altas una parte del día. Podemos comenzar por dedicar unos minutos a practicar unos ejercicios de calentamiento psíquico: respiración, relajación y meditación; otros minutos a reponer energías con el tai chi, el yoga o cualquier otro medio; y otros cuantos minutos a dar las gracias por la energía recibida. Nos sorprenderá la capacidad de concentración que podremos dedicar a cualquier actividad o proyecto.

¿Cuáles son tus horas altas? ¿En qué momento del día trabajas con mayor gusto y productividad? ¿Esos momentos son coherentes con los horarios de tus actividades o entran en conflicto con ellas? Por ejemplo, ¿tienes un trabajo diurno pero tus horas altas son por la noche? Trata de aprovechar bien tus horas altas en la medida de lo posible. Si quieres adaptar tus horas altas al horario de tus actividades, elige un momento del día y conviértelo en hora alta, practica ejercicios que te proporcionen energía y te ayuden a vivir centrado y con creatividad.

***Meditación de los ángeles:* Empleo mi energía con eficacia e inteligencia.**

8 DE FEBRERO

LAS SEMILLAS DAN ÁRBOLES

***Consejo de los ángeles:* «En todos y cada uno de los momentos que pasa un ser humano sobre la Tierra se planta algo en su alma. Así como el viento arrastra cientos de semillas aladas, los momentos de la vida hacen germinar una vitalidad espiritual que arraiga imperceptiblemente en la mente y la voluntad de los hombres. Muchas de esas semillas innumerables mueren y se pierden, porque los hombres no están preparados para recibirlas, ya que esas semillas solo pueden fructificar en los terrenos abonados por la libertad, la espontaneidad y el amor».**

THOMAS MERTON

PIENSA que todos los árboles de la Tierra, incluidos los más majestuosos, proceden de una humilde semilla. ¿No te parece milagroso? Plantar la semilla de un árbol es sencillo, basta con encontrar el suelo adecuado. El suelo depende del humus que se forma con la descomposición de las plantas y las hojas muertas. Plantar la semilla del árbol de la vida en una conciencia despierta tampoco resulta difícil; el suelo que nutre nuestro árbol interior se crea a partir de la humildad, que se forma con la descomposición de los modelos y los apegos que vamos desechando a medida que pierden vigencia y sentido. Si nos aproximamos a la vida con humildad, nos ponemos en el camino de la sabiduría, y pronto empezará a crecer nuestro árbol y a echar ramas que buscan la luz, mientras las raíces se hunden en la tierra rica de misterios.

Para fertilizar nuestro árbol interior de la vida y ayudarle a prosperar necesitamos estimuladores del crecimiento. El sentido del humor, por ejemplo, nos ayuda a crecer y revitaliza la inteligencia. Otros estimuladores tienen que ver con la contemplación, con nuevas formas de pensar y de comunicarnos con la vida. Pero lo más importante es saber que nuestro árbol está siempre vigilado por un ángel de la guarda.

***Meditación de los ángeles:* Me inclinaré hacia mi árbol interior gracias a las cualidades positivas que bendicen los ángeles.**

9 DE FEBRERO

LA VIDA EN LA CIUDAD

***Consejo de los ángeles:* «Encontramos al enemigo, y éramos nosotros».**
POGO

HAY MUCHAS formas de conducir la vida en la ciudad, y una de ellas es la paranoia. Cuando elegimos esta posibilidad, la vida es un auténtico infierno, un sitio donde todos los demás intentan destruirte. Otra posibilidad es crearse cada uno su pequeña burbuja utópica y evadirse de ciertas realidades dolorosas como la pobreza y la desesperación que abundan a una manzana de nuestra casa. También podemos vivir en una comunidad vallada, levantar muros alrededor de nuestras propiedades y dejar bien cerradas las ventanas. La elección menos común es permanecer conscientes y *amar,* porque amar la ciudad en que vivimos con todos sus males e imperfecciones es una elección difícil.

La próxima vez que pasees por la ciudad, presta atención e intenta captar el ambiente. Pide a los ángeles que te ayuden a ver las cosas que de otro modo te perderías. Acepta esa mezcla de belleza, temor y angustia que la ciudad te ofrece.

***Meditación de los ángeles:* Quiero convertir mi ciudad en mi hogar.**

10 DE FEBRERO

HORÓSCOPOS TELEFÓNICOS

***Consejo de los ángeles:* Los coches de muerto no llevan maletero.**

LOS HORÓSCOPOS telefónicos son un fenómeno que responde a una sociedad desasosegada e insegura como la nuestra. Estamos tan necesitados que tiramos el dinero que tanto nos cuesta ganar y ponemos nuestra voluntad en manos del primero que nos prometa salud, dinero y amor. Sí, esas «líneas calientes» del psiquismo están dispuestas a garantizarnos que Dios piensa darnos, lo antes posible, todo lo que deseamos. Pero ¿cuántos psíquicos hay que nos digan: «Veo cambios en tu vida, siempre que adoptes el espíritu que debes para tener alegría y paz interior. No sé si ganarás mucho dinero, pero tu riqueza espiritual será abundante». No creo que oyéramos algo semejante en ninguna. Sin embargo, los ángeles nos recuerdan que la única cosa que llevaremos con nosotros a la otra vida será nuestro marcador espiritual, y que nuestra recompensa eterna no dependerá del dinero que hemos ganado, sino del que hemos compartido; no de nuestra importancia, sino de la sinceridad con la que hemos amado.

¿Qué piensas de los horóscopos telefónicos? ¿Has llamado alguna vez? ¿Te tienta hacerlo? Si cuando piensas en el futuro piensas también en la otra vida, ¿qué predicciones tienes para ti? ¿Qué te gustaría hacer ahora para asegurarte ese futuro?

***Meditación de los ángeles:* Cuando se trata de la vida eterna, el futuro es ahora.**

11 DE FEBRERO

RENCORES

***Consejo de los ángeles:* «Rompí el cascarón, pero nunca olvidé dónde».**
REFRÁN INGLÉS

EN MATERIA de rencor incluso la palabra suena mal, algo a mitad de camino entre la pena y el gruñido. El rencor es, en efecto, una especie de gruñido del alma, que resulta muy cansado conservar dentro durante mucho tiempo. Permanecer apegado al rencor es permanecer apegado al pasado, y el pasado nos roba una enorme cantidad de tiempo para el presente. Conservar el rencor es también una forma de mantener vivo el dolor, hasta el punto de convertirnos en auténticos masoquistas. ¿Prolongarías un dolor de cabeza? ¿Verdad que haces todo lo necesario para que se te quite? Sin embargo, conservamos el dolor que nos causan los rencores porque justifica nuestras posiciones, aunque el responsable del dolor que sentimos ya no es el objeto del rencor, sino el rencor mismo. Nosotros mismos nos buscamos el asiento más incómodo en el viaje de la vida, que, por otra parte, es también el más caro.

¿Sientes rencor por algo? Si es así, ¿por qué y por quién? ¿Qué sientes cuando piensas en tus rencores? ¿Ira? ¿Desánimo? ¿Reafirmación personal? ¿Reproduces los sentimientos asociados a la persona o el incidente cada vez que se vuelve a suscitar el asunto en tu vida? ¿Qué pasaría si te liberaras? Pregunta a los ángeles si ellos tienen rencores y escucha atentamente su respuesta.

***Meditación de los ángeles:* Me liberaré del peso del rencor y viviré en el presente, no en el futuro.**

12 DE FEBRERO

El juego de la culpa

***Consejo de los ángeles:* «No cambiamos cuando intentamos cambiar, sino cuando observamos la culpa, a quién echo la culpa y quién me la echa a mí».**
Fritz Perls

PIENSA en tu vida aquí y ahora: ¿A quién se podría echar la culpa del estado de las cosas? ¿Cuántas veces te han echado la culpa otra persona de su propia infelicidad? A veces es cierto que son los demás quienes nos plantean problemas y nos amargan la vida, y, por tanto, son responsables de su actitud. Sin embargo, no lo son de nuestras reacciones, ni de nuestra respuesta a la situación. En las relaciones amorosas, por ejemplo, es fácil culpar a nuestra pareja, pero con ese veneno no hacemos más que emponzoñar las aguas de la vida. Tanto el culpabilizado como el culpabilizador tienen sus ventajas. Si eres lo primero, piensa en la satisfacción que, en el fondo, te proporciona tu papel; y si eres lo segundo, piensa en lo que vas a sentir como víctima propiciatoria.

Estudia el papel que desempeña la culpa en tu vida. ¿Quién tiene tanto poder sobre ti? Piensa en las cosas que deseas y no tienes, y pregúntate si hay alguien que te estorbe. Presta atención a esas ocasiones en las que manipulas a otros con la culpa y la vergüenza, y deja de hacerlo. Pide a los ángeles que no te pase desapercibido el juego de la culpa, porque si aprendes a no participar en él, vivirás mejor.

***Meditación de los ángeles:* No echo la culpa a nadie.**

13 DE FEBRERO

NORMAL

Consejo de los ángeles: **Es normal desear lo que es normal.**

LA NORMALIDAD es uno de los conceptos humanos más extraños. Parece ser que todos estamos de acuerdo en creer que existe una línea distintiva que separa a los seres normales de los que no lo son, y que, para ser feliz, basta con estar a este lado de la línea. Desde luego, sería muy fácil, pero hay un problema, ¿quién decide lo que es normal? No hace mucho tiempo, por ejemplo, se consideraba anormal que una mujer tomara la iniciativa en materia de sexo; hubo una época en la que ser actor de teatro, un oficio de mucho prestigio actualmente, se consideraba un modo anormal de ganarse la vida; y, finalmente, seguro que existen muchos guardianes de la normalidad a los que no les gusta la gente que habla con los ángeles, aunque a estos les parezca la cosa más normal del mundo. La idea misma de la normalidad es ajena al alma humana, porque cuando intentan meternos en un molde, nos ahogamos o salimos corriendo. Los ángeles tienen un amplio abanico de definiciones de lo que es normal, porque, de otro modo, ¿qué sería de la creatividad?

¿Qué consideras normal o anormal? Escríbelo en una lista. ¿Quién te parece un loco? ¿Alguna vez has estado tentado de hacer algo especial o creativo, pero te ha preocupado que te colgaran una etiqueta? ¿Conoces alguien vivo e interesante que parezca anormal a la gente aburrida y sin imaginación? Los ángeles te invitan a reflexionar sobre tu idea de lo que es normal y a que no te preocupes si alguna vez te sales de la clasificación. Puede que sea una buena señal.

Meditación de los ángeles: **Si ajustarse a la normas inhibe mi espíritu, prefiero ser anormal.**

14 DE FEBRERO

SAN VALENTÍN

***Consejo de los ángeles:* El amor no es ciego.**

CLAUDIO II, el Gótico, el emperador romano, que estaba un poco loco, convencido de que los casados eran malos guerreros, porque les costaba abandonar a sus familias para acudir al campo de batalla, decidió abolir el matrimonio. Entonces, el obispo Valentín invitó a las parejas jóvenes a acudir a él para unirse secretamente en el sagrado matrimonio. Claudio, impresionado por la apasionada convicción de Valentín, trató de convertirlo a los dioses romanos para salvarle la vida, pero Valentín los rechazó, fue enviado a prisión, donde, según dice la leyenda, se enamoró de la hija ciega de su carcelero, a la que devolvió milagrosamente la vista gracias a su amor y su fe. Después de escribir un mensaje de adiós, «de tu Valentín», fue golpeado, lapidado y decapitado el 24 de febrero del año 270. En el año 440, la Iglesia Católica quiso acabar con la popularidad de un rito pagano de pasaje que se celebraba a mediados de febrero, durante el cual los adolescentes sacaban a suertes el nombre de una jovencita que sería su compañera durante un año de entretenimiento y placer mutuos. Así pues, el festival quedó prohibido y el nombre que se sacó de la caja fue el de San Valentín.

A los ángeles les gusta el amor y el romanticismo cuando son un regalo sagrado de Dios. Dedica el día de hoy a valorar el amor y el romanticismo.

***Meditación de los ángeles:* Trataré la poderosa fuerza del amor con devoción y respeto.**

hora 11:05 pm

fri * 2002

15 DE FEBRERO

Nuevos finales

Consejo de los ángeles: ¿No serán principios disfrazados todos los finales?

Conocemos a una psicóloga que trabaja con los mitos y los cuentos de hadas. Analiza los textos con el cliente y luego busca las posibles relaciones con la vida de este. Una vez hecho esto, pide al cliente que escriba un final distinto al tradicional. La capacidad de escribir un nuevo final —para crear el futuro que soñamos— es un instrumento poderoso y liberador. ¿Cuántas veces hemos aceptado los finales que se nos cuentan sin preguntar por qué y sin pensar en nuestra capacidad para cambiarlos y ampliar sus posibilidades? ¿No es precisamente esa capacidad la que ha dado lugar a los mitos y los cuentos folclóricos? El héroe se encuentra con un peligro, un posible final infeliz, al que da la vuelta con medios milagrosos. En realidad, lo que el héroe hace es dar rienda suelta al poder de su intuición y oír las misteriosas voces de la sabiduría que nos invade cuando aprendemos a confiar en el ser que llevamos dentro. Los ángeles nos recuerdan que los finales siempre pueden convertirse en principios y que siempre podemos volver a empezar en la continua historia de nuestra vida.

¿Hay algún final en tu vida que te gustaría escribir o reescribir? ¿A qué o a quién se refiere? Escribe esos finales para visualizar el futuro tal como tú lo prefieres y cambiar también el pasado. Ahora visualiza la nueva vida que ha surgido de esos finales.

Meditación de los ángeles: Ahora sé que los finales y los principios se entrecruzan en el círculo infinito de la vida.

16 DE FEBRERO

Descubierto o no descubierto

***Consejo de los ángeles:* «La medida del carácter real de un hombre es lo que haría si estuviera convencido de que nadie lo iba a descubrir».**
THOMAS BABINGTON MACAULAY

LA MAYORÍA de la gente piensa que las cosas son buenas o malas según la descubran o no. En vez de fijarnos en la acción o el comportamiento que hizo daño, nos concentramos en la posibilidad de que nos descubran. Veamos un escenario habitual: un hombre es infiel a su mujer y pone un anuncio en el periódico para encontrar una compañera sexual; se lo dice a un conocido y comienza el cotilleo. Naturalmente, la mujer lo descubre, y entonces el hombre se enfada muchísimo con su amigo por haberle pasado la información. ¿Quién se ha equivocado, y, sobre todo, quién fue el primero en equivocarse? ¿Los cotillas que se pasaron unos a otros una información veraz? ¿De qué se arrepiente ese hombre, de lo que ha hecho o de haber cometido la tontería de contarlo? Puede que «nos dejemos descubrir» para poner fin a un comportamiento que no es bueno ni para nosotros ni para nadie. Todos conocemos a alguien que avisa de lo que está haciendo como el único modo de dejar de hacerlo.

La próxima vez que tengas un problema o te veas implicado sin saberlo en el problema de otra persona busca el «pecado original» para saber quién se ha equivocado. Los ángeles creen que nos equivocamos todos, porque en el entramado de la vida nuestros actos afectan a los demás. Los ángeles quieren que basemos nuestro comportamiento en lo que está bien o mal, no en el secreto o la traición, sino en el efecto que surten nuestros actos en el conjunto.

***Meditación de los ángeles:* Trataré de enfocar mi atención en los signos evidentes, para evitar las manipulaciones.**

hora 11:25 P.M

me dejare llevar por los angeles que Ellos me guien porque ellos saben yo no

gencia y com-
encia es mera
tuición».

esconocido y lo miste-
e ha convertido en un
tenta utilizar en su vida
n llega de la conexión
o queremos manipular
ás que una ilusión. La
permite interpretar el
comprensión más pro-
funda de las cosas. Intuir es captar a un nivel más profundo. A veces es una señal muy clara, con un mensaje evidente, otras es una sensación vaga que nos empuja a fijarnos en algo y prepara nuestros sentidos para una comprensión más global.

Si quieres ser intuitivo, no tengas miedo a saber y déjate llevar por la perplejidad. Lo que tú no sabes, lo saben los ángeles, y a ellos les gusta ponerte en el camino del tesoro. Para captar sus mensajes sobre lo que debes hacer, sintoniza y contrasta lo sintonizado con tus sentimientos. Mantente en el mundo real y deja que los ángeles te guíen amablemente. La intuición requiere práctica y habilidad para no dejar que tu pensamiento se quede en blanco.

***Meditación de los ángeles:* Presto atención a mis sensaciones y me dejo sorprender por el conocimiento que surge del vacío.**

16 DE FEBRERO

DESCUBIERTO O NO DESCUBIERTO

***Consejo de los ángeles:* «La medida del carácter real de un hombre es lo que haría si estuviera convencido de que nadie lo iba a descubrir».**
THOMAS BABINGTON MACAULAY

LA MAYORÍA de la gente piensa que las cosas son buenas o malas según la descubran o no. En vez de fijarnos en la acción o el comportamiento que hizo daño, nos concentramos en la posibilidad de que nos descubran. Veamos un escenario habitual: un hombre es infiel a su mujer y pone un anuncio en el periódico para encontrar una compañera sexual; se lo dice a un conocido y comienza el cotilleo. Naturalmente, la mujer lo descubre, y entonces el hombre se enfada muchísimo con su amigo por haberle pasado la información. ¿Quién se ha equivocado, y, sobre todo, quién fue el primero en equivocarse? ¿Los cotillas que se pasaron unos a otros una información veraz? ¿De qué se arrepiente ese hombre, de lo que ha hecho o de haber cometido la tontería de contarlo? Puede que «nos dejemos descubrir» para poner fin a un comportamiento que no es bueno ni para nosotros ni para nadie. Todos conocemos a alguien que avisa de lo que está haciendo como el único modo de dejar de hacerlo.

La próxima vez que tengas un problema o te veas implicado sin saberlo en el problema de otra persona busca el «pecado original» para saber quién se ha equivocado. Los ángeles creen que nos equivocamos todos, porque en el entramado de la vida nuestros actos afectan a los demás. Los ángeles quieren que basemos nuestro comportamiento en lo que está bien o mal, no en el secreto o la traición, sino en el efecto que surten nuestros actos en el conjunto.

***Meditación de los ángeles:* Trataré de enfocar mi atención en los signos evidentes, para evitar las manipulaciones.**

17 DE FEBRERO

INTUICIÓN

***Consejo de los ángeles:* «Vende tu inteligencia y compra la perplejidad. Porque la inteligencia es mera opinión, y la perpeljidad es intuición».**
RUMI

LA INTUICIÓN es el pasaporte al reino de lo desconocido y lo misterioso. A causa de su poder y su misterio se ha convertido en un nuevo concepto espiritual que todo el mundo intenta utilizar en su vida personal y profesional. Pero la verdadera intuición llega de la conexión con el ámbito de lo divino, de modo que si solo queremos manipular la situación en nuestro favor, no tendremos más que una ilusión. La intuición es un sentimiento básico que nos permite interpretar el mundo que nos rodea, para sintonizar con una comprensión más profunda de las cosas. Intuir es captar a un nivel más profundo. A veces es una señal muy clara, con un mensaje evidente, otras es una sensación vaga que nos empuja a fijarnos en algo y prepara nuestros sentidos para una comprensión más global.

Si quieres ser intuitivo, no tengas miedo a saber y déjate llevar por la perplejidad. Lo que tú no sabes, lo saben los ángeles, y a ellos les gusta ponerte en el camino del tesoro. Para captar sus mensajes sobre lo que debes hacer, sintoniza y contrasta lo sintonizado con tus sentimientos. Mantente en el mundo real y deja que los ángeles te guíen amablemente. La intuición requiere práctica y habilidad para no dejar que tu pensamiento se quede en blanco.

***Meditación de los ángeles:* Presto atención a mis sensaciones y me dejo sorprender por el conocimiento que surge del vacío.**

18 DE FEBRERO

LA ÚLTIMA PALABRA

***Consejo de los ángeles:* La última palabra suele ser exactamente eso.**

TODOS sabemos que hay gente odiosa a la que le gusta decir siempre la última palabra. Nunca prestan atención a lo que dicen los demás; solo les interesa mantener y defender su opinión a toda costa. En vez de fomentar la comunicación, se dedican a fomentar y mantener el conflicto. Son personas tan inseguras que confunden el hecho de perder una discusión con la pérdida de su identidad. No pueden distanciarse de su posición, ni adoptar una perspectiva, por tanto, rechaza todo aquello que no confirma sus opiniones. Por desgracia para ellos, la última palabra suele ser exactamente eso: el final de las relaciones con los demás. Las personas que siempre quieren decir la última palabra suelen verse abandonadas, hasta que ya no queda nadie que pueda replicar. ¿Cuál será la última palabra cuando abandonen este mundo? La última palabra de los ángeles será: «Lo siento».

¿Cómo reaccionas ante la gente que siempre quiere decir la última palabra? ¿Te enzarzas en una discusión o te apartas? ¿Has tenido alguna vez la necesidad de decir la última palabra? ¿Qué significa ese concepto para ti? Recuerda que los ángeles están siempre cerca para facilitarnos la auténtica comunicación, que no se basa en la necesidad de llevar siempre la razón, sino en el conocimiento de las opiniones ajenas.

***Meditación de los ángeles:* Respeto la opinión ajena, aunque no esté de acuerdo con ella.**

*

19 DE FEBRERO

El factor «Dios»

***Consejo de los ángeles:* «Ha llegado el momento de desarrollar más el corazón que la inteligencia; ha llegado el momento de experimentar la vida y el auténtico intercambio en las relaciones humanas».**

Tony Gwilliam

¿CUÁL es la diferencia entre inteligencia y genio? Puede ser una cuestión de espiritualidad. Se dice que Albert Einstein, a quien todos reconocemos como un genio, afirmaba querer conocer los pensamientos de Dios. Al parecer, dijo: «La imaginación es más importante que el conocimiento». Se han llevado a cabo muchos estudios para encontrar ese factor que hace a unas personas más creativas e ingeniosas que otras. Puede que el factor más importante sea la voluntad de escuchar los pensamientos de Dios, de sintonizar con los ángeles, de permitirse vibrar a una frecuencia espiritual más elevada. Esta voluntad surte efectos variados y distintos en cada persona, porque todos hemos nacido con un talento único. Apegarse a los hechos nunca fomenta el genio; por el contrario, solo podemos conocer lo nuevo sintonizando con una fuente más alta.

El genio requiere mucho valor, porque a veces tiene que defender su idea sin la ayuda de nadie; incluso puede llegar a pensar que se ha vuelto loco cuando le ocurren cosas que no tienen explicación. Puede que nuestra necesidad de explicar proviene del «factor Dios». Los ángeles nos animan a buscar nuestro genio y permitir que el factor Dios se expanda en nuestra conciencia.

***Meditación de los ángeles:* Todos los días dejo que el factor Dios se expanda en mi conciencia y me acerqué a los ángeles.**

20 DE FEBRERO

EL CORAZÓN HUMANO TIENE SU PROPIO TIEMPO

***Consejo de los ángeles:* «El corazón tiene razones que la razón no entiende».**
BLAS PASCAL

CUANDO hablamos de tiempo en la sociedad moderna, apenas nos ponemos de acuerdo en nada que no sea el que marca el reloj. Si el reloj marca las tres, todos creemos que es esa hora, pero no sabemos cuánto tiempo necesitamos para recuperar la salud, para enamorarnos o para sentir una pena. Cuando se trata del amor, el corazón no se interesa en el tiempo del reloj. El corazón sabe que cuando amamos de verdad, el amor está, y que cuando perdemos el amor por muerte o por elección, la pena puede presentarse en cualquier momento, porque los pesares son amigos del corazón. El corazón nunca se va a adecuar a nuestra idea del tiempo, pero lo cierto es que cuando permitimos que el amor crezca, el corazón crece y aumenta cada vez más su capacidad para amar.

Muchas veces miramos atrás y pensamos: «Me gustaría tener un amor o pasar más tiempo amando». No te importe tener también momentos de pesar, pide a los ángeles que te ayuden a abrir tu corazón al amor, para que puedas aprender a amar y no tengas que arrepentirte de nada. No olvides que al final de tu tiempo en la Tierra los ángeles te preguntarán: «¿Supiste amar?».

***Meditación de los ángeles:* Utilizaré el amor para borrar los pesares por las cosas mal hechas.**

21 DE FEBRERO

¿HA PASADO YA?

***Consejo de los ángeles:* Vivir en el temor del futuro nos roba la paz del presente.**

LA IMAGINACIÓN humana es un activo impresionante, puede crear obras de arte, inventar maravillas y abrir la puerta a sueños que son capaces de cambiar el mundo. Sin embargo, nuestras imaginaciones se disparan con tanta facilidad que pueden llevarnos a la anticipación, es decir, a preocuparnos antes de tiempo y crear un problema que no existe. El noventa por ciento de las cosas que nos preocupan son ni más ni menos que miedos sin materializar, que probablemente nunca se materializarán. Cuando tenemos miedo, lo mejor, según los ángeles, es ponerle riendas a la imaginación, detenernos y volver al momento que estamos viviendo, cuando aún no ha pasado lo peor. Solo entonces podemos calmarnos y mirar el miedo con mayor racionalidad, para darnos cuenta de que no es otra cosa que la proyección de nuestras propias inseguridades.

¿De qué tienes miedo? ¿Se ha materializado alguno de tus temores, o siguen siendo meras posibilidades? Haz una lista de tus miedos y clasifícalos en «puramente imaginarios», «posibles» y «realizados». ¿Dónde hay más? Libérate de los temores puramente imaginarios. Piensa en lo que puedes hacer para que no se cumplan los posibles, y pide a los ángeles que te ayuden a enfrentarte a los que ya se han hecho realidad y a salir bien parado de la situación. Lo peor ya ha pasado; de aquí solo puede mejorar.

***Meditación de los ángeles:* No permito que rijan mi vida las proyecciones de mis temores.**

Hora 10:06 pm.

Fri * 2002

22 DE FEBRERO

AJUSTES

***Consejo de los ángeles:* «Si la verdad, el amor y el respeto mutuo, el afecto y la amistad tienen algún valor en esta vida, las estructuras sociales, económicas y políticas tienen que cambiar y ajustarse a esos valores, es decir, lo contrario a lo que solemos hacer: ajustar nuestra vida interior a las estructuras exteriores».**

VIMALA THAKAR

CIERTAS cualidades humanas son tan necesarias para el espíritu como las vitaminas para el cuerpo. El intercambio de afecto, la paz interior, la reverencia por la vida en sí misma, las amistades profundas y los fundamentos espirituales que sostienen nuestra existencia son valores necesarios para ser buenas personas, y no podemos ignorarlos por el simple hecho de que el mundo no sepa apreciarlos. Los ángeles saben que mantener una vida íntegramente espiritual es muy difícil, por eso nos aportan una ayuda extraordinaria para fortalecer la voluntad de salvar de la extinción las sagradas calidades de la vida humana.

Si aceptamos la misión de los ángeles —salvar de la extinción el amor, la alegría, la felicidad y la gratitud—, no faltarán días en los que nos parezca una misión imposible. En esos momentos bastará con recordar su importancia, y nos convenceremos de que todas esas cosas son posibles si practicamos el amor, si recordamos que el amor es Dios y que los ángeles forman el invisible ejército de sus emisarios.

***Meditación de los ángeles:* Cada vez que la misión me parezca imposible, los ángeles estarán a mi lado para guiar el camino.**

23 DE FEBRERO

INSUFICIENTE

***Consejo de los ángeles:* Suficiente es suficiente.**

LA SOCIEDAD de consumo tiende a convencernos de que nada es suficiente. Cuando tenemos una casa, queremos otra mayor. Cuando tenemos un coche, queremos otro. Si tenemos un ordenador, deseamos otro más potente. Si estamos casados, queremos que nuestra pareja sea más de esto o de aquello. Los ángeles saben que si bien no hay nada malo en tener metas y querer prosperar en la vida, nunca seremos felices si no aprendemos a despegarnos de las cosas. Podemos adquirir más cosas y apreciarlas, pero debemos verlas en perspectiva y comprender que son para uso temporal, nunca necesidades absolutas. Y lo mismo puede decirse de nuestro deseo de cambiar a nuestros amigos y nuestros amores, en vez de apreciarlos tal como son, porque de otro modo nos arriesgamos a perderlos. Los ángeles nos recuerdan que desear el cumplimiento de los sueños nunca es un problema, si sabemos medir lo que es suficiente, contando con nuestras fuentes interiores y la ayuda divina, pues solo así podremos ser felices al nivel más profundo.

¿Crees que no tienes bastante con algo? ¿Qué te falta? ¿Dinero? ¿Amor? ¿Salud? Líberate de la idea de no tener nunca suficiente con nada, y piensa que tienes bastante para tus necesidades. Solo entonces te predecimos que la abundancia comenzará a aparecer en tu vida.

***Meditación de los ángeles:* Tengo fe suficiente en la ayuda divina y en mis propios recursos, y sé que siempre tendré lo suficiente para mis necesidades.**

24 DE FEBRERO

EL ARTE DEL COMPROMISO

***Consejo de los ángeles:* «En materia de iniciativa (y de creación) hay una verdad elemental, cuya ignorancia destruye las mejores ideas y los planes más excelentes: la Providencia interviene desde el momento mismo en que nos comprometemos de verdad».**

JOHANN WOLFGANG VON GOETHE

UN AUTÉNTICO compromiso es una cosa muy seria, pero los compromisos ahogan a la mayor parte de las personas. Goethe nos recuerda que el compromiso consciente es imprescindible para obtener la ayuda de la Providencia. El problema es que la ayuda llega siempre en forma de prueba, y a nadie le gusta que le sometan a ellas. El compromiso alcanza toda su fuerza cuando tiene que superar una oposición, y esa oposición es siempre la realidad. Las pruebas son difíciles y adoptan muchas formas. Por ejemplo, la duda es una prueba. Es natural estar inseguro, porque ¿cómo saber si estamos actuando bien? Otra prueba puede ser el sacrificio. A veces hay que sacrificar ciertas oportunidades para mantener el compromiso, y no resulta fácil hacerlo cuando por todas partes nos llegan mensajes de que lo mejor es sentarse a esperar. Podemos lograr lo que deseamos si nos comprometemos con ello. Y al pasar la prueba sentiremos tanta alegría y tanta satisfacción que habrá merecido la pena el sacrificio.

No permitas que tus compromisos te superen, contrólalos con tranquilidad. Cuando hayas elegido un compromiso, deja que aflore naturalmente en ti y deja espacio para los ángeles. Cuando te comprometes, envías un mensaje, y en ese momento estás en condiciones de mantenerlo, de conectar con algo más grande y de confiar en que te traerá lo que deseas.

***Meditación de los ángeles:* Quiero comprometerme, pasar las pruebas del valor y la gracia y respetar mi comunicación con los ángeles.**

25 DE FEBRERO

EL ESFUERZO ADECUADO

***Consejo de los ángeles:* La alegría no está en la meta, sino en el camino.**

EN LA PRÁCTICA zen existe el concepto de esfuerzo adecuado, es decir, el que se realiza en el sentido correcto, que en este caso es la no realización, la no necesidad de actuar para conseguir una meta. La realización se considera una ilusión producto del orgullo, el hijo del ego; por eso las personas que practican de verdad el zen lo hacen para liberarse de los deseos basados en el ego y apreciar, sin más, el procedo de la vida. Esto solo es posible cuando se ha renacido a la luz. En la vida cotidiana es bueno forjarse metas, pero es mejor aún trabajar por ellas con el esfuerzo adecuado, es decir, apreciando el proceso (el camino), sin concentrar toda nuestra energía en el futuro. Cuando prestamos atención a cómo y por qué hacemos las cosas, somos más eficaces; las metas están más claras, porque sabemos mejor quién somos. Así pues, no hay que esperar la felicidad, porque la satisfacción está en la práctica actual y en la esperanza de que nos lleve a donde se supone que debemos ir.

¿Deseas lograr alguna meta? ¿El esfuerzo supone para ti una frustración? ¿Por qué no dejas de esforzarte y empiezas a vivir en el proceso y en el momento, confiando en que el esfuerzo adecuado te conduzca fácilmente a tu destino?

***Meditación de los ángeles:* En vez de luchar por llegar al destino final, me deleitaré con el camino, y descubriré que «entonces» es «ahora».**

26 DE FEBRERO

CARO

***Consejo de los ángeles:* «Solo es dinero».**
RICHARD MARGOLES (nuestro contable)

¿ALGUNA vez te has preguntado cuánto cuesta que tú funciones?, porque, probablemente, eres muy caro. Por lo general, nos valoramos por el dinero que ganamos o el patrimonio que hemos acumulado. Sobre el papel parecemos ricos, pobres o mediados, pero no existe precio ni para el espíritu ni para el alma. Si establecemos nuestro valor en billetes de banco, nunca tendremos bastantes para igualar nuestro valor. Tengo un amigo maestro que una vez soñó con un enorme salón de baile lleno de billetes. Al principio, pensó: «Estupendo, todo este dinero es para mí», pero el mensajero del sueño le dijo: «Aunque tuvieras todo este dinero nunca te aproximarías a tu valor». Los ángeles quieren que nos valoremos por lo que somos, por la profundidad y la integridad de nuestra alma, no por lo que tenemos.

¿Qué significa para ti la frase «Es solo dinero»? ¿Te has quedado alguna vez sin dinero? En efecto, se pasa muy mal cuando la cuenta se nos queda en números rojos. ¿Hay algún asunto financiero que te preocupe? Aunque donde viven los ángeles no hace falta dinero, ellos pueden ayudarnos con su perspectiva del asunto. Pide a los ángeles que sean tus consejeros financieros durante un día. Imagina un diálogo con ellos. Cada vez que tengas que gastar dinero en ti, habla con los ángeles.

***Meditación de los ángeles:* Toda mi riqueza no está en la cuenta del banco.**

27 DE FEBRERO

REGALO DE DIOS

***Consejo de los ángeles:* Dios nos envía.**

LO QUE cae del cielo es siempre el mayor de los regalos. Cuando los ángeles están en nuestra vida, recibimos muchos regalos de Dios, porque apreciamos todo lo que representa amor en nuestra existencia y reconocemos que Él nos lo envía. Calificamos de «regalo de Dios» las cosas buenas: nuestra mascota, nuestro mejor amigo, un desconocido que nos trae buenas noticias, un amor que llena nuestra soledad, un golpe de suerte, todo esto es expresión del amor de Dios por nosotros. A veces, en esos momentos en que nos resistimos al cambio, aferrándonos al pasado, el regalo de Dios viene en forma de ruptura, aunque nos cause dolor, porque después de la pena inicial comprobamos que nos envía una nueva oportunidad de amar.

Piensa en los regalos de Dios que hay en tu vida. Piensa en esa persona que puedes considerar un regalo. Pide a los ángeles que te envíen a la misión de descubrir a Dios en todos los detalles de tu existencia, y que te enseñen a apreciar el valor de esos detalles a pesar de que al principio algunos te resultaran dolorosos.

***Meditación de los ángeles:* Dios me envía todo lo que necesito para estar bien.**

28 DE FEBRERO

POR UN OÍDO LES ENTRA Y POR OTRO LES SALE

***Consejo de los ángeles:* «Le miras a los ojos y le ves la nuca».**
MARK RUSSELL (humorista),
sobre un político estadounidense muy conocido.

HAY PERSONAS tan poco inteligentes que nos preguntamos qué habrá en ese espacio donde deberían tener el cerebro. Les dices algo, y les entra por un oído y les sale por otro, como si en el camino no hubiera impedimentos. Los ángeles lo consideran una verdadera tragedia, porque Dios se ha tomado muchas molestias para rellenarnos el cerebro. Todo el mundo ha dejado de utilizar alguna vez la cabeza, es decir, no ha captado más que el silbido del aire de un oído a otro. Conviene hacer una visita de vez en cuando al cerebro, para comprobar si hay alguien en casa. Cuando no escuchamos a los demás ni hacemos uso de la información importante, es que estamos descuidando ese bien supremo que es la inteligencia, que, combinada con la auténtica sensibilidad, tiene el poder de elevarnos hasta donde los ángeles desean vernos.

¿Te han dicho alguna vez algo importante que te entrara por un oído y te saliera por otro? ¿Cuáles fueron las consecuencias? ¿Sentiste haber desconectado el cerebro? ¿Por qué no hacemos caso de los buenos consejos? Porque a veces estamos preocupados por otra cosa, porque estamos ensimismados o porque nos negamos a oírlo. Si los ángeles quisieran darte un mensaje importante, ¿no sería espantoso que te entrara por un oído y te saliera por otro?

***Meditación de los ángeles:* Escucho, reflexiono y aprendo.**

29 DE FEBRERO

SALTO DE FE

***Consejo de los ángeles:* «Para convertirnos en nuestros sueños debemos llegar al fondo de lo que somos, observándolo todo con asombro. En esos casos el salto de fe que surge de repente no nos produce miedo, sino que se basa en la confianza y el conocimiento de nosotros mismos».**

JAMIE SAMS

CUANDO analizamos la palabra «salto», surgen muchos conceptos: avalanzarse sobre algo o hacer algo impulsivamente. A veces la vida nos pide que demos un salto por encima de las cosas mundanas y aterricemos en el infinito reino de la fe, lo que significa centrarnos en las maravillas del mundo interior. Los saltos de fe no nos trasladan de lugar, sino de realidad. Cuando experimentamos un salto de fe, no hay vuelta atrás aunque lo intentemos, porque nuestra conciencia ha cambiado para siempre, hemos vencido el miedo y ponemos nuestra confianza en Dios.

¿Ha llegado el momento de que tengas un salto de fe? No tendrás que esperar mucho, porque todos lo necesitamos alguna vez en la vida, especialmente ahora. Haz un esfuerzo hoy mismo para saltar sobre las cosas mundanas y vivir en el universo de los ángeles. No podemos describírtelo porque cada salto de fe te transporta a un mundo de infinitas posibilidades.

***Meditación de los ángeles:* Estoy listo para dar el salto al reino de la fe y vivir en el mundo de los ángeles.**

1 DE MARZO

NO TE LIMITES A SEGUIR LA CORRIENTE

***Consejo de los ángeles:* «La corriente solo se lleva a los peces muertos».**

ANÓNIMO

A TODOS nos han recomendado que nos dejemos llevar por la corriente y esperemos que las cosas ocurran como tienen que ocurrir. Está bien, es un buen consejo, pero algunas veces el destino nos obliga a nadar en su contra y a no dejarnos llevar por ella. Naturalmente, sería estupendo poner nuestra barca en el agua y deslizarnos río abajo mirando el paisaje, pero los ángeles quieren de nosotros algo más que un breve crucero turístico por el río.

Los peces no siguen la corriente del río, unas veces saltan o exploran las pozas y otras nadan corriente arriba. Aprende a bailar y a cantar con la corriente; explora lo que hay en la orilla del río. Sé generoso con la corriente y la corriente lo será contigo.

***Meditación de los ángeles:* Seguiré mi propia corriente divina.**

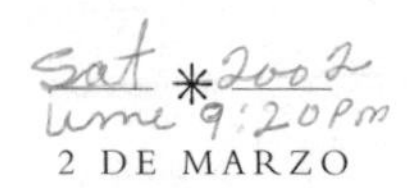

2 DE MARZO

APRENDER ES DURO

***Consejo de los ángeles:* Todos aprendemos con mucho esfuerzo.**

APRENDER significa aumentar el conocimiento y la comprensión o dominar algo a través de la experiencia y el estudio. Aprender una lección con dureza significa que debemos llegar al conocimiento experimentándolo, aunque se nos diga que la experiencia puede enseñarse. El auténtico conocimiento se adquiere cuando podemos experimentar de primera mano el contenido de la lección. Experimentar algo significa estar presente física, mental y espiritualmente. A veces tenemos que experimentar algo repetidamente antes de notar que hemos aprendido una lección, y en el fondo de nuestra mente y nuestro corazón saber que podemos repetirla.

Los ángeles quieren que sepamos que adquirir un conocimiento es ya un cambio y que cada experiencia es un hecho único. Si llegamos a comprenderlo, no necesitaremos analizarlo todo. Los ángeles nos darán valor para que seamos capaces de ver más allá de los problemas y aprendamos sencillamente de la experiencia.

***Meditación de los ángeles:* No dejaré que me endurezcan las lecciones de la vida.**

3 DE MARZO

VIGILANTES

***Consejo de los ángeles:* Te están vigilando.**

UNO de los términos más antiguos de la palabra ángel es el arameo *ir*, que significa vigilante. Últimamente hemos visto películas donde aparecían ángeles con figura humana en el tejado de los edificios y en las librerías (el ángel como libro y conocimiento). Cuando ven una persona que lo está pasando mal, actúan en consecuencia. Los ángeles leen las intenciones de nuestro corazón. Si estamos cerrados y nos negamos a abandonar nuestra negatividad, ellos miran pero no pueden hacer nada. Sin embargo, cuando somos sinceros y estamos abiertos al cambio, responden dándonos luz y amor para nuestra situación.

¿Qué verían los ángeles ahora mismo si te estuvieran vigilando? ¿Cómo responderían a tus sentimientos? ¿Qué apreciarían en tus acciones? Si vives una vida auténtica, los ángeles estarán muy entretenidos.

***Meditación de los ángeles:* Abro mi corazón para que los ángeles puedan ver mi auténtico yo, y ayudarme.**

4 DE MARZO

VULNERABLE

***Consejo de los ángeles:* Aquel que de verdad es fuerte tiene valor para afrontar sus sentimientos y respetarlos al mismo tiempo.**

TENEMOS un amigo que antes se defendía de sus sentimientos, hasta que la infelicidad y la soledad lo condujeron a una terapia. Cuando comenzó a levantar las capas que protegían sus emociones y descubrió los sentimientos, tuvo miedo. Sin embargo, siguió adelante y, poco a poco, se convirtió en otra persona, más abierta y compasiva, capaz de reconocer sus necesidades, de comunicarse con los demás y de no tener miedo de sus emociones. Ahora era vulnerable y tenía la ventaja de que sus amistades y sus relaciones se habían hecho más profundas y él se sentía más vivo que antes, pero también tenía el inconveniente de no saber mantener la fachada necesaria en el mundo de la empresa para promocionarse. Le preocupaba el cambio, pero no ignoraba que había sido para bien. Los ángeles lo quieren por su valor para hacerse vulnerable, y le garantizan que su sinceridad se verá premiada con el trabajo para el que está destinado.

El miedo a ser vulnerable comienza en la infancia, cuando aprendemos a adoptar máscaras protectoras para que los demás nos aprueben y nos quieran. Luego, inconscientemente, nos olvidamos de quitárnosla y de distinguirla de nuestro ser real. Recuerda que ante los ángeles no necesitas máscara. Ellos aprecian tu verdadero ser y, además, tienen poder para verte a través de ella.

***Meditación de los ángeles:* No tengo miedo a conocerme ni a compartir ese conocimiento con otras personas.**

AYUDA

***Consejo de los ángeles:* ¡Dios nos ayude!**

ACUÉRDATE de cuando eras joven y tus padres te dijeron que no pidieras ayuda hasta que realmente la necesitaras. ¿Recuerdas aquello de «¡que viene el lobo!»? ¿Cuándo necesitamos ayuda de verdad y cómo la obtenemos? ¿Has pensado alguna vez en qué consiste la ayuda? Veamos algunos de sus sinónimos: *apoyo, sostén, guía, consejo, consuelo, amparo, respaldo.* Los ángeles hacen por nosotros todas estas cosas, pero también necesitamos que las hagan los amigos y los familiares, para que nuestra vida sea más rica.

La próxima vez que necesites ayuda, presta atención a la forma de conseguirla. ¿Vas directamente a pedirla? ¿Se la pides primero a los ángeles y luego te dejas guiar tranquilamente? ¿Gritas «que viene el lobo»? Recuerda, los seres humanos no venimos al mundo con un manual de instrucciones; necesitamos ayuda para ser mejores.

***Meditación de los ángeles:* Soy capaz de recibir ayuda.**

6 DE MARZO

UNA CASA NO ES UN HOGAR

***Consejo de los ángeles:* «No hay sitio como el hogar». El Mago de Oz**

¿CÓMO sabemos cuando estamos en nuestro hogar? ¿Basta con pensar en nuestro domicilio? No, lo que importa es que nos sintamos siempre como en casa. Hay quien se siente así por el mero hecho de estar en este planeta, y encuentra un hogar allí donde va. Otros no están bien en ninguna parte, y en todos los sitios se encuentran inquietos y a disgusto. Los ángeles nos enseñan que el auténtico hogar es nuestro corazón, porque allí es donde se genera el amor y nos conectamos con el cielo. Cuanto más amamos, más nos sentimos en casa, al margen del espacio físico.

Piensa un momento en tu domicilio. ¿Es un hogar? ¿Qué dice tu corazón? ¿Estás contento donde te encuentras? ¿Cómo podrían ayudarte los ángeles a sentirte en el hogar aquí en la Tierra? Pídeles que te ayuden a encontrar un hogar desde el cual irradiar tu amor.

***Meditación de los ángeles:* Esté donde esté, estoy en mi hogar.**

7 DE MARZO

SIETE PECADOS CAPITALES

***Consejo de los ángeles:* El orgullo y el narcisismo nos apartan de la felicidad.**

EL PAPA GREGORIO el Grande nos dejó una lista de los siete pecados que llamamos capitales y que podemos encontrar, por ejemplo, en el *Purgatorio* de Dante. Esos siete pecados son soberbia, avaricia, lujuria, ira, gula, envidia y pereza. Suelen considerarse «debilidades humanas» y se presentan como una progresión de mayor a menor narcisismo, por eso la soberbia es el peor de todos. Conviene recordar que fue el pecado de la caída de Lucifer. La vida humana es un equilibrio que se rompe con los pecados capitales. Estamos aquí para abandonar ese orgullo o soberbia que interfiere en nuestra relación con Dios y con los ángeles.

Piensa en los siete pecados capitales y examina cómo y por qué pueden destruir tanto a la persona que los comete como a cualquiera accidentalmente asociada a ellos. ¿Alguno de estos pecados ha desordenado tu vida últimamente? ¿Conoces a alguien destruido por cualquiera de ellos?

***Meditación de los ángeles:* Gracias a los ángeles siento orgullo sin necesidad de ser soberbio.**

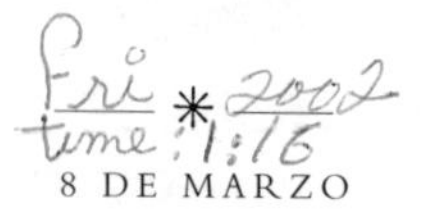

8 DE MARZO

Basta con respirar

***Consejo de los ángeles:* La calma no es más que un respiro.**

A veces tenemos tanta prisa que no podemos pensar lo que decimos, por eso necesitamos llevar dentro un corrector, una voz que nos recuerde que debemos cuidar las palabras y considerar sus efectos sobre los demás antes de que salgan de nuestra boca. Para cuidar lo que decimos, conviene centrarse y estar seguro de que el corazón y la cabeza se mantienen conectados, y una de las mejores formas de hacerlo es decirnos «Serénate y respira» y respirar con suavidad, ya que no es necesario hiperventilarse para que sentir el efecto. Basta un buen suspiro para centrarnos y hablar al mismo tiempo con el corazón, la mente, el alma y el espíritu.

Presta atención a tu corrector. Los ángeles son buenos editores, y te ayudarán en cuanto se lo pidas. Practica la respiración con los ángeles. Imagina que cada suspiro consciente es un baño de paz para las células de tu cuerpo.

***Meditación de los ángeles:* En la duda, lo mejor es una profunda inspiración de sabiduría.**

9 DE MARZO

TU JARDÍN

***Consejo de los ángeles:* Hay que dejar un jardín detrás de nosotros.**

TENEMOS una amiga muy aficionada a la jardinería que transformó el patio trasero de su casa alquilada en un paraíso de hierbas, flores hermosas y lustrosas hortalizas. Cuando llegó el momento de mudarse, su vecina le dijo: «Pero ¿vas a dejar un jardín tan precioso». Nuestra amiga replicó: «No lo dejo, siempre lo llevo conmigo y lo vuelvo a crear allí donde voy. Mientras tanto, sé que dejo tras de mí algo que hará feliz a otras personas».

¿Llevas un jardín contigo? ¿Qué semillas has plantado? ¿Qué frutas cosechas? ¿Qué regalos llevas contigo para transformar y mejorar el entorno y enriquecer a los demás? Estas serán las cosas que queden en el recuerdo cuando te hayas ido.

***Meditación de los ángeles:* Planto las semillas de la educación, la compasión, el humor y la tolerancia allí donde voy, y dejo sus frutos para que otros se beneficien.**

10 DE MARZO

PRUEBA CIRCUNSTANCIAL

***Consejo de los ángeles:* «El crecimiento es la única prueba de que existe vida».**
THOMAS COLE

PIENSA un momento en quién eres tú. Considera las pruebas de tu vida, los hechos o las señales que pueden basar una opinión sobre ti. En nuestra sociedad suelen buscarse pruebas o signos de riqueza, belleza o salud, de un nivel alto de educación o de una profesión interesante. ¿Son estas las pruebas que te definen? Si nos quedamos en lo exterior, basaremos nuestras opiniones en este tipo de cosas, pero en el reino de los ángeles lo exterior se considera una prueba circunstancial sin relación directa con los hechos. En una disputa legal, la prueba circunstancial es la que se obtiene por inferencia, no por la experiencia directa. Aunque la vida no es una disputa legal, lo cierto es que a veces estamos agobiados por una deuda, un divorcio, un error pasado o presente o cualquier otra circunstancia dolorosa. Afortunadamente, el cielo no es un tribunal. Los ángeles te conocen por tu carácter, no por las circunstancias exteriores de tu vida. Cuando hay pruebas de que eres una persona agradable que pone el amor por encima de todo no hay ocasión para la disputa.

¿Hay en tu vida alguna prueba circunstancial que lleves como una carga? Puede que tú concedas más peso que los ángeles a las circunstancias exteriores. No dejes pasar un día más sin fijarte cuando le caigas bien a alguien, y sin desear conscientemente lo mejor a tus amigos y conocidos y a ti mismo. Cada vez que te muestras paciente con otra persona, demuestras amor, que es la auténtica prueba del corazón.

***Meditación de los ángeles:* No estoy delante de un juicio, sino que tengo un cometido angélico de amor.**

IGENE GONZALEZ-WIPPLER

Presenta la PODEROSA MAGIA DE TAURO para dinero, suerte en el juego y los negocios, prosperidad y gran abundancia

INGREDIENTES:

- Botellita verde y oro
- Brazalete de jade legítimo del poder
- Un dólar
- Una vela verde
- Sello del elemento tierra
- Tierra sagrada
- Cinta verde

sta magia es para atraer grandes cantidades de dinero, para obtener poder y canzar todo lo que más se desea. Tauro es un signo de tierra y rige el dinero y s negocios. Su ángel regente es Anael. A través de esta magia se puede acumu- r riquezas, ayuda en el juego, suerte en los negocios, prosperidad y gran abun- ncia. Todos los ingredientes están incluidos, menos el dólar y el plato blanco.

Instrucciones:

coloca la TIERRA SAGRADA en un plato blanco. Sobre la tierra se coloca el RACALETE DE JADE DEL PODER. El jade es una de las piedras de Tauro y gran poder para atraer el dinero, sobre todo en el juego. En el medio del bra- lete, sobre la tierra sagrada, se pone el SELLO DEL ELEMENTO TIERRA al e pertenece Tauro. Al frente del brazalete se pone la BOTELLITA VERDE Y RO. Verde es el color de Tauro. El oro representa el dinero. Frente al plato se ciende la VELA VERDE en nombre del arcángel ANAEL. Se le pide a ANAEL e atraiga el dinero, la prosperidad, la abundancia y el poder a la persona y que npie todo atraso, problemas económicos y dificultades monetarias. La vela se ciende por una hora diaria hasta que se termine, repitiendo cada día la misma tición a ANAEL. Cuando la vela se termine, se entierra la botellita con la tie- sagrada cerca de la casa de la persona. Se amarra el dolar en el sello de la tie- con la CINTA VERDE y se carga en el monedero. El brazalete del poder se en la mano derecha. Todos los días se pasan las cuentas del brazalete y se dice NERO VIENE A MI en cada cuenta. Esta es una de las magias más podero- que existen para atraer el dinero ya que Tauro es el signo que lo rige. Esta gia se hace el 19 de abril a la medianoche, cuando entra el sol en el signo de ro. Todos los signos pueden hacer esta magia. Para mayor información, lla- r al (212) 489-9457 o ir a NIRVANA OF NY en el 821 de la novena aveni Manhattan.

11 DE MARZO

COMPROMISO

***Consejo de los ángeles:* La inteligencia consiste en saber cuándo comprometerse y cuándo mantenerse firme.**

EL COMPROMISO es un instrumento muy importante, porque no podemos tener todo lo que queremos y es necesario ajustar las expectativas y mostrarse flexible. En las negociaciones, el compromiso es esencial para asegurar a todas las partes la satisfacción de sus necesidades. La vida cotidiana no es más que una serie de compromisos: te apetece ir al cine, pero tienes que trabajar; quieres un coche nuevo, pero tu hijo necesita ir al dentista; te apetece un trozo de tarta, pero quieres perder unos kilos. La capacidad de adoptar compromisos nos ayuda a no depender demasiado de nuestros deseos y a explorar otras alternativas de gratificación. Sin embargo, el compromiso no es bueno cuando afecta a las cosas no negociables, tales como los valores, la salud o la felicidad, y los ángeles desean que tengamos el valor de defender esas cosas sagradas que nos definen como seres morales y espirituales.

¿En qué aspectos de tu vida te comprometes? ¿Son compromisos razonables y sanos? ¿Te «sientes» comprometido, es decir, forzado a tomar posiciones que van contra tus intereses y tus deseos más intensos? Examina el papel que desempeña el compromiso en tu vida. Si tienes la tendencia a no comprometerte con las cosas que son apropiadas, deberás examinar también por qué necesitas salirte siempre con la tuya y decir la última palabra.

***Meditación de los ángeles:* Me comprometo en interés de la paz, no de la tiranía.**

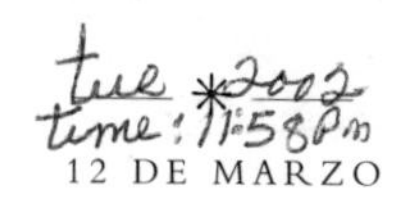

12 DE MARZO

EL AUTÉNTICO VALOR

***Consejo de los ángeles:* «En el mundo real (por oposición al ideal), un corazón sensible necesita el equilibrio de una mente pensante; y los buenos sentimientos, la contrapartida de la voluntad de luchar».**

SAM KEEN

EL AUTÉNTICO valor consiste en afrontar las dificultades cuando surgen. ¿Te enseñaron a hacer acopio de coraje cuando te sintieras débil o fracasado? El problema es que el camino no siempre puede enseñarse; sin embargo, todos podemos tener un espíritu indomable si nos enfrentamos a la vida en vez de eludirla. Vive con valor y vivirás bien.

Una buena vida es como una perla: se construye poco a poco, con los años, la paciencia y la dedicación. Deja que los ángeles te ayuden a distinguir el verdadero valor y a crear la perla de tu vida gracias a esos momentos de coraje que van reforzando tu voluntad.

***Meditación de los ángeles:* Quiero ser valiente para construirme una vida valiosa.**

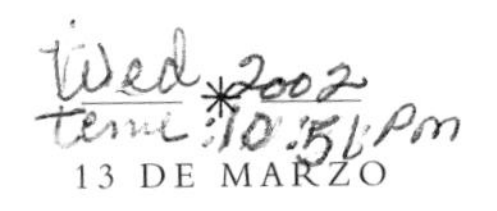

13 DE MARZO

LA MEJOR MEDICINA

***Consejo de los ángeles:* «No encuentro un denominador común entre las personas que admiro, pero sí entre las que quiero: todas me hacen reír».**
W. H. AUDEN

LA RISA es una de las pocas cosas íntimas que podemos compartir con cualquiera. Es íntima porque cuando nos reímos somos espontáneos. El hecho de que dos personas se rían juntas significa que ven el mundo con un sentido del humor parecido, lo cual no es precisamente fácil de encontrar. La risa es un buen indicador de la compatibilidad para la amistad o el amor. Por otra parte, se caracteriza porque resulta muy difícil de forzar o disimular, ya que es la respuesta espontánea y auténtica a un estímulo. No debemos olvidar la risa ni cuando estamos tristes, porque los seres humanos somos multidimensionales, y la risa y el llanto son buenos amigos.

Piensa en la gente que quieres. ¿Te ríes a menudo con ellos? A los ángeles les gusta mucho oír nuestra risa, por eso nos envían ataques de hilaridad de vez en cuando. Si hace mucho que no te ríes ha llegado el momento de hacerlo; alquila una comedia, llama a un amigo para recordar algo divertido que hicierais juntos, sal en busca de risa con los ángeles y asegúrate de reír por lo menos una vez al día.

***Meditación de los ángeles:* La risa es mi medicina angélica.**

14 DE MARZO

REZAR POR NUESTROS ENEMIGOS

***Consejo de los ángeles:* El budismo formenta la compasión tanto hacia el oprimido como hacia el opresor.**

SU SANTIDAD el Decimocuarto Dalai Lama ha contado el sufrimiento que su pueblo y él mismo han experimentado a manos de los invasores chinos del Tíbet. Con frecuencia ha llorado con sus compatriotas al recordar las espantosas experiencias de torturas, violaciones, asesinatos y otras atrocidades. Sin embargo, nunca deja de rezar por los opresores de su país, y cuando se le pregunta por qué lo hace, responde, recalcando sus palabras: «Porque son ellos los que más oraciones necesitan. Debemos rogar siempre por ellos, porque son sus almas las que corren mayor peligro». A la mayoría de las personas este razonamiento les parece una locura. ¿Por qué preocuparnos de los asesinos y los torturadores que han destrozado nuestra vida? En su libro, *El camino hacia el éxtasis*, el Dalai Lama explica lo siguiente: «Todos los seres sensibles son igualmente valiosos para el Buda». Por otra parte, cuando lo examinamos detenidamente, comprendemos que, en realidad, no somos víctimas de nuestros enemigos, sino de su forma distorsionada de ver las cosas; por tanto, no existe justificación para odiarlos o para no desear su bienestar». Los ángeles añaden que, aunque parezca mentira, al rezar por nuestros enemigos estamos rezando por nosotros mismos, por alcanzar la luz a través de la compasión.

¿Odias a alguien que te ha hecho mucho daño? ¿Has pensado alguna vez en rezar por esa persona? De no ser así, ¿por qué no haces un esfuerzo? No puede hacerte daño, y los ángeles afirman que cuanto más compasivo te muestres con el alma de quien te ha ofendido, mayor será tu conexión con el poder del amor para sanar, y de la compasión para elevar la dignidad de las personas.

***Meditación de los ángeles:* Al fin y al cabo, todos los seres humanos son criaturas de Dios.**

15 DE MARZO

VOLUNTAD DE CAMBIAR

***Consejo de los ángeles:* «Cuando andes por la cuerda floja del cabio, no mires nunca hacia atrás o hacia abajo».**

KEN KALB

CUANDO expresamos afirmaciones religiosas conviene recordar que nuestras palabras deben reflejar el cambio espiritual que deseamos. Por lo general, con nuestros cantos y nuestras oraciones pedimos un cambio exterior que nos sea favorable. Dios tiene en su mente una idea mucho más interesante para nosotros, que nos llega a través de la fe, la confianza y la voluntad de cambiar.

Para recibir las bendiciones de Dios, debemos aprender a merecerlas y reconocerlas. Los ángeles colaboran con Dios para ofrecerte el mejor regalo, que a veces llega en el último minuto, cuando estás a punto de tirar la toalla. La próxima vez que reces, examina tu intención y pide a Dios que te proporcione los elementos necesarios para cambiar y recibir su bendición.

***Meditación de los ángeles:* Recorro la cuerda floja del cambio sin miedo porque los ángeles están siempre preparados para recogerme.**

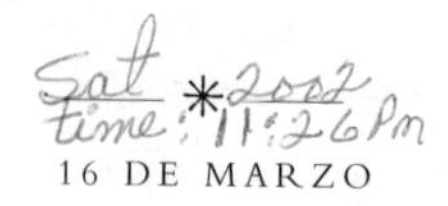

16 DE MARZO

UNA SOCIEDAD OPULENTA

Consejo de los ángeles: **Para tener una cultura rica debemos cultivar la prosperidad a la puerta de casa.**

¿VIVIMOS en una sociedad tan opulenta como se nos dice? Una cultura realmente rica pondría la educación, la creatividad, el pensamiento y los maestros por encima de Wall Street. En esa sociedad se escucharía a los niños; se aceptaría a los individuos tal como son; nadie tendría que vivir en la calle por falta de trabajo, y en caso de que faltara se podría disponer de medios y tiempo para recuperar el ritmo de la vida; la drogadicción no sería un delito, sino una enfermedad; no habría clasismo, racismo, odio o desprecio de la vejez; la compasión sería la regla y se fomentarían las prácticas espirituales; no se catalogaría a las personas, ni se les daría más o menos poder por su situación financiera; el trabajo estaría cerca de casa, se consumiría la producción local y se apoyaría a las empresas independientes.

¿Hace mucho que no oyes hablar a un político de estas cosas? Si viviéramos en una sociedad rica y mejor repartida, tendríamos muchos menos problemas, entre otros habría menos delincuencia. Piensa en tu comunidad, ¿en qué aspectos es rica y en qué aspectos es espiritualmente pobre? ¿Qué podrías hacer tú para extender la riqueza?

Meditación de los ángeles: **Aprenderé qué puedo aportar a mi comunidad.**

17 DE MARZO

«MALAS COMPAÑÍAS»

***Consejo de los ángeles:* Los ángeles no nos consienten, nos ennoblecen.**

EN LA ACTUALIDAD, el problema de las adicciones ha suscitado una vez más la preocupación por las malas compañías, es decir, esa persona o personas a las que todo el mundo considera responsables en parte de nuestros errores. Pero ¿no tenemos una voluntad libre? Entonces, ¿por qué achacar toda la culpa a otro? En el terreno de la enfermedad y la dependencia hay que tener mucho cuidado en establecer con rigidez lo bueno y lo malo. Puede que los ángeles tengan para nosotros un proyecto más grande que el nuestro. Puede que la prueba, tanto para el interesado como para sus «malas compañías» sea la posibilidad de aprender a ser libres y a ennoblecer su vida.

***Meditación de los ángeles:* Permito que los ángeles me ennoblezcan con su ayuda, su claridad y su guía.**

18 DE MARZO

CALMANTES

***Consejo de los ángeles:* Puede que al calmar el dolor estemos silenciando el mensaje.**

NO CABE DUDA de que liberarnos del dolor con el sencillo acto de tomar una pastilla es una gran conquista de la humanidad, pero, como todos sabemos, el dolor emocional no se erradica tan fácilmente. Por esa razón recurrimos a ciertos métodos para huir de la infelicidad: comida, drogas o alcohol, para acabar con el dolor. Unas veces utilizamos las relaciones amorosas; otras, el consumo compulsivo, en un vano intento de llenar el vacío interior; otras nos sumergimos en el trabajo o los negocios, para no pensar en los problemas y dejar su solución a merced del tiempo. La paradoja es que por poco tiempo que tengamos para el dolor, este siempre tiene tiempo para nosotros. Por tanto, no queda más remedio que hacerle frente, preguntarnos por qué está aquí y qué puede enseñarnos. También podríamos preguntarnos en qué medida se debe a las circunstancias o a nuestra actitud hacia ellas o a nuestra forma de ver la vida.

¿Qué haces cuando sufres un dolor emocional? ¿Intentas neutralizarlo, evitarlo o huir? ¿Lo has aceptado alguna vez? ¿Si en este momento estás pasando una época dolorosa, ¿crees que tendrá consecuencias para tu crecimiento personal? ¿Puedes evitar alguna parte de tu sufrimiento? ¿Cuánto dolor podrías evitarte por el sencillo método de cambiar tu actitud y tus expectativas?

***Meditación de los ángeles:* No temo mirar de frente al dolor.**

19 DE MARZO

EL NIVEL DEL «YO»

Consejo de los ángeles: **«Si fuéramos capaces de prescindir del "proyecto del yo", tan querido por muchas terapias y teorías sobre la psicología, la educación y la espiritualidad, volveríamos a ver los ángeles, porque la luz cegadora del interés personal apaga el brillo angélico... La preocupación por el yo, nuestro o de otros, nos impide ver al ángel que viene a traernos la auténtica profundidad».**

THOMAS MOORE

INVERTIMOS la mayor parte de nuestro tiempo en el nivel del «yo», y muy poco en el del «nosotros». En este último concepto entrarías tú, entraría yo y entrarían Dios, los ángeles, la Tierra, los cielos, los animales y el misterio. Thomas Moore aconseja prescindir del proyecto del yo para volver a ver a los ángeles. Se trata de un buen consejo, porque siempre operamos en el terreno del interés personal y todo lo que hacemos está contagiado. Nuestras relaciones no pueden ser profundas, porque solo nos preguntamos: «¿Qué es lo mejor para mí? ¿Cómo puede manejar la situación?», y olvidamos preguntarnos cuál es la dinámica que requiere la situación. Los ángeles intervienen en nuestra vida cuando les dejamos espacio, es decir, cuando ampliamos nuestras miras y reconocemos la existencia de un «nosotros».

Examina con sinceridad tus actuales relaciones con el proyecto divino. ¿Estás interesado en proyectar tu yo o en lo que realmente necesita el mundo: el amor?

Meditación de los ángeles: **Tengo en cuenta que también existe un «nosotros».**

Wed * 2007
time = 11:45 Pm

20 DE MARZO

CARGAS PESADAS

Consejo de los ángeles: **Todo se resolverá.**

EN CIERTAS ocasiones tenemos que sobrellevar cargas muy pesadas; por ejemplo, cuando cuidamos a un enfermo, nuestro hijo, nuestra pareja, nuestros padres, o cuando la enfermedad nos afecta a nosotros. A veces hay que afrontar una seria crisis financiera que nos ha llevado al límite de nuestros recursos, o criar a un hijo sin una pareja que nos ayude, o afrontar una muerte que nos afecta profundamente. Sea cual sea la carga, cuando ya no podamos con su peso es que ha llegado el momento de ponerla en manos de los ángeles. Las palabras de la Biblia: «Mi yugo es débil, pero mi carga es ligera» quieren decir que la carga nunca es excesiva cuando participamos de la fuerza divina, que nos proporciona una reserva extraordinaria de valor y energía.

¿Estás soportando una carga en estos momentos? ¿No puedes evitarla? ¿Podrías evitarla pero la has elegido? Pregúntate por qué te pesa tanto, y si puedes hacer algo por aligerarla. Imagina que se la envías a los ángeles, para que ellos te ayuden a llevarla.

Meditación de los ángeles: **Por muy pesada que sea mi carga, los ángeles están aquí para hacerla más ligera.**

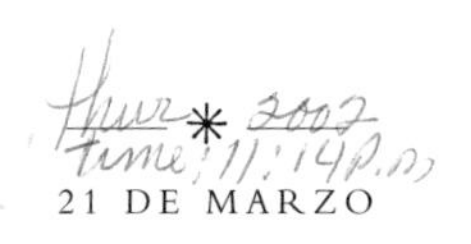

21 DE MARZO

SINCRONÍA

***Consejo de los ángeles:* El misterio es el mensaje.**

UNO de los subproductos del despertar espiritual es la tendencia a buscar coincidencias significativas y acontecimientos sincronizados, es decir, hechos con carga mágica. Probablemente has tenido la experiencia de estar pensando en alguien que no ves desde hace mucho tiempo y una hora más tarde suena el teléfono y «da la casualidad» de que es esa persona, o necesitabas una determina cantidad de dinero que, de pronto, te ha llegado en forma de una devolución o de cualquier otra fuente inesperada. Estas sincronías, como las llamó Jung, prueban que la vida humana está guiada por fuerzas que no siempre son «sensibles», es decir, que los sentidos no siempre perciben. Saber que el misterio es el mensaje y que debajo de la vida cotidiana siempre hay algo más es un apasionante antídoto al predecible e imparable paso del tiempo.

¿Recuerdas algún hecho sincrónico en tu vida? ¿Lo viviste así o te pareció una coincidencia? ¿Te ayudó a creer en la posibilidad de una intervención espiritual en tu vida, y en que tus necesidades y tus pensamientos son un poderoso mecanismo de transmisión que puede captar respuestas inesperadas del cosmos?

***Meditación de los ángeles:* Hay fuerzas que no se ven, pero están siempre ahí para responder a mis preguntas y compensarme con lo inesperado.**

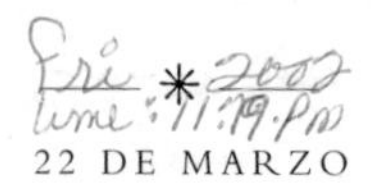

22 DE MARZO

CONTAR CON LOS DEMÁS

***Consejo de los ángeles:* «Así en la tierra como en el cielo». Del Padrenuestro**

LO MÁS frecuente en nuestra búsqueda del interés personal es dejarnos llevar por el yo, sin pararnos a considerar cómo afectan a los demás los resultados de nuestros actos. Si queremos el apoyo de los ángeles, es imprescindible seguir la regla de oro: cada vez que se intenta un cambio hay que considerar el todo. Ponte en el lugar de las otras personas involucradas y pregúntate: «¿Si yo fuera ella, me gustaría este resultado?». Examina con sinceridad el efecto que tus actos producen en tu entorno. ¿Adoptas una actitud competitiva, te aprovechas de los demás o los engañas?

¿Qué pasaría si el cielo nos tratara como tratamos nosotros a los demás? ¿Tratas bien a las personas? ¿Cuidas de los animales y del planeta? Deja a un lado las buenas intenciones y pregúntate si realmente haces algo eficaz. ¿Has seguido la regla de oro que consiste en no querer para los demás lo que no quieras para ti? Pide ayuda a los ángeles y la regla de oro iluminará tu conciencia.

***Meditación de los ángeles:* Cuando tengo a los ángeles conmigo, percibo cómo afectan a los demás mis actos.**

23 DE MARZO

UNA RÁFAGA DEL PASADO

***Consejo de los ángeles:* Nuestros demonios nos dan muchas oportunidades de vencerlos.**

¿ALGUNA vez has pensado haber vencido por fin una dificultad, para verla resurgir continuamente de una forma u otra? Por ejemplo, has roto una relación que no te beneficiaba en nada y, de pronto, aparece en tu vida una persona parecida a la anterior; estás a punto de dejar ese trabajo que te fastidia tanto, cuando, de repente, tu jefe te ofrece un aumento de sueldo que no puedes rechazar. Parece que un destino cruel te gastara la broma de deshacer lo que tú haces, para obligarte a empezar de nuevo. Pero ¿no podría ser Dios, que nos quiere espiritualmente alertas y por eso nos recuerda periódicamente las trampas en las que solemos caer? Si de verdad hubiéramos cambiado, estos pequeños exámenes no nos preocuparían, porque, en realidad, nos hacen más fuertes y más capaces de cambiar. Por el contrario, mientras seamos susceptibles al problema, nunca podremos superarlo y seguir adelante.

¿Tienes algún problema antiguo que se renueve en tu vida? ¿Gente que creías haber apartado de tu vida? ¿Deseos aparentemente superados? ¿Conoces las razones de ese factor de repetición? ¿Has intentado algo que nunca has podido llevar a cabo? Recuerda que los ángeles están aquí para ayudarte a ser más intuitivo y más inteligente. Cuando llaman a tu puerta los inesperados visitantes del pasado, míralos como los restos de una época superada y devuélvelos a su lugar de origen.

***Meditación de los ángeles:* Lucho por no repetir en mi vida las pautas insanas de comportamiento.**

24 DE MARZO

Lo menos conocido

Consejo de los ángeles: **«La individuación es ese pro ceso natural que hace de un árbol lo que es; por eso, cuando se producen interferencias en el proceso, el árbol enferma y deja de crecer; la individuación no nos aparta del mundo, por el contrario, es lo que nos une a él».**

C. G. Jung

Es muy importante afrontar los aspectos menos conocidos de nuestro carácter. Cuando intentamos comprendernos a nosotros mismos, nos centramos en lo visible y lo sabido porque es más cómodo. Analizamos lo evidente y lo fácil y olvidamos lo misterioso, lo más ajeno a nuestro maquillaje más elemental, es decir, lo que Jung denomina «función inferior». Precisamente en lo menos conocido puede estar nuestra parte más creativa, la puerta a la inspiración.

Siempre que los ángeles entran en nuestra vida empezamos a explorar la parte que menos conocemos de nosotros. Puede que descubramos que estamos destinados a realizar algo que no habíamos hecho nunca. Hay dentro de nosotros recursos que no hemos explotado, quizá porque nos daban miedo, en los que, probablemente, reside nuestro aspecto mágico.

Meditación de los ángeles: **No temo descubrir nuevos aspectos de mi psique.**

25 DE MARZO

PALABRAS CONTRA SENTIMIENTOS

***Consejo de los ángeles:* «"Ansiedad" es solo la palabra, pero el sentimiento eres tú».**
J. KRISHNAMURTI

EL GRAN filósofo indio Krishnamurti establece la distinción entre los sentimientos y las palabras. Por ejemplo, cuando nos sentimos ansiosos, estamos reaccionando, según él, a la palabra *ansiedad*. En un intento de definir los sentimientos, confundimos estos con las palabras, que en sí mismas no tienen otro poder que la importancia que les demos. Cuando nuestros sentimientos no coinciden con las definiciones, es decir, cuando los observamos, sin palabras ni juicios, suceden cosas misteriosas. En vez de identificarnos con una experiencia positiva o negativa, nos convertimos en observadores tanto del sentimiento como de nosotros mismos y nos olvidamos de si es bueno, malo, doloroso o no. Esa actitud nos ayudará a superar las emociones que nos mantienen apegados al dolor y nos impiden distinguir la realidad —nuestra conciencia infinita— de las sensaciones pasajeras.

¿Cuántas veces en la vida te has visto superado por un sentimiento? ¿Esas sensaciones producen en ti emociones reactivas? Si es así, prueba el siguiente truco: piensa en la persona o la cosa que te lo causa y olvida las definiciones. No pienses en si es ira, tristeza, entusiasmo o felicidad. Piensa en ello como si fuera una sensación física. Luego distánciate y observa tus reacciones y los efectos que produce en ti. Los ángeles te aseguran que sentirás una sensación de calma y liberación que te sorprenderá.

***Meditación de los ángeles:* Mi sentimiento es una cosa y yo otra.**

26 DE MARZO

AGITADORES

Consejo de los ángeles: **Sé diferente; fomenta lo positivo allí donde vayas.**

LOS SERES humanos nos dividimos en agitadores y pacificadores. Los primeros son los que perturban y causan ansiedad a otros. A veces es difícil reconocerlos, porque se presenta como una persona interesante, que aparentemente desea la paz para todos, y es que probablemente ni ellos mismos conocen los efectos que producen, aunque puede que capten la atmósfera dramática y turbulenta que surge siempre a su alrededor. Si le dejamos, un agitador puede acabar con nuestras ener-gías. Reconocer lo que producimos en las personas que nos rodean es responsabilidad nuestra; no olvides nunca que no podemos controlar el comportamiento ajeno, pero podemos elegir nuestra respuesta.

Para saber si conoces a un agitador, piensa en lo que sientes después de una simple discusión con esa persona. ¿Qué sensación queda en ti? Piensa en la sensación que dejas tú en los demás, ¿se quedan tranquilos o perturbados?

Meditación de los ángeles: **Seré consciente de mi presencia, de mi ausencia y de los sentimientos que dejo a mis espaldas.**

27 DE MARZO

LA CARTA DE DIOS

***Consejo de los ángeles:* «No soy más que un lápiz en las manos de un Dios escribiente que envía una carta de amor al mundo».**
MADRE TERESA DE CALCUTA

LA MADRE TERESA DE CALCUTA fue una auténtica carta de amor para nuestro mundo. Todos los seres humanos deberíamos serlo, y, de hecho, nuestra vida puede convertirse en un testimonio de amor cuando ayudamos a los ángeles aquí, en la Tierra. En numerosas ocasiones el mundo nos parece frío y oscuro, pero también es cálido y hermoso. Cuando las paredes están manchadas de escritos desoladores, busquemos los textos escritos por Dios. Busca y encontrarás, porque el amor está siempre presente en los corazones colmados. Alegrarse, reír, acariciar y todos los verbos que indican intercambio son las palabras preferidas de la carta divina.

¿Eres parte de la carta de amor de Dios? Sin embargo, podrías serlo, basta con que todos los días tengas un momento de serenidad para ponerte en las manos de un Dios escribiente. Pide a los ángeles que te ayuden a ser una prueba del amor divino allí donde estés.

***Meditación de los ángeles:* «Amor de Dios» es la mejor frase de mi vida.**

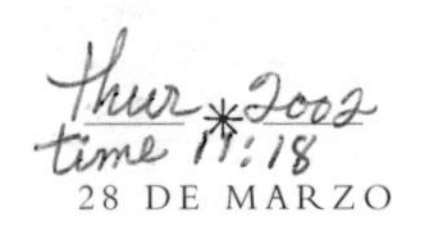

28 DE MARZO

CULTIVAR LA AMISTAD

***Consejo de los ángeles:* «Un amigo es esa persona con la que puedo ser sincero. Delante de él puedo pensar en voz alta».**
RALPH WALDO EMERSON

¿CUÁL es el secreto de la amistad? Según los ángeles, consiste en dos cosas: confianza y aceptación. Puede que a simple vista no parezca difícil, pero no es muy común confiar profundamente en alguien o tener una fe ciega en el papel de la amistad en nuestra vida. El sello de la amistad es la lealtad que permanece durante años y años, para lo bueno y para lo malo. La lealtad es el resultado la confianza y la aceptación. Las personas que saben cultivar la amistad han comprendido que los amigos contribuyen de un modo fundamental a su crecimiento y su felicidad. Siempre que somos capaces de comunicar a los amigos que los consideramos un tesoro y que sabemos valorar su alma, ellos nos corresponden con su devoción incondicional.

¿Conservas amistades antiguas? ¿Por qué han durado? ¿Qué cualidades aprecias en tus amigos? ¿Qué les ofreces tú? Si quieres aprender a ser un buen amigo, imagina que tienes una amistad con los ángeles e intenta emular las virtudes de la amistad que ellos encarnan.

***Meditación de los ángeles:* Valoro, respeto y honro a mis amigos.**

29 DE MARZO

SOBRIEDAD

***Consejo de los ángeles:* «Estar sobrio no es lo mismo que estar aburrido».**

LA SERENIDAD no es una situación de homeostasis robótica, sino el estado de tranquilidad natural que da la consciencia. Estar atento y consciente no significa que no descansemos nunca, sino que no estamos adormecidos. Cuando llegamos al conocimiento de ciertas verdades que antes no queríamos ver, resulta muy difícil volver a dormirse. Después de despertarnos y sufrir el choque de comprender que la vida tiene sentido aunque no lo controlemos todo, podemos aproximarnos a ella tranquilos y sobrios. La sobriedad tiene una importancia especial cuando hemos caído en alguna adicción en nuestro viaje por la vida. El camino que nos lleva a la consciencia se abre siempre frente a nosotros, y nuestro ángel de la guarda guía nuestros pasos hasta que un buen día despertamos con el corazón sereno.

La sobriedad no tiene por qué ser oscura y aburrida cuando los ángeles están con nosotros. La sobriedad y la serenidad son siempre posibles. Seguro que muy cerca de ti, como un regalo de los ángeles, hay algún lugar donde se celebran las reuniones de Alcohólicos Anónimos, con su programa de los doce pasos. A veces sentimos la llamada a la sobriedad cuando vemos morir o enfermar a una persona que queremos mucho. Si es así, debemos seguirla para que Dios nos regale esa paz que tanto necesita nuestra alma.

***Meditación de los ángeles:* Me mantendré sobrio para gozar de la belleza de la vida.**

30 DE MARZO

ACTUAR

***Consejo de los ángeles:* El hombre es el origen de sus actos.**
ARISTÓTELES

ACTUAR es moverse y liberar energía. Los seres humanos actuamos continuamente. Entramos y salimos de la acción. Si, como dice Aristóteles, eres el origen de tus actos, ¿quién eres en realidad? ¿Qué dicen de ti tus actos de hace una hora? ¿Y los de hace un año? ¿Te parecen bien tus actos con ciertas personas? ¿Qué pretendes cuando actúas? Entrar en acción es responder a un estímulo, porque también podríamos habernos abstenido de actuar. Por muchas cosas que sepamos, nunca estamos seguros de las consecuencias y el alcance de nuestros actos.

Piensa en lo que has hecho hoy. Piensa en los actos de los ángeles. ¿Es siempre posible pensar antes de actuar? ¿Te reconoces en todo lo que haces o alguna vez has mirado hacia atrás y has pensado: «De verdad he hecho yo eso»? Pide a los ángeles que te ayuden a actuar conscientemente, con valor y con compasión.

***Meditación de los ángeles:* Si los ángeles están conmigo, puedo actuar como un héroe.**

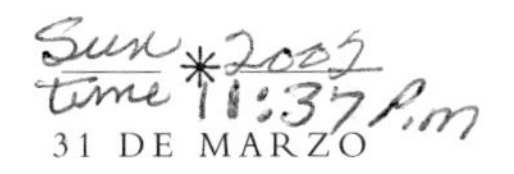

31 DE MARZO

APILAR LOS PLATOS

***Consejo de los ángeles:* Si quieres hacer equilibrios con una pila de platos en la nariz, vete al circo.**

A VECES la vida se convierte en una cosa de locos no solo porque echemos demasiadas cosas en los platos, sino también porque apilamos una cantidad de platos que no podemos sujetar. Los deberes y las obligaciones nos agobian, y nos parecemos a esos acróbatas chinos que sostienen una pila de platos en la nariz mientras andan en bicicleta y hacen juegos malabares con diez pelotas. Recordemos que el acróbata se prepara durante muchos años para adquirir esa precisión que le permite realizar sus malabarismos aparentemente imposibles. En nuestro caso, sin embargo, cuando intentamos apilar demasiados platos o jugar con demasiadas pelotas a la vez, podemos estar seguros de que se nos caerá todo de las manos, a no ser que tengamos ese sentido inherente del equilibrio que demuestran algunas personas capaces de mantenerse en un estado de intersección armoniosa. Del mismo modo que el centro de gravedad de la Tierra asegura que los planetas mantengan su curso y que los numerosos mundos del cosmos no colisionen, también nosotros debemos buscar un centro de gravedad para que no choquen entre sí los elementos dispares de nuestra vida y se produzca una explosión. Cuando estamos centramos en nosotros mismos, hacer demasiadas cosas a la vez nos parece una locura e instintivamente aprendemos a equilibrar nuestros platos para no romperlos. Solo de este modo conseguiremos recuperar la salud y el equilibrio.

¿Cuántos platos eres capaz de apilar en el aire? ¿Los sujetas sin perder el equilibrio o apilas más de los que puedes sostener? Cuando tratas de hacer demasiadas cosas y juegas con demasiadas pelotas, la vida se convierte en un circo. ¿Conoces la forma de encauzar tu vida y recuperar el equilibrio?

***Meditación de los ángeles:* No permito que me desequilibren mis obligaciones y mis actividades.**

1 DE ABRIL

EL DÍA DE LOS TONTOS

***Consejo de los ángeles:* «Dios protege a los tontos, a los borrachos y a los Estados Unidos». Refrán americano**

EN EL SIGLO XVI, Francia celebraba el año nuevo con la entrada de la primavera, el día 25 de marzo, pero, más tarde, la fecha se trasladó al 1 de abril. Con la reforma del calendario gregoriano, el rey Carlos ordenó que la fiesta de año nuevo se celebrara el día 1 de enero. Sin embargo, el pueblo continuaba celebrando la fiesta el 1 de abril, y los resistentes, haciendo gala de un gran sentido del humor, establecieron la costumbre de regalarse cosas absurdas y celebrar reuniones extravagantes. Con los años la mayoría del país se adaptó al cambio, pero la costumbre de hacer algo raro el 1 de abril se mantuvo y pasó a Inglaterra doscientos años más tarde y, finalmente, a los Estados Unidos. Es fácil parecer tonto cuando nos negamos a cambiar y seguir las modas, pero a veces las antiguas tradiciones tienen mucho más sentido.

De ahora en adelante presta atención a las bromas. ¿Qué piensas de la costumbre de gastarlas? ¿Según tu opinión, qué les parece a los ángeles? Ten siempre mucho cuidado a la hora de juzgar a los demás, y no pienses enseguida que son idiotas un juicio apresurado podría volverse contra ti.

***Meditación de los ángeles:* No soy tonto.**

2 DE ABRIL

Optimismo trágico

***Consejo de los ángeles:* «Aquel que tiene un porqué para vivir, puede soportar pácticamente todo».**

NIETZSCHE

EN 1946, Viktor Frankl, un superviviente del holocausto, publicó una breve obra titulada *La búsqueda del sentido*, que con los años se convirtió en un éxito de ventas y una guía para todos aquellos que intentan encontrar un sentido a los avatares crueles e inexplicables de la vida. Frankl, médico y psicoterapeuta que sobrevivió a Auschwitz y otros campos de concentración, utilizó sus terribles experiencias para crear una nueva forma de psicoanálisis que llamó «logoterapia», pensada no en función del pasado, sino del presente y del futuro; no en función de la neurosis, sino del sentido de la vida. Frankl llamó «optimismo trágico» a esta actitud, porque se basaba en ser optimista frente a la tragedia, con el objetivo de conservar la esperanza cuando el sufrimiento parece infinito, puesto que, como decía Frankl, podemos «convertir el sufrimiento en realización humana».

¿Cómo has respondido a las pérdidas o cualquier otra forma de tragedia, si la has conocido? Si fuera un examen, ¿qué puntuación obtendrías? ¿Hay en tu vida acontecimientos que te parecieron tragedias en su momento, pero que vista desde el presente te parece que tuvieron su sentido? ¿Qué cosas buenas surgieron para llenar el vacío que dejó la pérdida?

***Meditación de los ángeles:* El sufrimiento no existe para ser explicado, sino para conquistar un sentido.**

3 DE ABRIL

RENACIMIENTO

***Consejo de los ángeles:* Nuestro auténtico ser nunca muere; por el contrario, renace eternamente.**

TENDEMOS a considerar el renacimiento un fenómeno singular de proporciones épicas. La ceremonia del bautismo, por ejemplo, es un ritual solemne que simboliza el renacer del alma a una vida nueva y limpia. Puede que creamos en un renacer después de la muerte en forma de reencarnación o de una nueva vida en otros mundos, pero los ángeles quieren que comprendamos que se trata de un continuo regalo de la vida. De una forma u otra siempre estamos renaciendo, aunque no nos demos cuenta, porque las células se encuentran en permanente regeneración y la vida cambia continuamente con experiencias que alteran nuestra forma de percibirla. Conviene recordarlo cuando estamos bloqueados por la rutina o nos creemos demasiado viejos para cambiar. Siempre podemos hacer que renazca nuestro ser creativo; nuestro espíritu está siempre ahí, dispuesto a comenzar una vida nueva.

Piensa en cuántas veces has renacido a lo largo de tu vida. ¿Ha habido algún acontecimiento o alguna persona que la cambiara por completo? ¿Te dio una nueva vida el nacimiento de un niño? ¿Te revitalizó un proyecto creativo o una nueva trayectoria profesional? ¿Es el momento de que renazcas en algún aspecto? Si es así, piensa cómo debería ocurrir y búscate un ángel de comadrona que te facilite el proceso.

***Meditación de los ángeles:* Mi vida está siempre en proceso de re-creación.**

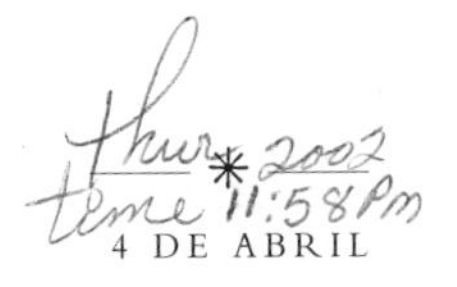

4 DE ABRIL

RESURRECCIÓN

***Consejo de los ángeles:* «La resurrección no es otra cosa que la conquista de un tiempo y un espacio... en los que se supera el dolor, y en los que la vida, nueva pero misteriosa, resurge a pesar de las circunstancias, del pesimismo, del cinismo y de la tristeza».**

MATTHEW FOX, *The Coming of the Cosmic Christ*

RESUCITAR significa «surgir de nuevo». Generalmente utilizamos la palabra para referirnos a lo que ha muerto y de repente muestra un nuevo aliento de vida. Hay momentos en los que resucita algún aspecto de nuestro pasado, una relación, una necesidad o un asunto antiguo que se levanta de su tumba buscando reanimarse o morir para siempre. En otros, después de la pérdida de un amor o la muerte de alguien querido, creemos que nuestra capacidad para el amor, la esperanza y la felicidad han desaparecido definitivamente, para luego descubrir que tales emociones, que constituyen la energía de la vida, pueden resucitar. Los ángeles nos recuerdan que la resurrección es a la vez un aviso para integrar en nuestra vida la idea de la muerte y para tomar conciencia de esas cosas que creíamos haber dejado atrás y que no están dispuestas a morir, y de esos aspectos de nuestro ser que no morirán jamás. Así como Cristo resucitó, nuestra parte divina está siempre dispuesta a resurgir para darnos una vida nueva.

¿Hay algún aspecto de tu vida que haya resucitado últimamente o en el que tú hayas pensado de nuevo? Si es así, ¿cuál te parece la razón? ¿Hay algo que necesitas resucitar: la fe, la esperanza, la pasión, el valor? ¿Cómo puede contribuir a cambiar tu vida esa resurrección?

***Meditación de los ángeles:* Mi alma resucita todos los días.**

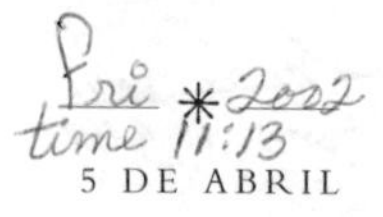

5 DE ABRIL

El derecho a la pena

***Consejo de los ángeles:* La pena es para nosotros un derecho y una salvación.**

POR MUY VÁLIDA que sea esa verdad, según la cual la tragedia es una oportunidad que nosotros disfrazamos de pérdida, no por eso disminuye el dolor. Antes de aceptar las bendiciones ocultas que nos trae la pérdida, debemos pasar por un proceso de pena que nos permite sentir y elaborar el dolor. Esto es al mismo tiempo práctico y saludable, pero como la pena nos acompañará durante un tiempo, convendría llegar a conocerla. Aceptándola y yendo de la mano de un amigo o de un maestro, veremos que nos cambia de una forma misteriosa a la vez que mágica y profunda. El proceso de sanación que sigue a la pérdida no es ni fácil ni rápido, porque no hay besos ni «tiritas» que reduzcan el sufrimiento de las heridas psíquicas. Debemos permitirnos tener confianza durante el largo y tortuoso proceso que va del choque a la negación, y de la insensibilidad a la desesperación y, finalmente, a la aceptación, como suele ocurrirles a todos los supervivientes de una pérdida. Pero los ángeles nos garantizan que, por muy dolorosa o muy desesperada que parezca la situación, suavemente, por debajo de la superficie, las cosas empiezan a arreglarse y un día descubrimos que, como si fuera un milagro, volvemos a reír, a amar y a vivir de nuevo.

Si estás viviendo la pérdida de algo o de alguien, ¿te permites sentir pena o intentas evitarla o reprimirla? Hay muchas falsas manifestaciones emocionales que encubren la pena, tales como ira, depresión, desesperación, desgana o soledad. Los ángeles nos dicen que no debemos tener miedo de esos sentimientos. Manifiesta tu enfado, llora si estás deprimido, duerme y repón energías si te sientes apático, siente la soledad hasta el fondo cuando estés solo, y si te encuentras desesperado, desespérate. Luego, vuelve tu mirada a los ángeles para que te den consuelo, esperanza y una nueva dirección en la vida.

***Meditación de los ángeles:* Cuando respeto la pena, estoy respetando lo que he perdido y el corazón que, en mi interior, necesita ese proceso para curarse.**

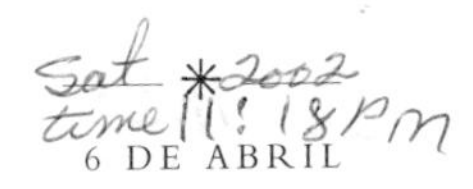

6 DE ABRIL

CONTINUAR ADELANTE

***Consejo de los ángeles:* «Intento con todas mis fuerzas no caer en la piedad por mí misma... ¿Por qué?, porque he recibido muchas bendiciones a lo largo de mi vida».**

SARAH DELANEY, *On My Own at 107*

LAS HERMANAS Delaney, Bessie y Sarah, fueron una pareja realmente curiosa. Nacieron en una familia de raza negra en Boston, durante la década de 1880, e hicieron prácticamente de todo, nunca se casaron y vivieron juntas hasta superar los cien años, exactamente hasta que Bessie murió a los 104, obligando a su hermana de 107 a enfrentarse sola a la vida por primera vez. Sarah pudo haberse dejado llevar por el fantasma y seguir hasta la tumba a la compañera de su vida, pero como reflexionaba ante el espíritu de Bessie: «Creo que podría haberme muerto, que podría haber tirado la toalla y sucumbido sin más, pero luché, no estoy muy segura por qué. El caso es que quería seguirte a la Gloria, pero sabía que no había llegado mi momento». Los ángeles quieren que sepamos que comprenden la pena e incluso el deseo de muerte cuando esta nos aparta de la persona que queremos, pero el auténtico acto de valor es vivir productivamente y dejar que Dios cuide de los planes de nuestro viaje final.

¿Has conocido épocas en las que no podías seguir adelante? ¿Qué es lo que te ha mantenido? ¿Una persona, una meta? ¿Fuiste demasiado cobarde para quitarte la vida o, como dice la letra de Ol' Man River*, estabas cansado de vivir, pero te aterrorizaba la muerte? Si sueles dejarte abatir por la pena, recuerda las palabras de Sarah Delaney: «Vivir sola es un desafío; es un camino difícil, pero no imposible de recorrer».*

***Meditación de los ángeles:* La vida, por muy dolorosa que sea, no es propiedad mía, sino de Dios.**

Sun *2002
time 11:39Pm

7 DE ABRIL

EL ÁRBOL GENEROSO

***Consejo de los ángeles:* «Los elogios y las madiciones, las pérdidas las ganancias, los placeres y los dolores van y vienen como el viento. Para ser feliz, haz como los árboles grandes, permanece en pie en medio de la tormenta».**

JACK KORNFIELD

LOS ÁRBOLES han sido para los seres humanos objetos simbólicos y sagrados desde el principio de los tiempos. Las ramas de un árbol se alzan hasta el cielo, al tiempo que sus raíces se hunden en la sagrada tierra. Imagina un árbol en plena tormenta, ¿verdad que aguanta los asaltos de la Naturaleza y permanece fuerte para seguir dándonos sus frutos? Unas veces nuestra situación en la vida se parece a la de ese árbol generoso, pero, otras, el viento arroja contra nosotros todos los males de la vida, y nos sentimos devaluados e incapaces de vivir. Pero cuando cesan el viento y la lluvia, el sol vuelve a calentar nuestras ramas y volvemos a dar sombra a los que la necesitan.

Si te interesan los ángeles, es seguro que eres una persona sensible y que te sientes feliz cuando puedes dar amor. ¿Qué pasaría si te pidieran que continuaras dando hasta que no te quede nada? Para un tratamiento especial del tema, te aconsejamos la lectura de The Giving Tree, *de Shel Silverstein.*

***Meditación de los ángeles:* Daré y recibiré grandes dosis de amor.**

8 DE ABRIL

LOS SABIONDOS ESPIRITUALES

Consejo de los ángeles: **La recompensa de la presunción espiritual no es el paraíso, sino una mala versión de la visión del túnel.**

LOS SABIONDOS espirituales son esas personas convencidas de que ellas y solo ellas en el mundo conocen todas las respuestas a las preguntas espirituales. Son los que reparten sus folletos por la calle para vender sus soluciones a los demás. La idea tiene éxito, porque la mayoría de los seres humanos intentan evitar el dolor. El problema es que esta dependencia nos convierte a menudo en adictos a un conjunto de creencias cualquiera, que, a nuestro parecer, nos proporciona todas las respuestas que necesitamos. Basarlo todo en un dogma nos incapacita para aceptar la validez de otras creencias y otros procesos de crecimiento, al tiempo que nos impide ver la necesidad de analizarnos a nosotros mismos. A los ángeles les disgusta la presuntuosidad espiritual porque siempre supone adoptar un sistema de creencias contra algún otro, de modo que debe haber alguien que pierda. Prefieren que respetemos la elección espiritual como un ámbito de la providencia y que nuestra conducta se adapte siempre al bien, dejando que Dios administre el departamento de conversiones.

¿Qué reacción imaginas en Dios cuando alguien tiene que perder para que nosotros ganemos en el terreno espiritual? En realidad, los que pretenden saberlo todo solo ofrecen aspirinas espirituales. ¿Qué papel desempeña en tu vida tu actual sistema de creencias? ¿Crees que has descubierto el verdadero camino que te conducirá hasta Dios, o te permites rutas alternativas? ¿Qué sientes cuando tratan de convertirte a otro sistema de creencias espirituales?

Meditación de los ángeles: **En última instancia, todos los caminos espirituales conducen a Dios.**

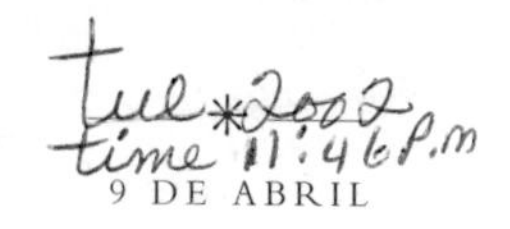

9 DE ABRIL

UNA CORTE DE BUFONES

***Consejo de los ángeles:* También existen los bufones espirituales.**

HAY GENTE convencida de que la entrega a un maestro espiritual o a una religión garantiza la admisión automática en el cielo. Es gente muy concienzuda en el cumplimiento de los ritos, que incluso puede vivir en comunidades religiosas, y que, sin embargo, actúa del modo menos espiritual: miente, engaña, humilla a los demás y es desconsiderada; por tanto, se comporta como un ser humano típico. El problema es que están seguros de que por seguir una determinada disciplina viven una vida naturalmente espiritual. La Biblia los llama hipócritas; nosotros, bufones espirituales, porque en vez de ser ejemplos de buena conducta, son, aunque ellos no lo sepan, una parodia de la espiritualidad. No sabemos si los ángeles se ríen de esta broma o solo sonríen con paciencia infinita, pero sí sabemos que esta gente que se cree santa pone a prueba la paciencia de un santo. Los ángeles nos recuerdan que Dios no desea en absoluto reinar en una corte de bufones.

¿Conoces a algún bufón espiritual? ¿Qué sientes cuando te predican? ¿Hay incoherencias entre tu filosofía espiritual y tu forma de practicarla? ¿Qué es lo que resulta más difícil de la vida espiritual? Si te cuesta cumplir tus principios espirituales, recuerda que el cultivo del espíritu de humildad es el mejor instrumento para adquirir una perspectiva adecuada.

***Meditación de los ángeles:* Intento poner en práctica lo que predico o, mejor aún, ponerlo en práctica sin predicarlo.**

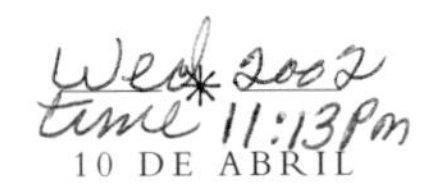

10 DE ABRIL

El auténtico amor

***Consejo de los ángeles:* «Amamos las cosas que amamos por lo que son».**
Robert Frost, *Hyla Brook*

El poema de Robert Frost, *Hyla Brook,* habla de un arroyo viejo y seco. Todos los que han crecido en su entorno recuerdan sus buenos tiempos, cuando era caudaloso, vibrante y cantarín, y, aunque ya no funciona, aún le consideran un gran arroyo. Este no es otro que el camino del corazón. No abandonamos a los que queremos porque se hagan viejos, enfermen o tengan un mal momento; por el contrario, nos siguen pareciendo hermosos, y seguimos amando el alma y la luz interior que nos cautivó la primera vez.

¿Qué es lo que encuentras hermoso en una persona? ¿Por qué? ¿Hay alguien en tu vida que te quiera tal como eres y en cualquier situación? Si es así, dale inmediatamente las gracias, y siente cómo te llega y te caliente el corazón su amor. Siente también cómo tú mismo eres capaz de generar ese amor incondicional hacia alguien que trates hoy.

***Meditación de los ángeles:* Me amo y amo a los demás no por lo que hacemos, sino por lo que somos.**

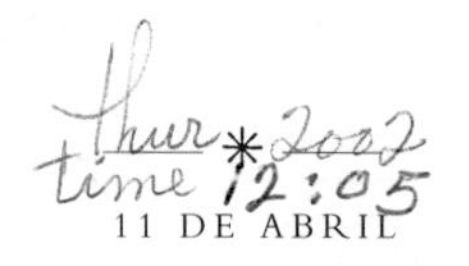

11 DE ABRIL

LA LLAMADA

***Consejo de los ángeles:* Cuando Dios llama, es mejor estar listo.**

AQUELLOS que entran en la vida religiosa suelen decir que han sido «llamados» a la vocación. Por fortuna, atendieron la llamada, de modo que Dios no tuvo que dejar el mensaje en el contestador automático o, peor aún, permanecer en la llamada en espera. No es necesario ser religioso para oír una llamada que dote de sentido a la vida, porque todos hemos sido llamados. No obstante, para comprenderlo se necesita tiempo y discernimiento. Existen sin duda muchas personas que desde su más tierna infancia saben que quieren ser médicos, maestros o músicos, pero la mayoría tenemos que luchar mucho para saber qué podemos hacer con nuestra vida. Los ángeles nos piden que estemos atentos a la llamada que nos conducirá a la realización personal, porque Dios siempre intenta acercarse a nosotros, y si no lo consigue es porque no se lo facilitamos. Cuando nos tomamos tiempo para preguntar por la dirección adecuada, siempre recibimos una respuesta; quizá no muy clara al principio, porque las líneas del teléfono celestial pueden sufrir interferencias, pero, antes o después, oímos las instrucciones con toda claridad. A partir de ese momento, queda en nuestras manos la elección, podemos colgar o atender la llamada y comprometernos con una vida nueva.

¿Cuál sería, según tu opinión, la llamada dirigida a ti? Si aún la esperas, los ángeles te aconsejan que dediques un tiempo a pensar en las posibles direcciones que podrían presentarse. ¿Has sentido la urgencia de hacer algo, pero tienes miedo a no ser capaz de conseguirlo? ¿Tienes miedo de adquirir compromisos? La llamada no siempre nos plantea un camino de rosas, como vemos en los sacrificios personales que tienen que hacen aquellos que viven una vida de servicio. ¿Estarías dispuesto a sacrificarte por contribuir a mejorar el mundo y a satisfacer tu alma?

***Meditación de los ángeles:* Siempre dejo libres las líneas telefónicas del espíritu.**

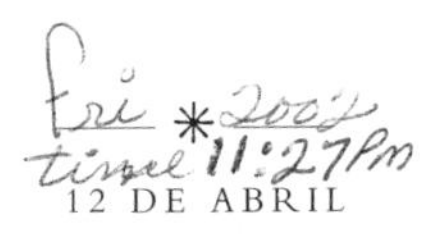

12 DE ABRIL

SUEÑOS DIURNOS

***Consejo de los ángeles:* «La pereza es compañera de la brillantez mental. Esas largas horas perdidas, acompañadas de inercia y actividad intelectual, son muy necesarias».**

JAMES HILLMAN

POR LO GENERAL, esas personas que gustan de tumbarse sin hacer nada, a las que llamamos soñadores, no están bien miradas en nuestra sociedad, y, sin embargo, deberían estarlo porque los soñadores diurnos crean posibilidades. Los ángeles nos recuerdan que todos estamos conectados y que todos tenemos un papel que desempeñar; para algunos ese papel es el de soñador, pero como, a simple vista, no parece que los soñadores produzcan ordenadores o máquinas tridimensionales de hacer dinero, los sueños no se consideran importantes. La mayor parte de la gente cree que los soñadores son unos vagos, y la pereza se tiene por una especie de delito, como demuestra el hecho de que la mayoría de los sinónimos de la palabra «perezoso» sean insultantes. A los ángeles no les molesta un poco de pereza, porque seguramente en ese momento podrán establecer contacto —por fin— con nosotros. Y cuando lo hagan, es probable que nos digan que la pereza, la inercia y los sueños diurnos bien entendidos son como el abono para una buena cosecha de creatividad.

¿Alguna vez te han considerado o te has considerado perezoso? ¿Qué ocurre cuando pasan los días y no acabas ese trabajo pendiente? ¿Es tiempo perdido? ¿Cómo perdemos el tiempo? La próxima vez que no hagas nada y te dediques a soñar o a mirar por la ventana, invita a los ángeles y no te importe ser realmente perezoso?

***Meditación de los ángeles:* No me resisto a soñar de día con los ángeles, porque en mi interior sé que es la mejor elección.**

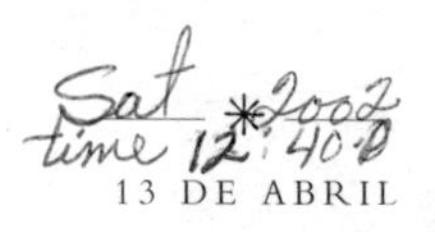

13 DE ABRIL

ERRORES

***Consejo de los ángeles:* «No importa que cometas errores, pero no siempre los mismos».**
Un sabio maestro espiritual

LOS ERRORES no pueden evitarse, porque forman parte del gran esquema de las cosas. Cuando cometemos errores, podemos imaginar a los ángeles frotándose las manos, encantados con la oportunidad que les vamos a dar, ya que ha llegado para nosotros la época del aprendizaje y el crecimiento, de descubrir quiénes somos y por qué actuamos de una determinada manera. El problema surge cuando persistimos en cometer siempre los mismos; esto ya no les gusta tanto a los ángeles, porque es como obligarse a oír un disco rayado. Nuestros errores pueden salvarnos o destruirnos. Los ángeles nos aconsejan admitirnos y examinarlos con sinceridad, pues, de esa forma, podremos cambiar y, al menos, cometer otros errores distintos.

¿Has cometido algún error últimamente? ¿Al final, sacaste alguna enseñanza? ¿Te aclararon algún asunto importante o te pusieron en un camino inesperado y mejor? ¿Tiendes a repetir tus errores? Examina con detenimiento tus ideas y tus elecciones y trata de saber qué aspectos de ellas tienden a ponerte en situaciones no deseables y cuáles te empujan a ese tipo más noble de riesgo podría proporcionarte un nuevo nivel de comprensión.

***Meditación de los ángeles:* No temo cometer errores y aprender de ellos.**

14 DE ABRIL

TU PEOR ENEMIGO

***Consejo de los ángeles:* Si no me cuido yo, ¿quién lo hará por mí?**

¿QUÉ SIGNIFICA decirle a alguien que es su peor enemigo? La palabra viene del francés antiguo *enemi*, que quiere decir «no amigo». Así pues, una persona que es su peor enemigo, para empezar es que no sabe ser amigo de sí mismo. Probablemente conoces a alguien que se busca todos sus problemas, aunque nunca se da cuenta de que la causa de su desgracia no está en las estrellas, sino en sí misma. Lo malo en estos casos es que la desgracia se eterniza; son sus propios enemigos porque se niegan a aceptar la responsabilidad que tiene en el desarrollo de su vida y su capacidad para regenerarla. Así pues, los problemas no se acaban nunca y ello contribuye a reforzar la mentalidad de víctima. Los ángeles quieren muchas cosas para nosotros, pero sobre todo desean que seamos nuestro mejor amigo. Si actuamos contra nosotros mismos, les pondremos muy difícil a los ángeles la posibilidad de trabajar con y por nosotros.

¿Hay algún aspecto en el que puedas ser tu peor enemigo? Una forma de sentirnos poco amigos de nosotros mismos puede ser el desprecio de nuestra persona, la sensación de impotencia, el ensimismamiento, la insensibilidad hacia los demás, la falta de esperanza y la extensión a nuestro alrededor del pensamiento negativo, las conductas adictivas, etc. Por otra parte, es fácil que apliques a los demás lo que piensas de ti. ¿Cómo ser mejor amigo de ti mismo? ¿Cómo convertirte en una persona valiente, que se quiere incondicionalmente y se concede oportunidades?

***Meditación de los ángeles:* Queriéndome me resulta más fácil querer a los demás y atraer el amor hacia mí.**

15 DE ABRIL

COSAS TERRIBLES

***Consejo de los ángeles:* «He conocido muchas cosas terribles en mi vida, y algunas ocurrieron de verdad».**
MARK TWAIN

LA OBRA que nos ha legado Mark Twain está llena de ironía y humor hacia el comportamiento humano. ¿Has asistido a algún acontecimiento terrible en los últimos tiempos? ¿Lo viviste de cerca, lo imaginaste, lo viste en la televisión? La mayor parte de las cosas que «nos pasan» las vivimos solo mentalmente. Lo que queda de nosotros —el alma, el espíritu, el corazón— puede estar en otro lado mientras la mente nos lleva de un escenario a otro.

Si quieres experimentar algo terrible, no te costará, porque lo espantoso no es más que un pensamiento; y si no quieres vivirlo, tampoco será difícil, porque solo un pensamiento puede cambiar tu perspectiva. Los ángeles se mantienen alerta ante la posibilidad de que ocurra algo realmente horrible, para estar a tu lado en el corazón, el alma, el espíritu, la mente y el cuerpo.

***Meditación de los ángeles:* He conocido cosas maravillosas en mi vida.**

16 DE ABRIL

¿De verdad deseas la paz?

***Consejo de los ángeles:* La paz solo se disfruta cuando realmente se desea.**

No deja de ser curioso el destino de los tratados de paz: o no se cumplen o se transgreden. En cuanto los protestantes y los católicos de Irlanda, los árabes y los israelíes y los serbios y los musulmanes bosnios están a punto de negociar un tratado de paz, estalla una bomba en una embajada británica, en un mercado de Jerusalén o en una calle de Bosnia. Aunque creamos que una persona cuerda, obligada a elegir entre la guerra y la paz, elegiría automáticamente la segunda, lo cierto es que cuando se trata de nuestro ego todos somos capaces de volvernos locos y optar por vivir en el odio y la intolerancia, sin ceder nunca al perdón. Por desgracia, no se trata solo de una minoría terrorista. ¿Cuántas veces hemos querido conservar nuestro enfado, sencillamente porque nos gustaba y no queríamos dar nuestro brazo a torcer? Los ángeles nos ayudan a superar el odio y el rencor, para que no cedamos a la tentación de tener razón a toda costa.

Empieza a ver tus emociones como campos energéticos que se irradian por la atmósfera. ¿Qué colores tienen? El odio suele verse en franjas rojas y negras, mientras que la paz se asocia al blanco y al azul. Cuando tengas que afrontar un conflicto, concéntrate en irradiar una sana luz blanca y azul, que actúe como una brisa refrescante del rojo abrasador del odio, y comprueba qué efectos surte sobre la situación.

***Meditación de los ángeles:* Sacrifico voluntariamente mi ego en el altar de la paz.**

17 DE ABRIL

ASUMIR NUESTRA PARTE

Consejo de los ángeles: **Tan importante es a los ojos de Dios el conserje del colegio como el presidente de la nación.**

EN CIERTAS ocasiones pensamos que nuestra vida es insignificante, y que si desapareciéramos mañana el mundo se quedaría tal cual. En esos momentos es cuando nos llega el valor de los ángeles y nos hace comprender que, mientras estemos en la Tierra, todos y cada uno de nosotros desempeñamos un papel único en su progreso. No es que el planeta dependa de cada uno de nosotros para su supervivencia; como le cantaba Elisa Doolittle al arrogante Henry Higgins en *My Fair Lady*: «El sol saldrá aunque no estés tú... la marea volverá aunque no estés tú»; sin embargo, en el plano del misterio infinito, somos un ingrediente vital para el gran esquema. No hace falta que realicemos grandes cosas para colaborar; la contribución está tanto en nuestros actos cotidianos como en las elecciones de mayor importancia para la vida. Incluso el trabajo más aparentemente modesto es importante cuando se realiza con el espíritu de una conciencia elevada. El día del juicio final, si es que existe tal cosa, se considerará que la mejor contribución fue la de aquellos que dieron algo de sí mismos, con compasión, sensibilidad y una sonrisa, y no importará nada que hayan ganado dinero o acumulado poder.

Piensa en los efectos de tu comportamiento sobre todo lo que te rodea a diario. Si repasas tu vida, existen muchas posibilidades de que encuentres ejemplos de las veces que has hecho sentir tu influencia. Sé consciente hoy de cómo interactúas con los demás y de que todos tus actos, por modestos que sean, tienen consecuencias para tu entorno.

Meditación de los ángeles: **Aprecio el regalo de la vida y la oportunidad de aportar algo personal al mundo.**

¡Miren este Corazón que nos ama tanto!

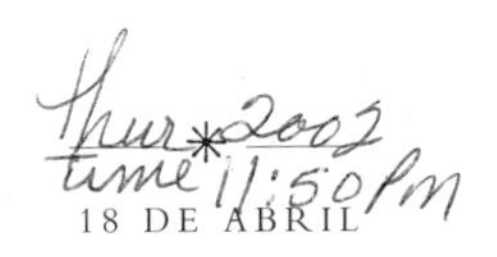

18 DE ABRIL

¿QUÉ ES LA REALIDAD?

***Consejo de los ángeles:* No es necesariamente así.**

TODOS creemos conocer la realidad. Aquella mesa de allí es real; el sol que brilla sobre nuestras cabezas es real; la vida es real; sin embargo, los budistas ofrecen una versión completamente distinta, según la cual, la existencia terrenal, con todas sus cosas supuestamente tangibles, es una pura ilusión, mientras que otras, no necesariamente visibles a nuestros ojos, son la realidad verdadera. La realidad es como un acróbata que se dobla y se retuerce en múltiples posiciones que escapan a cualquier predicción. Lo «real» puede constituir una trampa, porque si nos quedamos en una concepción estrecha de la realidad, limitamos muy seriamente nuestra capacidad de comprender, de cambiar y de identificarnos con los demás. Por ejemplo, puede ser real que tu relación amorosa haya dejado de funcionar, pero ¿estás seguro de que «salvarla» forma parte de la realidad de la situación? ¿No será más real pensar: «Esta relación me hace tan desgraciado que me fuerza a crecer y a cambiar»? Los ángeles se mantienen cerca para recordarnos que la realidad es una elección porcentual que siempre podemos cambiar, para abrir nuevos caminos a la esperanza. Puede que ponerle límites concretos nos proporcione mayor seguridad, porque de ese modo creemos que la vida está controlada, pero cuando tenemos el valor de admitir que nada es lo que parece somos mucho más creativos en la formación de nuestro destino.

¿Tiendes a ver la realidad como algo sólido? Invierte un momento para comprobar tu opinión sobre lo que es real. ¿Qué sientes cuando piensas en la posibilidad de que lo que te parece real no lo sea? ¿Cuántas cosas has invertido en tu concepción de la realidad?

***Meditación de los ángeles:* Me mantengo siempre abierto a versiones nuevas e interesantes de la realidad.**

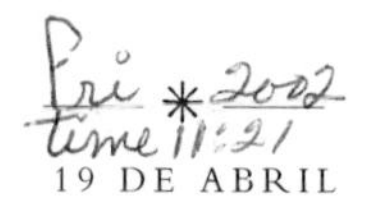

19 DE ABRIL

AL FINAL, LA GENTE CAMBIA

***Consejo de los ángeles:* ¿Cambian los demás o la impresión que tenemos de ellos?**

¿ALGUNA vez has conocido a alguien que te ha causado una determinada impresión, y un año después te has dado cuenta de que la realidad no tenía nada que ver con el papel que le habías asignado? Supongamos que lo conoces en un momento de depresión, podrías no darte cuenta y pensar que es así siempre. Piensa en las veces que has conocido a una persona con dos copas y luego la has visto sobria y distinta. Las primeras impresiones no pueden evitarse, pero no debemos quedarnos en ellas. No es fácil que cambien nuestras ideas sobre los demás; sin embargo, cambiar con el tiempo no demuestra debilidad, sino fortaleza de carácter.

La próxima vez que te presenten a alguien, intenta profundizar en su conocimiento, aunque la relación sea breve o solo de trabajo. Tampoco a nosotros nos gusta que los demás se hagan una idea de cómo somos y no la cambien nunca; por tanto, practiquemos la regla de oro y no bloqueemos a otros en el cemento de las percepciones pasadas. Los ángeles nos dan fuerzas para cambiar de idea en un instante.

***Meditación de los ángeles:* Soy capaz de cambiar de idea.**

20 DE ABRIL

EL OBSERVADOR

***Consejo de los ángeles:* «Todo es una película, una película dentro de otra».**
PARAMAHANSA YOGONANDA, *The Divine Romance*

LOS ÁNGELES piensan a veces que cuando nace un nuevo ser deberían poner a las puertas de la Tierra un cartel que dijera: «¡Cuidado! Entra usted en el océano de la vida. De ahora en adelante nadará con sus propias fuerzas». Pero la inmersión total en las aguas turbulentas de la vida cotidiana nos puede ahogar si no estamos atentos, por eso conviene apartarse de vez en cuando para cambiar la posición del participante por la del observador. Cuando le llevaron a ver una película, Paramahansa Yogananda dijo que, de repente, se había sentido un observador de la vida en su totalidad: «El cine, las emociones, la gente a mi alrededor... todo eran figuras de esa enorme pantalla que es la conciencia cósmica». En efecto, siempre que desconectamos con la realidad material, entramos en contacto pleno con la conciencia divina. Paradójicamente, en ese momento comprendemos mejor todo lo que nos rodea. Te sorprendería saber hasta qué punto resulta refrescante y esclarecedor observar a la humanidad activa —incluido tú mismo— sin prejuicios, como si fuera una película. ¿Verdad que es un espectáculo?, y una vez que se ha acabado sales de la oscuridad a la luz.

Te propongo un sencillo experimento: deja lo que estás haciendo, mira la vida como si fuera una película y obsérvate a ti mismo como si fueras un personaje. ¿Qué haces y por qué lo haces? ¿Qué personajes te rodean? ¿Cómo es tu habitación? ¿Qué destacaría la cámara para mostrar quién eres tú? Hazlo al menos unos minutos y prolóngalo si te da resultado. Luego podrías tomar nota de tus observaciones.

***Meditación de los ángeles:* A veces me paro a observar el espectáculo de la vida.**

21 DE ABRIL

LLANTO

***Consejo de los ángeles:* «Hay un tiempo de llorar y un tiempo de reír».**
ECLESIASTÉS 3:4

EL LLANTO surge de la necesidad de expresar una emoción. Las emociones se diluyen, y los sentimientos son profundos como un pozo. Si estamos emocionados y necesitamos llorar, no podremos evitarlo, por muchas razones intelectuales que queramos darnos o que otras personas proyecten en nosotros. Por otra parte, cuando reprimimos un llanto que debe fluir, crece el nivel del agua y puede romperse la presa que la contiene, por tanto, deja que tus emociones se diluyan en lágrimas, pero siempre que llores recuerda que los ángeles te observan y cuentan, una a una, las lágrimas que salen de tus hermosos ojos.

Deja que el llanto se exprese. Busca la intimidad y permítete llorar y gritar para que Dios te oiga. Lloramos porque las cosas no duran siempre, pero tampoco durará el llanto. Deja que los ángeles proyecten su luz en tus lágrimas para que se produzca el arco iris en señal de esperanza y del sagrado acuerdo entre Dios y los seres humanos.

***Meditación de los ángeles:* Dejo que mis lágrimas corran libremente desde la profundidad de mis sentimientos.**

. Hughes

he three shep-
ufferings He
He is offend-
s?'' The chil-

ilist: Bishop
sing of Sick,
ture and En-
to Our Lady
Chapel; Holy
of the Cross.

. Celebrant-
Centenary of
Trenton, N.J.
ly House today.

ph the Worker
y appeared beside
rims to the shrine.
rine season to the

71st Birthday o

On the occasion of his 71st birth
support for the Vicar of Christ.

May 19 - Sunday: P

Services: 9:30 a.m.-5:00 p.m. T
at 11:30 a.m. Theme: "Evangeliz

May 25 - Saturday:

11:30 a.m. Eucharistic Liturgy fo
of Padre Pio, on his
1:00 p.m. Eucharistic Liturgy.
mei, Bishop of Shar
Shanghai
2:00 p.m. Lunch
3:00 p.m. Rosary and Benedic

May 26:

Let us pray today for all of the
Metuchen and of the Universal C
3:00 p.m. First Solemn Mass

May 27 - Monday:

At Fatima, the Angel of Portug
thing you do a sacrifice, and off
by which He is offended and in s
Bring peace to your country in this
ian Angel for peace with a speci
our country free. (See weekend

June 1 - Saturday:

10:00 a.m. Penitential Service
11:30 a.m. Eucharistic Liturgy

22 DE ABRIL

ATERRIZAJE

***Consejo de los ángeles:* Cuanto más aterrizamos, más cerca estamos del cielo.**

LA TIERRA y los seres humanos somos una misma cosa; estamos hechos de la misma sustancia que ella, y de ella nos alimentamos y tomamos el oxígeno y los minerales, por eso importa tanto mantener la conexión y el respeto por nuestra fuente de vida. Los ángeles quieren que seamos conscientes de nuestro cometido en el ecosistema, porque todas las cosas vivientes, incluso las diminutas, contribuyen a su manera a mantener la creación. A fin de cuentas, nuestro modo de tratar el medio refleja el trato que nos damos a nosotros mismos. Somos comunes, no autónomos, y la vida es un sistema interactivo y continuo de causa-efecto. Como muchos hemos perdido el contacto con la Tierra —nuestro medio natural—, el resultado es que carecemos de raíces, pero si volvemos a amarla nos sentiremos más centrados y capaces de llevar adelante nuestro trabajo y nuestras metas. Hay que sentir la hierba en las plantas de los pies y la tierra entre los dedos cuando salimos al jardín a cuidar las plantas, hay que cultivar frutas, verduras y hierbas en casa, y hay que pasear bajo las majestuosas avenidas de los bosques, flanqueadas de árboles..., todo esto nos aproximará a la Tierra y, al mismo tiempo, a Dios y a los ángeles.

¿Aprecias la Tierra o te sientes desconectado? ¿Se resolvería algún problema de tu vida si tuvieras los pies firmes en la tierra? Piensa en qué significa para ti «aterrizar». ¿Echar raíces? ¿Ser más práctico? ¿Contrastar con la realidad? Intenta conectar con la Tierra y siente cómo te ayuda a consolidar tu vida.

***Meditación de los ángeles:* Aprovecho la fuerza y la solidez de la Tierra, y sé que su enorme energía también forma parte de mí.**

23 DE ABRIL

PONLOS EN SU SITIO

***Consejo de los ángeles:* «Los grandes espírutus siempre chocan con la violenta oposición de las mentes mediocres».**
ALBERT EINSTEIN

LA BRILLANTEZ siempre causa problemas, por eso la gente brillante los tiene siempre. Cuando alguien tiene mucha suerte, creemos que no se la merece. La poca suerte pasa inadvertida, pero la mucha suerte no se puede esconder. Ser invisible es muy seguro; ser visible resulta peligroso. A veces estamos seguros de que antes o después la vida nos pondrá en nuestro sitio, aunque desgraciadamente «saber mucho es una desventaja». Pero ¿cuál es ese sitio? ¿No tendrán envidia de nosotros si brillamos? ¿Quieren los ángeles que apaguemos nuestro brillo? Nunca podremos librarnos de los mediocres, pero no tenemos por qué dejar de brillar si llevamos a los ángeles con nosotros.

La caldera de los celos, la envidia y la maledicencia se agita cuando la suerte sonríe a alguien. Los ángeles quieren que seamos discretos con lo que hacemos y decimos cuando hemos recibido una gran bendición. Nunca es bueno pregonar la fortuna. En esos casos lo mejor es protegerse de la envidia con la humildad y no olvidar mostrarse agradecido por las bendiciones.

***Meditación de los ángeles:* Hay un lugar para mí con los ángeles.**

24 DE ABRIL

DESESPERADOS

***Consejo de los ángeles:* La esperanza necesita confiar en la bondad esencial del universo.**

LOS DESESPERADOS constituyen para los ángeles un gran desafío, porque el ingrediente más importante del valor angélico es la esperanza. ¿Cómo reunir valor si no se espera nada? La esperanza es amiga de la alegría, de los sueños y las metas, es decir, de las cosas que nos empujan a vivir, logran que vida merezca la pena y nos dan fuerza en los momentos de debilidad. Si alguna vez te has preguntado por qué te sientes tan mal física y psíquicamente al lado de un desesperado, la respuesta es muy sencilla, porque trata de robarte la energía que enciende tu brillo interior. Los desesperados son como la niebla: estropean la belleza natural, oscurecen el horizonte y nos ahogan con los insidiosos humos de su desesperación. Están tan deprimidos que hasta los ángeles necesitan una doble ración de valor para mantenerse en su campo energético. Naturalmente, en la vida de toda persona hay momentos en los que la esperanza es más un lujo que un derecho, pero casi todos encontramos el camino de salida cuando descubrimos entre los escombros de nuestras esperanzas derruidas un tesoro que nos recuerda que nunca las perdimos del todo.

¿Conoces gente que esté desesperada? ¿Cómo te sientes a su lado? ¿También tú te has sentido así alguna vez? ¿Qué cosas aumentan tus esperanzas? Los ángeles prescriben para la desesperanza el siguiente antídoto: 1) busca el humor en las cosas; 2) no seas descorazonador; 3) cree en la virtud de la felicidad; 4) ten fe en lo desconocido; 5) cree más en los milagros que en las estadísticas; 6) exprésate sin miedo al ridículo o a las críticas y permite a los demás que hagan lo mismo; 7) sé generoso y cariñoso, y obtendrás a cambio amor y generosidad.

***Meditación de los ángeles:* Generar esperanza es una de mis ocupaciones.**

25 DE ABRIL

MULETAS

***Consejo de los ángeles:* «Cuando te rompes una pierna necesitas llevar muletas una temporada».**

JAI

LA NECESIDAD de las muletas es evidente cuando nos rompemos una pierna, pero cuando lo que se rompe es el corazón, el espíritu o el alma, la necesidad de una muleta es menos clara. Una muleta es un apoyo del que dependemos todo el tiempo que nos resulta imprescindible. Después de más de veinte años de psicología barata y de fórmulas de éxito inmediato «para conquistar el mundo», parece difícil aceptar que a veces dependemos de los demás o necesitamos una muleta. Dejar que alguien nos cuide cuando estamos heridos o la vida nos niega su lado bueno, nos parece un signo de debilidad, pero ¿es mala la debilidad? ¿Por qué está tan mal considerada? ¿Qué hay de malo en dejar que nos cuiden el corazón y el alma durante un tiempo? El amor devuelve la salud; ya dejaremos las muletas cuando mejoremos.

Si necesitas una muleta, date permiso para usarla. Si tienes la suerte de disponer de un ángel humano, déjate querer. Hay que dar y demostrar amor. Pide a los ángeles que te ayuden a ser consciente de que necesitas una muleta, y a saber usarla sin abusar. Todos somos frágiles y nos rompemos con facilidad, por tanto, no forcemos la curación antes de tiempo. Con los ángeles a nuestro lado, todo servirá para adquirir seguridad; no te preocupe la dependencia o la independencia, sé sincero con tus sentimientos y los ángeles te ayudarán a conseguir lo que de verdad necesitas para curarte.

***Meditación de los ángeles:* Me apoyo en la muleta invisible del amor de los ángeles.**

26 DE ABRIL

CABEZA FRENTE A CORAZÓN

***Consejo de los ángeles:* «Si prefieres aprender de los libros, adelante; pero debes saber que algo dentro de ti se marchitará y que serás incapaz de desprender amor o amabilidad. Serás solo ese intelectual frío y seco que analiza, critica y disecciona, pero no sabe evitar su propio desorden».**

OMRAM MIKHAEL AIVONHOV

CONOZCO un profesor de filosofía, muy instruido, que ha enseñado budismo durante casi cincuenta años y se jacta de conocer todo sobre ese tema. Sin embargo, este profesor es uno de los esnobs más acabados que he encontrado en mi vida. Está lleno de orgullo, nada le parece bien y no soporta que le lleven la contraria, en el terreno intelectual o en cualquier otro. ¿Qué diría un auténtico budista de este profesor que indudablemente no se da por aludido cuando el zen plantea la necesidad de poner el conocimiento que viene del corazón por encima del que nos proporciona la cabeza? Los ángeles nos recuerdan que el conocimiento espiritual es un hecho vivo, no intelectualizado. Los ojos de una persona sin cultura expresan más ilustración que los de un tonto bien educado, porque las pretensiones intelectuales, más que ningún otro vicio, levantan los mayores obstáculos en el camino hacia Dios.

¿Conoces a algún tonto educado? Es ese tipo de persona que «racionaliza» sus sentimientos e intelectualiza la empatía, o lleva su inteligencia como una medalla, que, según él, le da derecho a determinados privilegios. La educación es algo maravilloso cuando se combina con la compasión, la empatía y la humildad. Solo entonces podremos ser útiles para el alma y el espíritu de los demás, pues una verdadera educación tiene que servir para eso.

***Meditación de los ángeles:* Utilizo para pensar tanto el corazón como la cabeza.**

27 DE ABRIL

EL HIJO PRÓDIGO

Consejo de los ángeles: **«Díjole el hijo: "Padre he pecado contra el cielo y contra ti; ya no soy digno de ser llamado hijo tuyo". Pero el padre dijo a sus criados: "... comamos y alegrémonos, porque este mi hijo, que había muerto, ha vuelto a la vida; se había perdido y ha sido hallado". Y se pusieron a celebrar la fiesta».**

SAN LUCAS 15:21-24

A VECES resulta difícil tomar decisiones valientes, que implican riesgos, cuando sabemos que quizá estemos haciendo algo malo, por lo que recibiremos un castigo. Sin embargo, ¿quién nos castigará y quién podrá juzgarnos? ¿Por qué recibió el hijo pródigo tantos honores a la vuelta de su atrevido viaje? Había elegido ver mundo, vivir y experimentarlo para aprender por sí mismo. El resultado de nuestros actos, sean útiles o no, nos enseña el valor de la vida y nos descubre nuestros propios valores. Los ángeles nos acogen siempre a la vuelta de un viaje atrevido, como hizo el padre con su hijo. Quieren que estemos vivos y despiertos, y una de las mejores señales de que lo estamos es el cuestionamiento de la autoridad.

La próxima vez que escuches las palabras de una figura con autoridad, pregúntate si estás de acuerdo con lo que dice. ¿Has sentido la necesidad de hacer algo atrevido y has acabado renunciando por miedo a los convencionalismos? Examina las causas.

Meditación de los ángeles: **Cuando los ángeles están conmigo, me intereso más por los que piensa de un modo diferente a mí.**

28 DE ABRIL

EL «COCO»

***Consejo de los ángeles:* A veces sentimos miedo por no saber emplear una emoción que, de otro modo, podría ser positiva.**

EL MIEDO es a veces necesario para sobrevivir. Si no temiéramos nada, no apreciaríamos la diferencia entre el peligro y la seguridad, y lo mismo correríamos por el centro de la calle, sin tener en cuenta que nos puede matar un coche, que nos pondríamos delante de un león hambriento. Sin embargo, ese miedo tal útil para la vida física es solo un «coco» cuando se trata de la vida emocional o espiritual. Por desgracia, es muy normal tener miedo de algo antes de que ocurra, como proyección de una imaginación desmesurada. Los ángeles nos aconsejan que analicemos nuestros miedo, para saber cuáles tienen sentido y cuáles son, sencillamente, «cocos», mientras reunimos el valor suficiente para afrontarlos y reírnos en su cara.

¿Recuerdas el juego infantil del Coco? Los niños nos reuníamos al atardecer, y uno de ellos, el que hacía de Coco, se escondía, mientras los demás cerraban los ojos y cantaban: «Ya anochece, ya anochece, pero el Coco no vendrá esta noche». Naturalmente, el Coco salía de repente desde su escondite y perseguía a los demás, que corrían gritando como locos. Pero ¿qué pasaba cuando te pillaba? Pues nada. La próxima vez que temas al Coco, piensa en aquel juego: el Coco te ha cogido, pero tú sigues vivo, respiras y estás perfectamente bien. Por tanto, tu miedo es solo eso: miedo, y tú tienes la capacidad de crear tu propia realidad.

***Meditación de los ángeles:* El miedo no me supera, porque, en vez de echar a correr, sé hacerle frente.**

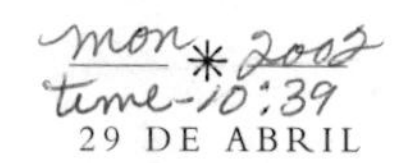

29 DE ABRIL

APLAZAMIENTO

***Consejo de los ángeles:* «Nunca dejes para mañana lo que puedas dejar para pasado».**
MARK TWAIN

¿CUÁLES son las obligaciones que solemos dejar para otro día? Pagar facturas, pagar impuestos, limpiar la casa, etc. A veces nos decimos que nos gusta hacerlas cuando ya no hay más remedio; es como si, al aplazarlas y hacerlas urgentes, acabáramos por reunir la energía que necesitamos para actuar. Sin embargo, el aplazamiento nos atormenta y es el origen de una gran parte de nuestra ansiedad. Tengamos en cuenta que al cuerpo no le gusta trabajar sometido a esas tensiones.

Piensa en las cosas que has aplazado en tu vida y pregúntate por qué. ¿Son poco agradables o es que carecen de sentido para ti? Todo aplazamiento tiene un motivo; si lo abordáramos, en vez de exponernos a la angustia del remordimiento que produce tener algo pendiente, quizá podríamos averiguar qué aspectos de nuestra vida nos empujan a esa espiral de aplazamientos continuos.

***Meditación de los ángeles:* Mi vida no está aplazada.**

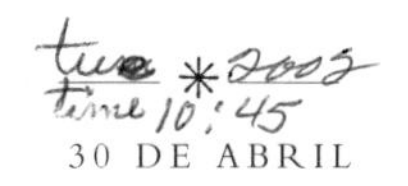

30 DE ABRIL

SABER QUE NO SABEMOS

***Consejo de los ángeles:* No saber nada es de ignorantes; saber que no se sabe nada es de sabios.**

EN LA PELÍCULA *Canción de Navidad*, de 1951, hay un momento clásico en el que Scrooge, representado por el gran Alastair Sim, que ha recibido la escalofriante visita de los fantasmas de las Navidades pasadas, presentes y futuras, descubre que aún está vivo y que le queda tiempo para dar la vuelta a su vida limitada y mezquina. En ese momento se desprende de su carácter antiguo y desagradable y comienza a dar saltos como un loco por la habitación, cantando: «No sé nada. Nunca supe nada, pero ahora sé que no sé nada». Su terrible ama de llaves le increpa: «Señor Scrooge, ¿ha perdido usted el juicio?», y él replica: «No, mi querida señora. No lo he perdido, acabo de recuperarlo». Se trata de uno de los momentos más deliciosos que creó el ingenio de Dickens: ese instante en el que nos desprendemos de nuestro falso ser, de nuestro ego, y nos adentramos en la luz de la conciencia pura del no saber. Volvemos a ser como niños, llenos de reverencia, sorpresa y curiosidad, y estamos abiertos a las experiencias nuevas y deseosos de aprender. Entonces nos encontramos mucho más receptivos para los ángeles, que ya no tienen que llamar a una mente cerrada, porque la puerta está abierta de par en par.

¿Cómo te sienta no saber algo? ¿No te importa? ¿Te sientes inferior? ¿Estás dispuesto a admitirlo o, mejor aún, a dar la bienvenida a esa posibilidad? ¿Hay en tu vida personas de esas que lo saben todo? ¿Qué te parecen? ¿Prefieres ser un sabio que no sabe o un sabiondo presumido?

***Meditación de los ángeles:* Como me permito la libertad de no saber, estoy abierto al aprendizaje.**

1 DE MAYO

EL PODER DE LA LUZ

***Consejo de los ángeles:* «Vosotros sois la luz del mundo«.**
SAN MATEO 5:14

CUANDO alguien hace las cosas tan bien que nos sentimos deslumbrados, decimos que se trata de una persona brillante. La brillantez es maravillosa, porque la luz que exhala esa persona nos alcanza también a nosotros, embellece el espíritu y produce una sensación de amable calidez en el alma.

Todos somos brillantes para los ángeles, y ellos nos ayudan a serlo cada día más. Esa luz es un regalo de Dios; por tanto, debemos tener cuidado en elegir bien dónde la proyectamos. Si hay alguien cerca de nosotros que no puede soportarla, intentará apagar nuestra llama. Pide a los ángeles que brillen contigo, para que, en caso de ataque, los atacantes reciban una ráfaga luminosa de amor.

***Meditación de los ángeles:* Nadie puede brillar por mí.**

2 DE MAYO

La historia

***Consejo de los ángeles:* La historia está siempre haciéndose.**

TODOS hemos oído la conocida frase: «La historia siempre se repite», pero también sabemos que se puede aprender mucho de ella; de hecho, si aprendiéramos, no se repetiría tanto. Hay que aprender sus lecciones y dejar de repetir los errores del pasado. Por suerte o por desgracia —quién sabe dónde está la suerte—, los seres humanos no cambiarán y seguirán actuando con los mecanismos innatos que los han caracterizado desde hace muchos siglos; por tanto, son muchas las probabilidades de que aquí o allá repitamos el pasado, dando un paso adelante y dos atrás en el camino de la luz. Los ángeles nos dicen que la historia no está solo en los libros. Todos tenemos una, que deberíamos estudiar de vez en cuando. Si estudiamos nuestra propia vida, descubriremos en sus páginas los acontecimientos decisivos que nos han formado y las pautas de comportamiento que tendemos a repetir, y nos servirá para ser conscientes. Y en ese proceso quizá veamos con más claridad el presente y podamos prevenir el futuro, en vez de sufrir su cumplimiento.

Si tu vida estuviera recogida en un libro, ¿qué diría el capítulo dedicado a ti? ¿Cuáles son los acontecimientos decisivos de tu historia personal? ¿Qué recuerdos te gustaría dejar a la posteridad? ¿Qué cosas preferirías olvidar? ¿Te gustaría «hacer historia»? Demuestra tu humor escribiendo la entrada correspondiente a ti en una «Historia del mundo». Te sorprenderá lo mucho que descubres.

***Meditación de los ángeles:* Estudio el pasado, vivo en el presente y aprendo para el porvenir.**

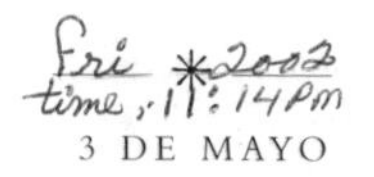

3 DE MAYO

IDOLATRÍA

***Consejo de los ángeles:* No tendrás otros dioses.**

IDOLATRAR a alguien es adorarlo como si fuera un dios, aunque sea un ser humano. Por desgracia, a veces adoramos a los seres humanos y los ponemos por encima de Dios. El problema es que depositamos todos nuestros poderes en sus manos. Por eso fue posible Hitler, y por eso son posibles los gurus y otros charlatanes que engañan a las multitudes. Los ángeles nos recuerdan que solo Dios merece adoración. Podemos admirar a los seres humanos, y no hay nada malo en emular a una persona que nos sirve de modelo de conducta, pero conviene no olvidar que un ídolo no es un dios al que adorar, sino sencillamente un ideal al que aspirar. La adoración a un ser humano es casi siempre una proyección: le investimos de las cualidades de un dios y buscamos en él la salvación, en vez de cultivar esas cualidades dentro de nosotros, para que los ídolos resulten innecesarios.

¿Tienes ídolos? ¿Los admiras o los adoras? ¿Tiendes a permitir que tenga poder sobre aquello que admiras? Idealmente, el acto de adorar implica el reconocimiento de nuestra humildad y, al mismo tiempo, la idea de que tenemos un compañero divino con el que siempre podemos contar, pero cuando la adoración nos arranca la personalidad para convertirnos en seguidores ciegos debemos cuestionarnos su validez.

***Meditación de los ángeles:* En vez de depositar mi energía en otros, cultivo mis fuerzas interiores.**

4 DE MAYO

ODIO

***Consejo de los ángeles:* «Seis cosas aborrece Yahvé y aun siete abomina su alma: ojos altaneros, lengua mentirosa, manos que derraman sangre inocente, corazón que trama iniquidades, pies que corren presurosos al mal, testigo falso, que difunde calumnias y enciende rencores entre hermanos».**

Proverbios 6:16-19

EL ODIO no es un sentimiento agradable. Se trata de un estado de aborrecimiento extremo que puede llegar a la hostilidad violenta. Aunque a nadie le gusta ser odiado, algunas veces ese sentimiento se cuela en nuestro corazón, por lo general, contra alguien que nos ha atacado a nosotros o a nuestros seres queridos. Si examinamos la lista de las cosas aborrecidas por Dios que nos ofrece la cita de Proverbios, descubriremos que son formas de producir odio. Si nos lo hacen, acabaremos por odiar a otros, y si lo hacemos, acabaremos por odiarnos a nosotros mismos.

El mal engendra mal, y el odio engendra odio. De nosotros depende cambiar —con la ayuda de los ángeles— la dirección de la energía del mal. No dejes que el odio se instale demasiado tiempo en tu corazón, y si es así, sé consciente de ello. Sé sincero contigo mismo y examina las pruebas. Luego decídete a buscar sentimientos más altos. En cuanto te decidas, los ángeles te ayudarán a dejar atrás tu odio.

Meditación de los ángeles: **Me libero de mis rencores y limpio el aire con los ángeles.**

5 DE MAYO

ECONOMÍA

***Consejo de los ángeles:* No permitas que te puedan tus posesiones.**

ADMINISTRAR una economía significa gestionar adecuadamente los recursos, reducir los gastos y crear un sistema para producir bienes y servicios. Piensa en la tuya, es decir, en tu propio sistema de administración de tus recursos. ¿Está saneada? ¿Te sientes contento con tu método? ¿Cómo gestionas tu economía emocional? ¿Recibes tanto como das? ¿Y tu economía física: cuidas tu cuerpo para no malgastar los recursos? ¿Está saneada tu economía espiritual, para producir bienes y servicios que entregar al mundo? ¿Serías más feliz si el sistema administrativo de tu vida fuera más sencillo o quizá más completo?

Cuando comprendemos el sentido de la gestión sagrada, estamos más abiertos a los ángeles. Ahora es buen momento para administrar nuestros recursos y economizar donde es necesario. Pide a los ángeles que te inspiren para administrar tu economía personal. ¿Hay algún sitio donde puedas poner a salvo tus recursos? ¿Necesitas un mayor equilibrio entre los servicios y los bienes que recibes y los que das al mundo? Con una economía personal equilibrada estarás mejor equipado para recibir lo que tienen que ofrecerte los ángeles.

***Meditación de los ángeles:* Estoy dispuesto a administrar bien mi economía.**

6 DE MAYO

PRÉSTAMOS

***Consejo de los ángeles:* Todos estamos en deuda con Dios.**

¿HAS PRESTADO algo que no te han devuelto? El dinero suele ser un buen ejemplo. Muchos nos hemos sentido frustrados y resentidos con un amigo o un pariente por una deuda de dinero. ¿Qué es lo mejor que podemos hacer en esta situación? Si reclamamos la deuda, nos exponemos a avergonzar a la otra persona o a ponerla a la defensiva. Si nos callamos, nos arriesgamos a envenenar la relación con un enfado reprimido e indirecto. En esta desagradable circunstancia, los ángeles nos aconsejan relajar nuestro apego al dinero y confiar en que en la medida en que sigamos sintiendo afecto por el deudor acabemos por recibir nuestro dinero. Muchas personas han tenido la experiencia de recibirlo sin ninguna reclamación cuando han rezado por sus deudores. Los ángeles nos recuerdan que, en cualquier caso, todo lo que recibimos en esta vida es prestado; creer que poseemos de verdad algo no es más que una ilusión. Si necesitamos el dinero prestado, no tenemos más que pedir a Dios que intervenga, ilumine el problema y nos libre del rencor y del miedo. Los ángeles nos prometen que con esta actitud nunca nos faltará aquello que necesitamos.

¿Te debe dinero alguien? ¿En qué ha afectado a tu relación con esa persona? Si estás enfadado con ella, envíale tu energía positiva. Visualiza la transformación de tu enfado en una gran bola de luz que rodea a tu deudor en un abrazo cálido. Comunícate psíquicamente para decir a esa persona que necesitas el dinero y verás como te lo devuelve. Luego envía el asunto a la Oficina de Recaudación de los Ángeles.

***Meditación de los ángeles:* Tratándose de préstamos, me remito a la frase que aparece en los dólares: Confiamos en Dios.**

7 DE MAYO

LO MISMO DE SIEMPRE

***Consejo de los ángeles:* Cuando has llegado a una llanura de la vida, no te dejes llevar por la comodidad; sal a escalar una montaña o a explorar un valle.**

HAY personas con un repertorio muy limitado, que enseguida se quedan sin nada que ofrecer. Suele ocurrir cuando dejan de crecer o de experimentar la vida de un modo real y sincero. A veces desarrollan una adicción; otras se apartan del mundo, porque no han podido superar una pérdida. Sea cual sea el motivo, el resultado es la repetición de historias antiguas que acaban por aburrir a los demás. Cuando vivimos la realidad de cada momento, acumulamos historias e ideas nuevas para compartirlas, y nuestro repertorio se agranda.

Con los ángeles en nuestra vida, no necesitamos repertorio, nos basta con nuestra reserva de amor, porque el amor nunca aburre. Actuar con amor y valentía nos permite estar siempre disponibles para la vida, listos para cambiar las ideas viejas por otras nuevas. ¿De qué valen las historias antiguas cuando nuestra conciencia angélica nos permite amar el aquí y el ahora.

***Meditación de los ángeles:* Mi repertorio es tan amplio como las alas de los ángeles.**

8 DE MAYO

PODER

***Consejo de los ángeles:* «Casi todos los hombres pueden soportar la adversidad, pero si quieres conocer su verdadero carácter, dales poder».**

ABRAHAM LINCOLN

PIENSA en alguien que, según tú, tiene poder. ¿Lo piensas porque quizá tiene mucho dinero, por la posición que ocupa o el trabajo que desempeña, o por la forma de gestionar su vida? ¿Conoces a alguna persona que abuse de su poder? Quizá es mezquina o se olvidó de los menos afortunados nada más conquistar una posición influyente. O puede que intente dominar a los demás, utilizando el poder para moldearlos a su gusto, en vez de usarlo para amarlos y buscar su bienestar. Los ángeles nos recuerdan que todo poder es temporal. En realidad, no lo poseemos porque la vida da muchas vueltas y puede quitarnos el dinero, la fama o la posición. Cuando esto ocurre, quedamos humillados, y entonces no habrá más remedio que recordar la existencia de un Poder Superior.

Recuerda alguna vez que hayas tenido poder en una situación. ¿Cómo lo utilizaste? Los ángeles nos recuerdan que el Poder Superior es accesible y que trabaja para el bien de todos. Pídeles ayuda para mantenerte abierto al amor, la auténtica fuente de poder.

***Meditación de los ángeles:* Sé que el Poder Superior está junto a mí cuando lo necesito.**

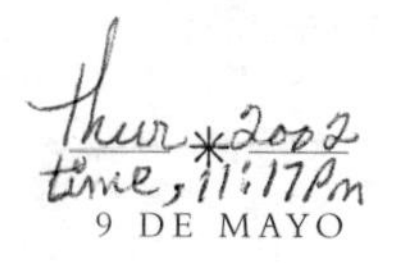

9 DE MAYO

EL DÍA DE LA MADRE

***Consejo de los ángeles:* «Ángeles... aquí en la Tierra los llamamos madres». Título de una antigua canción de Eddie Cantor**

LA CITADA canción fue típica de la alabanza sentimental a las madres que predominó en la primera parte de nuestro siglo, cuando se instauró el Día de la Madre. Se utilizaban las tarjetas decoradas, los corazones y las flores para felicitar a las madres, para consternación de la inventora del día, Anna M. Jarvis, a quien no le gustó que su intento original —recordarnos la importancia de nuestras madres y animarnos a tratarlas con amor y respeto todos los días del año— se convirtiera en una fiesta trivial y comercializada, hasta el punto de sustituir una auténtica relación significativa por la simple tarjeta de felicitación. Los ángeles son las madres ideales, porque nos aman incondicionalmente. Nuestras madres no son ángeles, por tanto, no debemos exigírselo; debemos amarlas y valorarlas tal como son. Si no hemos tenido una madre adecuada en nuestra vida, siempre podemos recurrir a los ángeles para hallar el consuelo y la ayuda que ella fue incapaz de darnos.

Dedica el día de hoy a pensar en las cualidades asociadas a la madre ideal. Si tu madre vive aún, trata de agasajarla en su día. No le envíes una tarjeta o un ramo de flores, ofrécele el maravilloso regalo de tu comprensión y tu amor incondicional. Si ya no está contigo, envíaselo en espíritu y muestra tu gratitud hacia ella.

***Meditación de los ángeles:* Adopto las mejores cualidades de la maternidad en mi vida y las hago extensibles a los demás.**

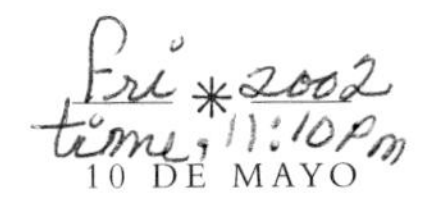

10 DE MAYO

ZIGAZUNDT

***Consejo de los ángeles:* ¡Vive, y vive bien!**

ZIGAZUNDT es una palabra yídish que significa aproximadamente: «Vive, y vive bien», y se utiliza como despedida. Podemos ver en ella una mágica capacidad de poner a alguien en las manos de Dios, para dejar atrás las preocupaciones y la negatividad, de modo que tanto el que lo dice como el que lo oye quedan bendecidos. Sirve para desconectar con los malos sentimientos. Cuando nos despedimos de alguien, es mejor hacerlo sin rencores ni asuntos pendientes. Una bendición es la forma ideal de limpiar las cosas.

Emplea el mágico Zigazundt para liberarte de las conexiones dolorosas con las personas que hayan quedado en tu memoria. Si quieres obtener una bendición, bendice primero a quien te ha faltado. Pronuncia Zigazundt cada vez que se te pase por la mente un pensamiento negativo sobre la persona que te tiene enfadado, e imagina que los ángeles expanden tus bendiciones. Consérvate así, vive y vive bien.

***Meditación de los ángeles:* Dios nos mantiene en la salud y el amor.**

11 DE MAYO

REMORDIMIENTOS

***Consejo de los ángeles:* «Cuando me libero del remordimiento, siento una enorme dulzura en el pecho. Podemos reír y cantar; todo nos bendice y todo lo que vemos está bendecido».**

WILLIAM BUTLER YEATS

SI TENEMOS un remordimiento, es que hemos hecho algo que detestamos, algo que nos da vergüenza y provoca en nosotros sentimientos de culpa; cosas capaces de destruirnos. La palabra *remordimiento* viene del latín *remordere*, es decir, «volver a morder», porque nos corroe la conciencia. Así pues, tener re-mordimientos significa que ya nos mordió una vez y que, si no podemos superarlo y continuar adelante, volverá siempre para atormentarnos la conciencia. Los ángeles quieren que conozcamos el aspecto bueno del complejo de culpa: que al menos nos preocupamos porque nuestros actos afectan al mundo y a otros seres humanos.

Si sientes la dentellada del remordimiento, olvídalo, no arrastres la vergüenza. Pide a los ángeles que te ayuden a ver el aspecto positivo, que te den valor para pedir perdón por tus errores e intentar hacer las cosas bien. Si hay algo que puedas hacer para cambiar la química de la situación, piénsalo y hazlo. Tenemos que arrojar la pesada carga del remordimiento, para quedar libres y crear una situación mejor en el futuro.

***Meditación de los ángeles:* No volverá a morderme, porque estoy en el camino de mi futuro.**

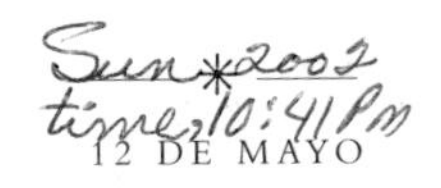

IMPLICADOS

***Consejo de los ángeles:* «Todos morimos un poco cuando alguien muere, porque todos somos una misma especie. Nunca preguntes por quién doblan las campanas; doblan por ti».**

JOHN DONNE

ESTAR IMPLICADO es participar de algo más complejo que nuestra individualidad. Cuando nos implicamos, mezclamos la mente, el corazón, el alma y el espíritu en el conjunto. Pero hay que tener cuidado, porque aquello que recibe nuestra alma y nuestro corazón puede quererlos para siempre y quizá no desee que los recuperemos cuando lo consideramos necesario. Cuando la implicación es buena para nosotros, las distintas partes fluirán juntas en armonía, pero si se trata de algo negativo, el corazón, la mente y el alma no estarán aliados, y cada parte querrá buscar su propio camino de huida.

¿Alguna vez te has visto implicado en un entramado que amenazaba con asfixiarte? Si es así, ha llegado el momento de mezclarte con las cosas positivas que proceden de los ángeles. Asiste a clases de arte, reza, practica la danza sagrada, canta, trata a gente feliz y haz todo aquello que implique una inspiración espiritual.

***Meditación de los ángeles:* Me implico en una conexión consciente con los ángeles.**

13 DE MAYO

CALZARSE LOS ZAPATOS DE OTRO

***Consejo de los ángeles:* Si el zapato te sirve, póntelo; si te hace daño, puedes tirarlo.**

TODOS hemos oído alguna vez la expresión «calzarse los zapatos de otro», que es como ponerse en su piel. Es una forma de decir que podemos entender los sentimientos de otras personas y ver las cosas desde su perspectiva. Sin embargo, la expresión siempre me ha parecido curiosa, porque es muy poco probable que los zapatos de otro nos sirvan; es como si nos pusiéramos sus gafas, no veríamos nada. El caso es que no podemos andar con zapatos ajenos sin hacernos heridas en los pies. Cada experiencia de la vida es única, porque está configurada por las especificaciones de cada alma. Los ángeles preferirían que comprendiéramos a los demás permitiéndoles hacer su camino mientras les ofrecemos apoyo y espacio. Luego podemos acompañarlos llevando nuestros propios zapatos.

¿Has intentado andar con los zapatos de otro? ¿Te estaban bien o eran demasiado pequeños o demasiado grandes para ti? ¿Crees que hay momentos en los que no podrías ponerte en la piel de otro, porque sus actos solo son comprensibles para su alma? En esos casos, deja que ande por su camino y continúa queriéndolo y apoyándolo, aunque no entiendas adónde va.

***Meditación de los ángeles:* Acepto el misterio del viaje individual de cada alma.**

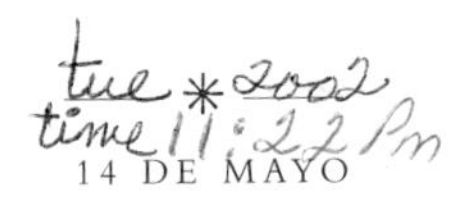

14 DE MAYO

PERIODO DE GRACIA

***Consejo de los ángeles:* El periodo de gracia más importante de nuestra vida es este que vivimos ahora.**

LA GRACIA es un regalo que Dios concedió al alma; un impulso divino, una oración, un destello interior permanente, una presencia del Espíritu Santo. La palabra latina *gratia*, con significados iguales a los que tiene en español, se relaciona con el sánscrito *grnati*, que significa «él reza». Por tanto, un periodo de gracia es un tiempo para la gratitud y la oración. ¿Quién necesita un periodo de gracia? Lo necesitamos todos. El planeta que habitamos tiene muchos problemas, los seres humanos se destruyen entre sí y destruyen el resto de la creación, y muchas de las instituciones humanas se han corrompido. Necesitamos un periodo de gracia, la última oportunidad de pagar nuestras deudas y comenzar a limpiar la corrupción. El significado de la palabra *gracia* nos sugiere que para empezar a mejorar deberíamos mostrar nuestro agradecimiento. Cuando demos gracias a la Tierra por alimentarnos, cuando recemos por que se acaben las diferencias entre las razas y los pueblos, entraremos en un periodo de gracia. Para que las cosas cambien necesitamos apreciar el amor y practicarlo, porque el amor nos traerá la gracia.

Para merecernos la gracia, y ayudar a los ángeles, debemos practicar la gratitud cotidiana, rezar a Dios y elegir siempre el amor.

***Meditación de los ángeles:* Vivo siempre en un periodo de gracia.**

15 DE MAYO

METAS DIFÍCILES

***Consejo de los ángeles:* «Lo difícil lo hacemos inmediatamente; lo imposible nos lleva más tiempo». Lema del ejército de los Estados Unidos**

COSAS DIFÍCILES son aquellas que solo podemos hacer con mucho esfuerzo. En ciertas ocasiones se trata de un bloqueo psicológico que nos impide realizar algo, por ejemplo, pagar una factura o devolver una llamada de teléfono; son cosas necesarias, pero poco apetecibles. Otras veces nos enfrentamos a cosas que nos superan y que estamos convencidos de no ser capaces de resolver. En la vida de toda persona hay algo que puede etiquetar de difícil. Los ángeles nos recuerdan que cuando no hacemos lo difícil, nos convertimos en personas rígidas y porfiadas, pero cuando lo hacemos, todo aquello que parecía imposible deja de serlo.

Si te tomaras una hora al día para hacer lo difícil, al final del mes habrías pasado treinta horas haciendo esas cosas que te preocupan y te ponen tenso. Elige algo que hayas aplazado porque se te hacía cuesta arriba y dedícale unos cuantos minutos. Comprobarás que aumenta tu valor para la próxima vez.

***Meditación de los ángeles:* Una vez que he abordado lo difícil, me encuentro listo para lo imposible.**

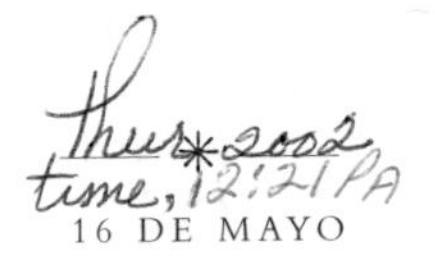

16 DE MAYO

PROVIDENCIA O PROFECÍA

***Consejo de los ángeles:* «El cielo y la Tierra pasarán, pero mis palabras no pasarán. De quel día y de aquella hora nadie sabe, ni los ángles del cielo ni el Hijo, sino solo el Padre».**

MATEO 24:35-36

LA BIBLIA nos dice que, en vez de dedicarnos a presagiar el fin de los tiempos, cuidemos del presente con esmero. En la actualidad oímos decir a mucha gente que está a punto de llegar el fin del mundo y que el planeta no sobrevivirá; hay auténticos especialistas que siempre conocen la última profecía o la última fecha del fin de los tiempos. No olvidemos, a este propósito, que las profecías pueden convertirse en un asunto muy grave cuando estimulan a la gente a acumular víveres y armas por miedo al futuro. Los ángeles se asombran de que reunamos víveres para no morir el día en que se acabe todo, porque, a fin de cuentas, podemos morirnos en cualquier momento, y nuestra única posibilidad de salvación es vivir en el amor a cada instante.

Cada cual elige la realidad en la que desea vivir. Si elegimos la profecía, viviremos instalados en el miedo a la muerte. Si elegimos la providencia, viviremos instalados en la verdad de que Dios es amor y de que todo es posible con Él.

***Meditación de los ángeles:* Quiero participar en el misterioso designio divino con los ángeles.**

17 DE MAYO

TAL COMO SOMOS

***Consejo de los ángeles:* Conócerte a ti mismo.**

ES BUENO conocerse lo mejor posible. Cuando conocemos nuestras pautas de comportamiento, nuestra personalidad, las cosas que nos gustan y las que nos desagradan, podemos entender el sentido profundo de nuestro modo de ser. A veces invertimos demasiada energía en adaptarnos a una determinada imagen, pero no logramos que se produzca ese cambio que, quizá según un libro que hemos leído, necesitamos para triunfar en el mundo de los negocios, porque no llegamos a creernos esa filosofía. El motivo está claro: no todos estamos hechos de la misma forma, por tanto, es mejor invertir la energía en saber qué necesitamos y queremos de verdad. Cuando nos conocemos y nos aceptamos a un nivel profundo, sabemos elegir las metas que se adaptan a nuestro modo de ser, y los ángeles nos abren puertas con las que ni siquiera habíamos soñado.

Mira a tu alrededor y contempla a las personas que conoces y pregúntate si están hechos para aquellas cosas a las que se dedican. Pide luego a los ángeles que te ayuden a comprender cómo eres y cuáles son tus capacidades y tus inclinaciones. ¿Te aceptas como eres? ¿Crees que tus posibilidades le interesan al mundo? Les interesan a los ángeles, que esperan ayudarte a utilizarlas para el bien de todos.

***Meditación de los ángeles:* Me siento feliz tal como soy.**

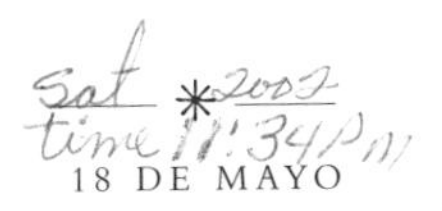

18 DE MAYO

HIPOCRESÍA

***Consejo de los ángeles:* «En este mundo no hay nada más fatigoso que ser hipócrita».**
ANNE MORROW LINDBERG

¿HAS CONOCIDO alguna vez a alguien incapaz de decir la verdad? En efecto, existen personas a las que les resulta muy difícil ser sinceras consigo mismas y con los demás. Incluso en aquellas circunstancias que favorecen una respuesta auténtica, la persona hipócrita elegirá abusar de ellas y mentir. Algunas son mentirosas patológicas, hasta el punto de que sus mentiras corrompen todo lo que les rodea. La mayoría de ellos se mueven continuamente de una ciudad a otra y de una relación a otra, porque siempre se les descubre el juego. Resulta difícil sentir compasión por un mentiroso patológico, porque nunca se sabe quién es en realidad. Los ángeles creen que una persona que se ve impulsada a vivir de mentiras debe haber tenido un pasado terrible, y es probable que trate de huir de su realidad interior para protegerse de un espantoso recuerdo original. Los mentirosos necesitan el amor de los ángeles.

Los ángeles quieren que sintamos compasión por todas las criaturas de Dios, incluidos los mentirosos. Si te encuentras con uno de ellos, recuerda que lo primero es rezar por esa persona. Luego, honra a la verdad negándote a entrar en la maraña de las mentiras.

***Meditación de los ángeles:* Soy sinceramente de Dios.**

19 DE MAYO

ENCANTAMIENTOS

***Consejo de los ángeles:* Algunas tardes encantadas puedes encontrarte con un encantamiento.**

LA PALABRA «encantamiento» tiene raíces muy interesantes por su parentesco con el verbo «cantar». El acto de cantar nos conduce a otra dimensión, a un estado alterado de la conciencia que puede explicar por qué llegó a tener el significado de «hechizar». El encantamiento es un estado mágico y místico en el que predominan la alegría y la maravilla. Los ángeles son, sin duda, agentes del encantamiento y se muestran felices de devolvernos el delicioso sentido de la magia y el misterio que tiene la vida cuando la aislamos de lo mundano para situarla en un plano más estimulante. Muchos no hemos vuelto a experimentar el encantamiento desde que éramos niños y nos alimentábamos de esperanzas y de cuentos de hadas. Los ángeles nos recuerdan que no son únicamente cosas de niños, sino un ingrediente vital de la felicidad humana.

¿Necesitas algún encantamiento en tu vida? ¿Es aburrida y habitual? ¿Te sientes preparado para el toque de lo extraordinario? Si es así, los ángeles te invitan a abandonar tu dependencia de lo «real», lo racional, lo tangible y lo predecible, para entrar en el mundo poco frecuentado del misterio, que está allí donde miremos. Rodéate de personas y actividades encantadoras y verás lo que ocurre.

***Meditación de los ángeles:* Busco formas de conservar la frescura y la sorpresa en mi vida.**

20 DE MAYO

ILUSTRACIÓN

***Consejo de los ángeles:* El humor es el gran mecanismo equilibrador.**

SE HA DICHO que el término Ilustración significó salir de la oscuridad de la ilusión para entrar en la luz de la auténtica conciencia; en cuanto a sus raíces, la palabra se relaciona también con «lustre» o brillo. ¿Qué tienen en común ambos conceptos? En realidad, cuando cultivamos la luz del corazón, nos movemos con mayor rapidez hacia la luz y la irradiamos hacia los demás. Cuando somos ilustrados, no solo vemos con mayor claridad, sino que tenemos un espíritu más brillante. Los tres aspectos esenciales de la ilustración son la claridad, el humor y la brillantez. De ellas, el humor es la que fomenta las otras dos. En las situaciones tensas, el humor aclara la atmósfera y nos ayuda a adoptar una perspectiva más generosa y menos egoísta. El humor nos libera de la visión del túnel; la risa ha demostrado su capacidad para curar enfermedades y sanar la psique. A Dios y a los ángeles les encanta la risa y el humor, porque saben que las personas auténticamente ilustradas no son adustas ni críticas; son personas alegres que han descubierto la existencia de un ser eterno dentro de ellas.

Si quieres practicar la ilustración, pon en práctica alguna de estas ideas: 1) Cuando tengas un ataque de seriedad, contraataca rápidamente con una dosis de absurdo que te permita ver tu condición y la de toda la especie humana. 2) Haz algo gracioso para otro. 3) Hazte la promesa de reírte con ganas al menos una vez al día, y esfuérzate en encontrar el humor a tu alrededor. 4) Envía luz a los momentos críticos de tu vida. Visualiza todos los problemas a la luz de los ángeles, y te garantizamos que en poco tiempo verás la luz y te sentirás brillante y ligero.

***Meditación de los ángeles:* Vivo en la luz y soy luz de corazón.**

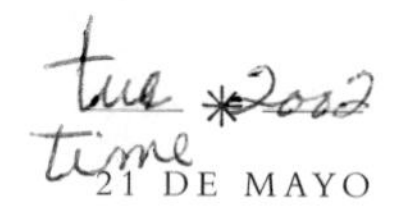

21 DE MAYO

AÑOS FLORIDOS

***Consejo de los ángeles:* «Mis años floridos, cuando mi juicio aún estaba verde».**
SHAKESPEARE

EL COLOR verde significa en la naturaleza lo nuevo, lo joven, lo reciente. En el juego de la vida todos estamos verdes, y nuestros días floridos en realidad no acaban nunca. Cuando pensamos que hemos conquistado un poco de madurez y nos podemos sentar a disfrutar, aparece un nuevo brote y tenemos que volver a empezar. Es bueno estar verde y no querer saberlo todo. Lo verde nos mantiene jóvenes. Nuestro juicio alcanza la madurez cuando desarrollamos un fuerte fundamento espiritual y comprendemos que nuestros actos afectan a los demás. Si seguimos esa regla de oro nunca importará que estemos verdes en ciertas cosas de la vida.

El verde es el color de la salud, del chakra del corazón; es la prueba de que la naturaleza está viva. El verde es un color cálido (amarillo) y frío (azul). Piensa en las cualidades que tiene ser verde. Reconoce los diferentes tonos de verde en tu forma de aproximarte a la vida y a la sabiduría.

***Meditación de los ángeles:* Los ángeles me conceden la sabiduría de saber cuándo no sé.**

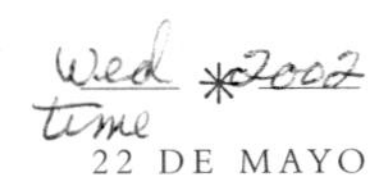

22 DE MAYO

SEÑALES DE ALERTA

***Consejo de los ángeles:* Detente, mira y escucha.**

SOMOS MUCHOS los que hemos tenido una relación que empezó como un sueño y acabó como una pesadilla. De repente, comenzamos a preguntarnos pero ¿quién es?, ¿por qué ha cambiado de pronto?, ¿qué pasó con aquellos días felices? La verdad es que nadie cambia de un día para otro, y que siempre hay señales de lo que está por venir, lo que pasa es que no sabemos verlas. Quién no ha oído la frase: «El amor es ciego». A veces no es malo estar ciego y ver solo con el alma y el corazón. Pero lo cierto es que no somos ciegos porque no veamos las cosas, sino porque no queremos verlas hasta que la desagradable realidad se nos impone. Los ángeles nos piden que reunamos valor para darnos cuenta a tiempo de las señales de peligro en nuestras relaciones —ese comportamiento extraño de la otra persona que hace sonar la campanilla en nuestro interior— y que estemos alerta a nuestra intuición. Inmediatamente debemos contarle lo que pensamos, pero en el caso de que su conducta se aparte excesivamente de la imagen que intenta proyectarnos, no debemos olvidar que esto que vemos ahora será lo que haya siempre, por tanto, obremos en consecuencia.

¿Tienes una relación problemática? ¿Qué señales te han hecho pensar en la posibilidad de que tengáis problemas en el futuro? Dejándote llevar por la intuición, ¿podrías evitar ese futuro sabiendo interpretar correctamente las señales de peligro? ¿Puedes ser más sincero en estos momentos?

***Meditación de los ángeles:* No miro mis relaciones con las gafas de la proyección, sino con las de la intuición.**

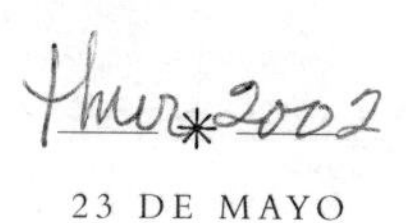

23 DE MAYO

LA VIDA ANTES DE LA MUERTE

***Consejo de los ángeles:* ¿Estás vivo o sencillamente te dejas arrastrar por las emociones?**

A MUCHA GENTE le preocupa saber si hay vida después de la muerte, pero a los ángeles les gusta que nos preocupemos sobre todo por vivir intensamente antes de morir, y no hablamos aquí de respirar, sino de tomar parte en el misterioso mundo de la existencia humana y explorar las extraordinarias posibilidades que nos ofrece. Desde niños nos han enseñado a reprimir la curiosidad, el asombro, la alegría y otras tendencias naturales de nuestro ser. Hacemos las cosas socialmente aceptables, sin pararnos a pensar si son coherentes con las necesidades más profundas de nuestra alma. Los ángeles nos dan valor para analizar quiénes somos en realidad y qué necesitamos. Cuando sentimos que el corazón tiene ganas de cantar, es que estamos vivos de verdad.

¿Eres un participante activo o pasivo en la vida? ¿Buscas actividades que te dan alegría y sentido a tu vida? ¿Pasa la vida sobre ti sin sentirlo? Piensa en aquellas cosas con las que te sientes realmente vivo. ¿Cómo introducir más en tu vida? ¿Qué te impide hacerlo?

***Meditación de los ángeles:* Me abro a la belleza de la vida y acepto mi derecho a la felicidad.**

24 DE MAYO

EL PEAJE DE LA MUERTE

***Consejo de los ángeles:* «La finalidad de la vida humana es servir, mostrar compasión tener la voluntad de ayudar a los demás».**
ALBERT SCHWEITZER

CADA VEZ que ocurre un desastre, los medios nos informan del último peaje que hemos pagado a la muerte. Sin embargo, hay otras cifras que nunca llegamos a conocer, las de aquellos que han muerto con el corazón, el espíritu, el alma o la psique destrozados. Algunos mueren porque no fueron capaces de superar una infancia llena de abusos. Pensemos, por ejemplo, en esas personas que han trabajado en la misma empresa durante muchos años y, de repente, cuando todo iba bien —había ahorrado, sus padres podían ir a casa a cuidar de los niños, etcétera—, pierde el empleo y no puede encontrar otro. Algunos mueren por causas que otros atribuyen a una enfermedad física. Los ángeles conocen a esos corazones destrozados y quieren parar la sangría, pero necesitan nuestra ayuda. Una forma de ayudarnos sería no permitir que nuestro corazón roto nos mate manteniéndonos abiertos y dispuestos a cambiar siempre que lo necesitemos; pero también podríamos dar nuestro apoyo a los demás rezando por ellos y pidiendo a los ángeles que los ayuden.

La fuerza viene de la flexibilidad del cuerpo, la mente y el espíritu. Los que mueren con el corazón destrozado no han sido reos de ningún castigo, ni son especialmente débiles; sencillamente, hicieron lo que pudieron. Si alguna vez te sientes desfallecer, abre tu corazón y deja que entren los ángeles. Concédete una nueva oportunidad de ver las cosas de otro modo, y pide fuerza y valor para cambiar.

***Meditación de los ángeles:* Cambiar es muy difícil, pero los ángeles no me abandonarán.**

25 DE MAYO

HECHIZOS

***Consejo de los ángeles:* La vida es a veces un largo viaje en coche con los síntomas de la gripe.**

UN HECHIZO es una fórmula para encantar, embrujar o atraer a alguien. Se trata de un mensaje con mucho poder para instalarse en nuestra mente y dictarnos la conducta a un nivel inconsciente. Todos estamos hechizados hasta cierto punto, porque guardamos dentro creencias en cuyas razones nunca nos hemos parado a pensar. Los hechizos más comunes suelen ser proyecciones en otros, predicciones psíquicas o etiquetas que no hemos podido quitarnos desde la niñez. Cuando estamos hechizados, no vemos la realidad, somos víctimas fáciles de las profecías que nos satisfacen y no sabemos cambiar ni renovarnos. En los mitos y los cuentos de hadas es típico que el hechizo paralice al héroe o la heroína y lo induzca a dormir durante años y años, pero los ángeles nos recuerdan que no hay necesidad de que venga un príncipe a despertarnos. Somos nuestros propios príncipes y recorremos nuestro propio camino; tenemos la posibilidad de cambiar nuestras creencias y despertarnos del sueño de la conducta inconsciente.

¿Estás hechizado? Piensa en las creencias que te inmovilizan y te impiden hacer algo. ¿Quién te hechizó? Cuando estés preparado para romper el hechizo, pide a los ángeles que te ayuden a expandir tu sistema de creencias y cambien tu vida del pasado al presente.

***Meditación de los ángeles:* Estoy preparado para recibir el nuevo ser que está naciendo dentro de mí.**

Sun * 2002

26 DE MAYO

PROPINA

***Consejo de los ángeles:* «Las personas generosas no suelen ser personas mentalmente enfermas».**

DR. KARL MENNINGER

LA PROPINA es esa pequeña cantidad de dinero que dejamos en agradecimiento a un buen servicio. Los ángeles quieren que no dejemos pasar la oportunidad de hacerlo, sin siquiera pararnos a pensar en si esa persona lo merece o no. Míralo desde el punto de vista de la economía, piensa que contribuyes a mejorar una vida y que puedes estar, por ejemplo, ante un estudiante que se gane de ese modo la posibilidad de lograr el trabajo de sus sueños, o ante un hombre o una mujer que sostiene a toda una familia. Cuando damos propina, nos la estamos dando a nosotros mismos, porque todos estamos conectados. Da propina siempre que se te presente la oportunidad y serás largamente recompensado en paz y salud mental.

La próxima vez que tengas que dar toda una vuelta a la manzana para estacionar tu coche, por ahorrarte la propina del mecánico del edificio donde trabajas, piensa si te ahorras algo. La próxima vez que salgas a cenar y el camarero tenga mucho trabajo, no le pagues con un arranque de mala educación. Pide a los ángeles que bendigan a la persona destinataria de la propina. Dar propina es una oportunidad de ayudar a nuestros iguales a recorrer el camino de la vida. Al fin y al cabo, todos podemos depender alguna vez de ella.

***Meditación de los ángeles:* Veo en la mirada de los ángeles que lo gratuito es un regalo para todos.**

27 DE MAYO

MÁRTIRES POR GUSTO

***Consejo de los ángeles:* «No todos disfrutamos del regalo del martirio».**
JOHN DRYDEN

PUEDE que alguno de nosotros sea un mártir de esos que están encantados con serlo; nos referimos a las personas que viven como si llevaran a la espalda todo el peso del mundo y que, por cierto, no dejan de recordar a los demás cuánto pesa. La definición de mártir es «aquel que prefiere sufrir o morir a abjurar de su fe y sus principios». Los auténticos mártires se trascienden a sí mismos por una gran causa, y su heroísmo se caracteriza por la humildad; en cualquier caso, se trata de un regalo que reciben solo unos pocos. Para los otros mártires, sin embargo, la causa son ellos mismos y su falsa humildad resulta traspa-rente. Los auténticos mártires nunca buscan el sufrimiento; los otros, lo glorifican y creen que Dios los ha elegido para darles la cruz más pesa-da. Los ángeles nos previenen contra ellos, y nos advierten que no debemos creerles cuando intenten crear en nosotros un complejo de culpa o convencernos de que no valemos nada si entre la alegría o un calvario autoinfligido, elegimos la primera.

¿Conoces algún mártir por gusto? ¿Surten algún efecto en ti? ¿Cuál es tu trato con ellos? La próxima vez que entres en contacto con uno, tómate esta medicina prescrita por tu ángel médico: una dosis de amor, paciencia y distan-ciamiento cada vez que lo necesite.

***Meditación de los ángeles:* No elijo sufrir, sino aprender del sufrimiento.**

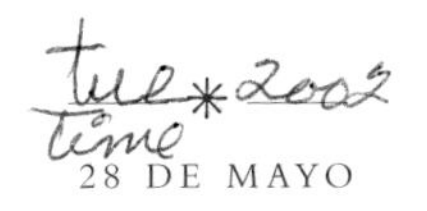

28 DE MAYO

¿COMPARADO CON QUÉ?

***Consejo de los ángeles:* La vida auténtica no tiene comparación.**

CUANDO OCURREN cosas que perturban nuestro equilibrio, siempre hay alguien con buena intención que nos dice: «Después de todo, podría haber sido peor; deberías estar agradecido». Intentamos establecer comparaciones para sentirnos mejor, pero muchas veces no lo conseguimos. Perdemos tanto tiempo comparando cosas —vinos, comida, restaurantes— como comparando personas. Y cuando sucede una desgracia sacamos «el baremo» de desdichas para comprobar qué puesto ocupa la nuestra y saber cómo deberíamos sentirnos. Por ejemplo, si estamos a punto de divorciarnos, pensaremos que no deberíamos encontrarnos tan mal como alguien que se ha quedado viudo. El problema es que en estos casos no existe comparación posible. Cada uno sigue su propia senda, y lo que para uno es un simple contratiempo, a otro puede destrozarlo. Los ángeles nos invitan a valorar nuestra propia suerte y a evitar compararla con la de otros.

Piensa en el esfuerzo que requiere la comparación y pregúntate si has caído en ese juego. Cuando estés sufriendo, respeta el dolor y deja de establecer comparaciones. Tus experiencias siempre serán únicas, e incluso cuando sufras los ángeles traerán algo nuevo e incomparable a tu vida.

***Meditación de los ángeles:* Los ángeles me enseñan que la comparación es una trampa de la inteligencia y que mi corazón no puede sopesar el amor que procede del Gran Creador.**

29 DE MAYO

EL OTRO LADO DE LA VALLA

Consejo de los ángeles: **Si la hierba del otro lado de la valla te parece más verde, es el momento de regar la tuya.**

A VECES es más fácil creer que el césped del vecino está más verde que el nuestro, o que para los demás todo es menos complicado que para nosotros. El problema es que la envidia nos hace buscar la felicidad «fuera» de nosotros, nunca en nuestro interior. Nos pasamos la vida mirando por encima de la valla deseando lo que tiene el vecino, en vez de vivir en nuestro lado, aquí y ahora. ¿Cuántas veces nos hemos dejado impresionar por lo que parecía una boda maravillosa o por el trabajo estupendo de alguien, para luego ver cómo el matrimonio culminaba en divorcio o el gran ejecutivo terminaba siendo acusado de desfalco? ¿Cuántas veces hemos intentado solucionar nuestros problemas saltando la valla, pensando que una vez que estuviéramos al otro lado las cosas serían mejores? Y todo para descubrir que los problemas tienen una curiosa forma de seguirnos dondequiera que vamos; y que, estemos donde estemos, la hierba se marchita y muere si no le prestamos la atención y los cuidados que necesita. Los ángeles nos recuerdan que nunca podemos fiarnos de las apariencias, que solo podemos confiar en Dios para alcanzar la satisfacción interna que se basa en la realidad espiritual y no en la material.

¿Te has dedicado últimamente a mirar con envidia el césped del vecino? ¿Te parece mejor que el tuyo? ¿Por qué? ¿Qué tienes que no tenga él? (¡Siempre hay algo!) Cuando envidies especialmente a alguien, bendícelo y alégrate por él. Entonces te darás cuenta de que no tiene nada que ver con tu propia felicidad o infelicidad.

Meditación de los ángeles: **Cuidaré mi propio césped.**

30 DE MAYO

MÁTALO

***Consejo de los ángeles:* ¿Somos todos asesinos natos?**

EN LA SOCIEDAD actual la tendencia mayoritaria es intentar destruir todo aquello que se interpone en nuestro camino. Matamos el dolor, a los enemigos, a los insectos y a las células cancerígenas. Declaramos la guerra a la pobreza, a las drogas y a los gérmenes. Pero destruirlo todo, incluso cuando imaginamos nuestras células «asesinas» atacando a las cancerígenas, quizá no sea la mejor forma de conseguir la salud. Quienes estudian el efecto del pensamiento y de la oración sobre el organismo, han descubierto que la energía del amor envía impulsos a las células para que recuperen su equilibrio, mientras que la energía destructiva lo único que hace es aumentar su desequilibrio. El equilibrio y la plenitud son las únicas claves de la salud.

Piensa en lo diferente que te se sientes cuando resuelves un problema con amor, en vez de intentar destruirlo. Es importante ser constructivo en todas nuestras afirmaciones, durante un proceso curativo y en nuestra intención de trabajar con los ángeles. Utilizar la energía «asesina» para corregir un error o recuperar el equilibrio puede que no sea la mejor forma de atraer a los ángeles. Ellos quieren que amemos el equilibrio. La próxima vez que vayas a acabar con algo, ya sean los ratones de tu desván o un virus en tu cuerpo, detente un momento para reflexionar sobre lo que vas a hacer. ¿Existe otra opción más constructiva?

***Meditación de los ángeles:* No mataré.**

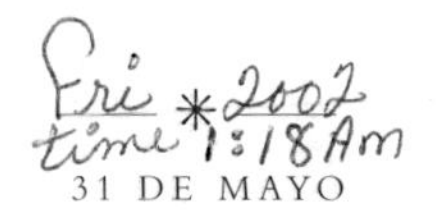

31 DE MAYO

EL DÍA DE LOS CAÍDOS POR LA PATRIA

***Consejo de los ángeles:* «La vida de un alma sobre la Tierra perdura más allá de su partida. Siempre sentirás esa vida tocando la tuya...».**

ANGELO PATRI

EL DÍA de los caídos por la patria se ha convertido en una mera excusa para tener un día de fiesta. A todos nos interesa mucho más la barbacoa de ese día que el verdadero significado de lo que se celebra: recordar a los que murieron en acto de servicio. Seguramente, los espíritus de los muertos no están en contra de que pasemos un buen rato, pero sin duda apreciarían que les recordáramos en su día. Este día podemos dedicar un poco de tiempo a nuestros muertos, a aquellas personas que fueron tan importantes para nosotros. Podrías organizar tu celebración particular encendiendo una vela, volviendo a mirar aquellas fotos, hablando con las personas amadas en espíritu y compartiendo con ellas todo lo que se te pase por la cabeza. Así conectarás con tus sentimientos más profundos de cariño y de pérdida, y reforzarás tu vínculo con aquellas personas que amaste y que murieron. Sobre todo, los ángeles quieren recordarnos que quienes han abandonado la vida terrenal simplemente nos han precedido. No están muertos; solo han dejado atrás sus cuerpos físicos y han entrado en el reino del espíritu.

¿Te gustaría recordar hoy a alguien que ha fallecido? ¿Qué recuerdos especiales guardas de esa persona? ¿Cómo te gustaría honrarla? Podrías celebrar tu propia ceremonia, hacer algo que le gustara o apoyar una causa que había defendido. Piensa en qué ceremonia podrías crear solo para ella.

***Meditación de los ángeles:* Recuerdo con amor a los que se han ido antes que yo y los honro a mi manera.**

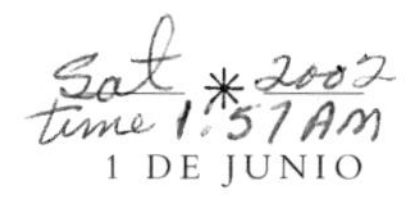

1 DE JUNIO

HUIDAS NECESARIAS

***Consejo de los ángeles:* Cuando las ruedas giran, significa que nos llevan a alguna parte.**

¿CUÁNTAS veces te has dicho: «Tengo que salir de aquí inmediatamente»? Cuando parece que todo se nos viene encima o cuando nos sentimos como si diéramos vueltas en una noria sin llegar a ninguna parte, es el momento de hacer una escapada, que no es lo mismo que escaparse. Cuando se emprende una fuga de este tipo, en realidad no se está huyendo de los problemas. Al contrario; se corre a la búsqueda de un poco de sensatez y quizá, durante el camino, se consiga encontrar una solución al problema. Una «escapada justificada» puede tomar muchas formas: desde perderte en tu lugar favorito y pasar un par de días en un hotel, a dejar a un lado tus deberes y concederte el lujo de no hacer absolutamente nada. Los ángeles nos dice que, cuando necesitemos escaparnos, hagamos lo que nos pida el cuerpo, pero que *nunca nos sintamos culpables* por hacerlo. Por el contrario, tenemos que ser consciente de que concedernos espacio para respirar y tiempo para pensar es seguramente lo mejor que podemos hacer para superar nuestros problemas.

¿Alguna has querido huir de todo? ¿Te sientes culpable cuando te tomas un rato libre o cuando «pierdes» el tiempo? Las huidas necesarias son válvulas de seguridad que saltan cuando estás a punto de sufrir un cortocircuito. Haz una lista de las actividades o de los lugares que te ayudan a centrarte, relajarte y descansar. Pégala en tu nevera con una nota que diga: «Utilizar en caso de necesidad personal. Por prescripción de los ángeles».

***Meditación de los ángeles:* Reconozco el poder curativo de la huida.**

2 DE JUNIO

SIN PROGRAMA DE VIAJE

***Consejo de los ángeles:* «Un buen viajero no elabora planes ni se obsesiona por llegar».**

LAO TSE

¿POR QUÉ un buen viajero no establece planes ni se obsesiona por alcanzar su punto de destino? Cuando nos empeñamos en definir un programa y en llegar a destino, corremos el riesgo de perdernos muchas cosas que aprender por el camino. Cuando elaboramos un itinerario, empiezan los problemas para la agencia de viajes de los ángeles, porque los planes de viaje de Dios puede que nos lleven a un lugar completamente diferente. Es necesario no estar impacientes por llegar, porque en la vida no existe una línea de meta; la vida es movimiento constante. La aventura radica en viajar con los ángeles y no en fijar el itinerario.

Reflexiona sobre la manera en que sueles elaborar tus planes. Estableces un tiempo y un lugar, quieres que los demás se ajusten a ellos, y te imaginas de antemano cómo debería marcha. Pero todos estos programas no hacen sino alejarte de la verdadera experiencia del camino de la vida. Pide a los ángeles que sean tus guías de viaje. Todo lo que te pedirán es que vayas despacio, prestes atención y te olvides de llegar.

***Meditación de los ángeles:* Soy un viajero cósmico y dejaré mi itinerario en manos de los ángeles.**

3 DE JUNIO

LA SUERTE DEL PRINCIPIANTE

***Consejo de los ángeles:* «Toda búsqueda se inicia con la suerte del principiante. Y toda búsqueda termina con el vencedor puesto a prueba».**

PAULO COELHO

CUANDO comienza una nueva fase de nuestro viaje espiritual, parece como si nos hubieran tocado con una varita mágica, como si nos hubieran bendecido. Hay gente que entra en nuestra vida para ayudarnos en el momento justo y nos sentimos atraídos por cosas que abren nuestra mente a la imaginación de Dios. A la fase inicial de cualquier proceso se le suele denominar periodo de luna de miel; y nuestra relación con los ángeles también es así. Al principio inundan de magia nuestra conciencia, y tras la luna de miel parece como si desapareciera, porque nos olvidamos de que esa magia es un regalo, y de que a lo largo del camino seremos puestos a prueba. Ante cada problema tendremos que usar nuestros dones, entre ellos, esa magia que recibimos al principio del viaje. Cuando llegue el momento de afrontarlos, busca el valor en los recuerdos de la etapa más dulce de tu vida.

No se te pone a prueba porque la vida sea cruel o imprevisible; se te pone a prueba porque para ayudar a Dios necesitas fuerza, valor y sabiduría. Virtudes que no son gratuitas, sino que hay que ganarse. Cuando las pruebas alcanzan su máxima dificultad, significa que estamos a punto de convertir un sueño en realidad y que un nuevo periodo de luna de miel está a la vuelta de la esquina.

***Meditación de los ángeles:* Cuando llega el momento de las pruebas, busco el valor en los dones que he recibido al principio del viaje.**

4 DE JUNIO

EVOLUCIÓN

***Consejo de los ángeles:* Nos desarrollamos espiritualmente eligiendo el bien mayor.**

LOS SERES humanos hemos sido concebidos para la evolución; está programado en nuestras células. *Evolucionar* significa «desarrollar o elaborar», y procede del término latino *evolvere*, que significa «desplegar, desarrollarse». En el útero de nuestra madre estábamos protegidos, y nuestra vida es un proceso de revelación y descubrimiento de lo que protegíamos en esa etapa: nuestro espíritu. El concepto de evolución también incluye la noción de perfeccionamiento y de aprendizaje a través del experimento y de la equivocación. Los ángeles nos protegen durante nuestro largo proceso de desarrollo, mientras que nosotros ampliamos nuestra mente y nuestro espíritu.

Cada persona sigue un proceso de evolución personal, y todos formamos parte de la evolución de la Humanidad. La evolución de cada uno de los individuos es tan importante como la de los demás, porque nos apoyamos los unos en los otros. La evolución espiritual requiere que realicemos elecciones personales que conduzcan al bien común. El camino que conduce hasta la luz divina es una elección noble que exige que confiemos en que las cosas mejorarán y se desarrollarán en el amor.

***Meditación de los ángeles:* Evoluciono junto a los ángeles.**

5 DE JUNIO

BUHONEROS

***Consejo de los ángeles:* «No prestes atención al hombre que está detrás de la cortina».**
EL MAGO DE OZ

A FINALES del siglo XIX cobró cuerpo el fenómeno del aceite de serpiente que pregonaban los pícaros y vendían los charlatanes. Así, en EE.UU., el *aceite de serpiente* se convirtió en un término que se utilizaba para describir cualquier baratija que se anunciaba como una fórmula mágica que lo curaba todo, aunque no servía para nada. Es fácil de imaginar que se vendía bien, con aquellos carismáticos buhoneros que convencían al público de que aquel aceite, extraído de la serpiente que compartía el escenario con ellos, podría curar cualquier enfermedad. En realidad, lo que sucede cuando nos topamos con alguien que tiene carisma, ese don divino, es que se activa nuestra fuerza vital: despierta la esperanza en nuestro interior y la energía curativa comienza a fluir. Se ha dicho que Dios escribe derecho con renglones torcidos, y es posible que incluso los charlatanes puedan ser las herramientas que Dios utiliza para el cambio.

El «aceite de serpiente» puede curar. Su fórmula secreta no reside en el propio aceite, sino en el ritual que se establece entre dos personas y en la excitación que se genera cuando algo despierta nuestra esperanza. Es fácil engañar a los seres humanos y, aunque sea en secreto, todos queremos una fórmula mágica que lo cure todo. Los ángeles siempre nos tienden una mano para ayudarnos a sanar, que significa recuperar el equilibrio. Si hemos caído en la trampa de un curandero, quizá lo necesitábamos; necesitábamos estimular e impulsar nuestra fuerza vital. Si te han engañado, no eches la culpa al charlatán, al hombre que se oculta tras el telón. Observa qué es lo que verdaderamente necesitas y ríete, porque gracias a la trampa algo se ha curado.

***Meditación de los ángeles:* Sé que el hombre que se oculta detrás de la cortina tiene tanto poder de curación como el que tienen los ángeles en mi conciencia.**

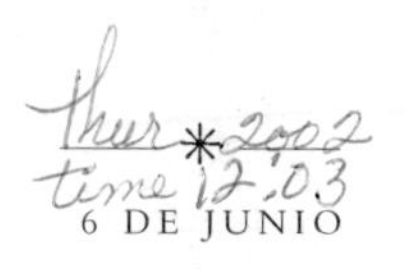

6 DE JUNIO

TACAÑERÍA

***Consejo de los ángeles:* Era un hombre tan tacaño que obligó a su hija a casarse en el corral para que los pollos se pudieran comer el arroz. Chiste popular**

¿QUIÉN no ha tenido el dudoso placer de encontrarse con personas tacañas? Son almas desgraciadas que viven en un estado constante de privación como resultado de su pobreza mental. Son acumuladores obsesivos que no se gastarían una peseta en sí mismos ni en los demás. Muchas veces los avaros atesoran montañas de dinero porque son expertos en amontonar sin gastar. Pero, por desgracia, su dinero no sirve para nada porque son incapaces de disfrutarlo. Todos conocemos a personas ricas que llevan durante años la misma ropa vieja hasta que se cae a trozos, que aprovecha la cuerda de los paquetes varias veces o que se pasan la vida buscando el mejor precio. Una vez conocí a un millonario que se recorría la ciudad de arriba abajo buscando una gasolinera donde el combustible fuese algo más barato. El problema esencial de los tacaños es que no valoran la vida y, por tanto, los demás no les valoran a ellos. Son el polo opuesto de los ángeles, que derrochan generosidad y abundancia donde quiera que van.

¿Conoces a alguna persona tacaña? ¿Te merece la pena seguir siendo su amigo cuando tienes la sensación de que siempre acabas dando tú, mientras él solo recibe? ¿Te produce ansiedad gastar dinero? Existen diferencias entre la frugalidad y la tacañería. Si te cuesta gastar dinero para divertirte o para que se diviertan los demás, piensa para qué te servirá haber acumulado una pila de dinero cuando llegue tu hora. Entonces no habrá nada más que el peso de la muerte.

***Meditación de los ángeles:* Compartiendo mi riqueza, enriqueceré el mundo.**

7 DE JUNIO

CONFUSIÓN DE IDENTIDADES

***Consejo de los ángeles:* Siempre somos más de lo que aparentamos, incluso ante nosotros mismos.**

LA CONFUSIÓN de identidades siempre ha sido un tema recurrente en la literatura y el cine. Se confunde al héroe con otra persona y, a partir de ese momento, se producen todo tipo de aventuras y maniobras fantásticas. Durante el proceso, se produce un cambio en la vida de todos los personajes, cuando alguien se enamora de quien no es lo que parece o cuando el héroe consigue llevar a cabo hazañas que nunca habría sido capaz de realizar con su auténtica identidad. La mayoría vive en un estado de permanente confusión de identidades, poniendo a buen recaudo su «auténtica» naturaleza. El esfuerzo de mantener la imagen que creemos más conveniente no permite que los demás nos vean como realmente somos. El problema es que tener una doble vida supone un enorme esfuerzo. Después de todo, si Supermán no hubiera pretendido ser Clark Kent, ¡habría ahorrado tiempo y energía para dedicarlos a búsquedas más provechosas! Los ángeles nos conocen y nos aman tal como somos, con todas nuestras personalidades y posibilidades, y nos animan a hacer lo mismo, a no tener miedo de revelar a los demás, y a nosotros mismos, cómo somos en realidad.

Detente a reflexionar sobre las diferentes personalidades que forman tu ser. ¿Tienes miedo de revelar alguna? ¿Te avergüenzas de ella? Si es así, tienes que intentar tolerar su existencia sin juzgarlas; no intentes esconderlas o negarlas, limítate a observar su comportamiento y a comprobar si tienen algo que decirte.

***Meditación de los ángeles:* Reconozco la complejidad y el misterio de mi naturaleza humana.**

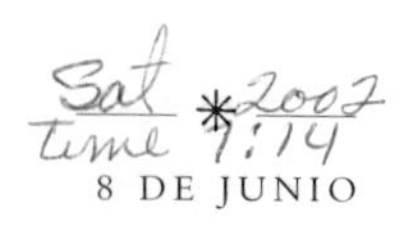

8 DE JUNIO

ESTIMA PERSONAL O ENGRADECIMENTO PERSONAL

***Consejo de los ángeles:* «Demasiados elogios pueden hacernos tanto daño como demasiadas críticas».**

TENEMOS una enorme necesidad de «sentirnos bien» con nosotros mismos y con los demás. Parece algo inofensivo, pero no lo es cuando se convierte en nuestro objetivo principal. Los padres temen herir los sentimientos de sus hijos si los corrigen cuando han hecho algo mal, y sin embargo esa es la única forma de aprender a tratar a los demás con respeto. Solo si experimentamos el miedo podremos reconocerlo después en los demás y aprender la Regla de Oro: «Trataré a los demás como me gustaría que me trataran», y no: «Si los demás no me tratan bien, los castigaré». La estima personal es una buena cualidad, pero tenemos que entender que la vida no consiste solamente en nuestro bienestar o en el placer. Exáltate por lo verdaderamente noble.

La estima personal hay que ganársela porque nadie la regala. Pide a los ángeles que te ayuden a desarrollarla: la fuerza de conocerte a ti mismo y de actuar con valores verdaderos.

***Meditación de los ángeles:* Me siento bien conmigo mismo y con la vida cuando actúo desde mis valores más elevados.**

9 DE JUNIO

CIMIENTOS

***Consejo de los ángeles:* «Soplaré, soplaré y soplaré y la casa derribaré». El Lobo a los Tres Cerditos**

LOS CIMIENTOS son la base sobre la que se sustenta una estructura, así que los edificios que se construyen sobre cimientos poco seguros pueden derrumbarse. De la misma forma, las vidas construidas sobre bases poco seguras están en peligro de hacerse pedazos ante la primera amenaza de peligro. Puede parecer una afirmación obvia, pero es asombroso cómo casi nadie se toma el tiempo necesario para examinar sus cimientos; los sistemas de apoyo espiritual y psicológico que nos dan las herramientas para actuar positiva y productivamente en un mundo muchas veces adverso. ¿En qué se basa realmente nuestra vida? ¿Cuáles son nuestros valores y nuestras creencias? ¿Qué es lo que nos mantiene cuando el lobo asoma las orejas por la puerta? ¿A qué recurrimos cuando surgen problemas? Todos nos enfrentamos a situaciones que requieren fortaleza, claridad de ideas y un profundo sentido del compromiso y de la voluntad. Cuando nuestra base no es segura, pueden suceder dos cosas; que evitemos enfrentarnos a la situación o que nos rompamos bajo la tensión del desafío emocional. Los ángeles nos piden que revisemos nuestros cimientos y que los reforcemos con dosis extraordinarias de fe y de valor. Solo entonces podremos estar seguros de que permaneceremos en pie, sea cual sea la fuerza del viento.

¿Son fuertes tus cimientos personales? ¿Te han sustentado en tiempos difíciles tus valores y tus creencias? ¿Te han guiado en tu vida cotidiana? ¿Alguna vez han cedido tus cimientos? ¿Qué acciones deberías emprender para reforzarlos? ¿Y qué actitudes tendrías que cambiar?

***Meditación de los ángeles:* Construyo la morada de mi alma sobre la solidez de la fe y del compromiso con el más alto poder, con la voluntad y la conciencia más elevadas.**

10 DE JUNIO

CIRCUNSTANCIAS INIMAGINABLES

***Consejo de los ángeles:* «A veces, en el peor momento, una ola de luz inunda la oscuridad como si fuera una voz que nos dijera: "Has sido aceptado". Has sido aceptado, admitido por lo que es mayor que tú y por el nombre de lo que desconoces».**

PAUL TILLICH

ALGUNAS de las pruebas a las que se enfrentan los seres humanos son tan difíciles de imaginar que hacen que todo lo demás parezca insignificante. Es muy fácil afirmar que Dios solo nos manda pruebas que podemos superar, pero ¿qué es lo que está verdaderamente a nuestro alcance? Nadie tiene que recordarnos la fragilidad de la vida, ni que en un segundo una tragedia puede cambiarla por completo. Cuando la tragedia nos golpea, quizá nos rompamos en pedazos, pero el alma tiene «costuras» para que nos *rompamos*, precisamente, por ellas; después, en su momento, las piezas volverán a unirse y nuestras «costuras» serán más fuertes. Cuando te enfrentes a circunstancias difíciles, deja que tu ser se caiga en pedazos en el fuego de Dios. Solo cuando veas que estás llegando al fondo y confíes, sabrás que tus ángeles te conducirán hasta las manos de Dios.

Gracias a Dios, para la mayoría de nosotros muchas tragedias son inimaginables; de otro modo, nos paralizaría el miedo. Cuando un pensamiento te produzca miedo, recuerda que no es más que un pensamiento. Cuando te encuentres en una situación terrible, pregúntate si de verdad eres tú el protagonista o si afecta a otro. Si eres el principal afectado, los ángeles estarán a tu lado, así que pídeles ayuda.

***Meditación de los ángeles:* Sé que la adversidad llega acompañada de los ángeles.**

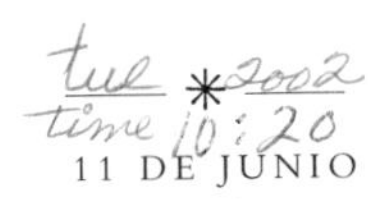

MOMENTOS ESPIRITUALES

***Consejo de los ángeles:* Los momentos espirituales son como los niños: nace uno cada segundo.**

CUANDO estamos en armonía con los ángeles, no solo vivimos el momento, sino el momento espiritual. Los momentos espirituales se pueden producir cuando menos nos lo esperamos. Puede ser tan inmenso como una epifanía, una instantánea y alteradora iluminación, como la que experimentó Saulo en el camino de Damasco. O puede que simplemente sea como sentir una explosión de admiración y reverencia al advertir la mano del artista divino en los pétalos de una flor. Lo que importa es que no tenemos que hacer un gran esfuerzo de plegaria y de meditación para encontrarnos. Cuando nos permitimos tener momentos espirituales, unimos nuestro espíritu al momento y nos liberamos de la prisión del tiempo. En vez de esperar a que el tiempo pase y a un futuro que puede llegar o no, exultamos en la pura conciencia del instante presente, donde el tiempo deja de existir y la vida es verdaderamente eterna.

¿Sueles tener momentos espirituales? ¿Puedes recordar alguno que haya sido clave en tu vida? Intenta tener un momento espiritual ahora mismo. Deja el libro, respira profundamente varias veces y mira alrededor. Experimenta el momento. ¿Dónde estás? ¿Qué hay alrededor?

***Meditación de los ángeles:* Presto atención al presente y a las maravillas que tienen lugar en cada momento.**

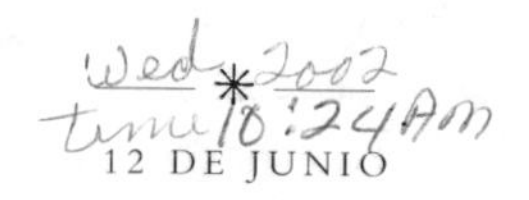

12 DE JUNIO

NAVEGAR

***Consejo de los ángeles:* «Deberíamos liberarnos de la vida que hemos planificado, para tener la vida que nos está esperando».**
JOSEPH CAMPBELL

NOS HACEMOS a la mar para *navegar* por placer, para visitar otros lugares o para dar una vuelta y descubrir otras cosas. En ese momento estamos en una disposición de ánimo especial en la que no nos importa el tiempo. Navegar es divertido porque lo observamos todo con tranquilidad, sin parecer intrusos. Para navegar bien, tómate un respiro, déjate llevar y te sorprenderás.

En la vida, a veces es bueno irse de crucero con los ángeles. Tómate un tiempo simplemente para navegar, y deja que ellos te vayan mostrando retazos de vida a tu alrededor que, de otro modo, te estarías perdiendo. Lleva un diario de a bordo y anota todo lo que descubras.

***Meditación de los ángeles:* Me hago a la mar capitaneado por los ángeles.**

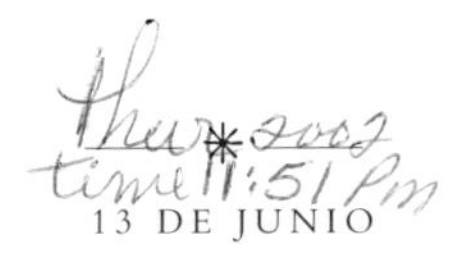

13 DE JUNIO

GALLETAS DE LA SUERTE

***Consejo de los ángeles:* «La alegría de un hombre prolonga sus días».**
THE PEKING NOODLE COMPANY

¿A QUE esperarías encontrar esta cita en la Biblia? Es probable que esté allí, pero Mary Beth la encontró dentro de una galleta de la fortuna. Y eso nos lleva a meditar sobre lo que en realidad es la suerte. Mientras que la mayoría de las predicciones de las galletas de la suerte son del tipo «El éxito está a la vuelta de la esquina» o, nuestra preferida, «Asistirás a una fiesta de extrañas costumbres», quien escribió la cita superior tiene una conciencia sobresaliente. Es consciente de que, en buena medida, la suerte depende de nuestra actitud. Si creemos en ella, seremos rehenes en las caprichosas manos de la fortuna, en vez de seres inteligentes con el poder creativo para forjar nuestro destino. Es cierto que no siempre podemos controlar los acontecimientos, pero los ángeles nos recuerdan que la capacidad de ser optimista y positivo nos permite superar cualquier frase escrita en un trozo de papel. De hecho, cuando tenemos un punto de vista positivo, la buena suerte ya es nuestra.

¿Crees que alguien o algo puede tener el poder de predecir tu futuro? ¿Por qué? Los ángeles te invitan a que cultives la clase de conducta que te traerá buena suerte, al margen de las circunstancias.

***Meditación de los ángeles:* Tengo suerte de ser capaz de crear mi propia fortuna.**

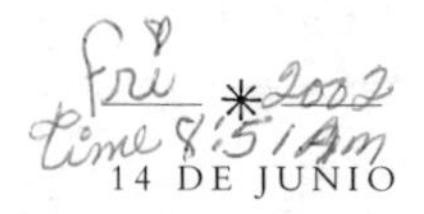

14 DE JUNIO

El reto de existir

***Consejo de los ángeles:* «Existo, luego continúo».**
Theodore Roethke

El «simple hecho de existir» es ya un reto ante las fuerzas que se oponen a que vivamos nuestra propia existencia. A veces actuamos contra la fuerza de una historia personal que nosotros mismos hemos creado, pero la peor fuerza es que otros quieran cambiarnos porque se sienten desafiados por nuestra forma de ser. Nuestro impulso innato hacia la libertad nos hace más fuertes cuando nos obligan a ser diferentes de lo que somos en realidad. Liberarse de las fuerzas que actúan contra nuestra existencia es una búsqueda eterna. Y para ella se necesita a los ángeles.

¿Se te permite simplemente existir? Te sientes en sintonía con tu destino y tus circunstancias? ¿Qué tal vas en tu búsqueda de la libertad? La libertad nos da la posibilidad de elegir cómo ser y cómo vivir; y los ángeles, el valor. Ellos son felices dejándonos ser lo que somos.

***Consejo de los ángeles:* Soy libre, valiente y estoy en armonía con mi destino.**

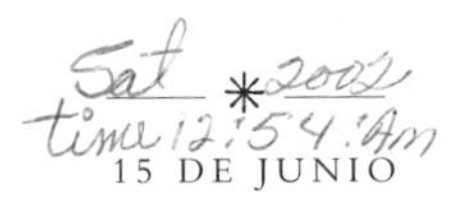

15 DE JUNIO

PILOTAR

***Consejo de los ángeles:* Si te llevan, ¿quién te lleva?**

SIN DUDA, todos hemos conocido alguna vez gente obsesionada por alcanzar una meta. Gente a la que se considera adicta al trabajo, compulsiva o fanática porque están consumidos por su misión o por su carrera profesional. Se trata de un panorama escalofriante, porque ellos no pilotan su propia vida. Hay algo más que lleva el control, conduciéndoles a su destino a una velocidad de vértigo. Pero ¿cuál es ese destino? Y ¿por qué es tan importante ir a la carrera sin pararse ni siquiera a repostar? Son personas que creen tener perfectamente claro dónde van y por qué, pero los ángeles saben que en realidad son como vagabundos en el desierto, muertos de sed y engañados por un espejismo. Buscan la satisfacción, pero siempre les esquiva porque esperan que llegue del exterior, no del interior. Los ángeles se preguntan qué ganas con no controlar tu propia vida. ¿De qué vale que te lleven a ninguna parte?

¿Conoces a alguna persona así? ¿Es divertido y estimulante tenerla cerca o, por el contrario, te saca de tus casillas? Y tú, ¿te ves envuelto de algún modo en ese estilo de vida? Si es así, ¿estás a gusto? El afán y el estrés siempre van de la mano. ¿Realmente quieres llevar una existencia bajo presión o preferirías estar más en paz con quien eres y con donde estás?

***Meditación de los ángeles:* Prefiero llegar a la meta por mi propio pie a que me lleven.**

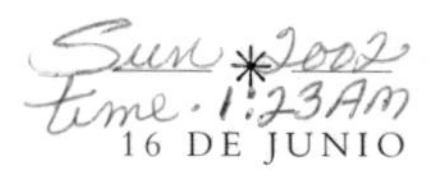

16 DE JUNIO

UNIFORMIDAD IMPUESTA

***Consejo de los ángeles:* «De vez en cuando, mediante una gracia que va más allá de la comprensión, escapamos de este círculo vicioso, alcanzamos otra dimensión de entendimiento y nos sentimos plenos con cada nueva realización».**

DOROTHY MACLEAN

ÉRASE una vez una manada de delfines que nadaba feliz en la vastedad del océano, hasta que llegó un domador y dijo: «Yo sé lo que es mejor para ellos. Tenemos que llevarlos al acuario y enseñarles a actuar». Ahora, los defines viven en una pequeña piscina, que sería lo mismo que si un hombre viviera en una jaula de oro. Les pusieron nombres estúpidos y les enseñaron a hacer monerías a cambio de comida. Los delfines que antes eran felices y libres se convirtieron en autómatas. Están cansados, enfermos y asustados. Ahora, imagina un grupo de niños jugando a sus anchas en un prado. Muy pronto, profesores y padres empezarán a imponerles sus reglas, y sustituirán su espontaneidad infantil por la presión de tener que complacer a los demás, obligándoles a formar parte de un teatro en el que nunca quisieron participar. A partir de ese momento tienen miedo a vivir, son seres cansados y enfermos. Los ángeles valoran más la singularidad personal que el conformismo con las aburridas pautas del grupo. Están aquí para liberarnos del hastío de la uniformidad.

Los seres humanos son capaces de imponer reglas cuadriculadas incluso en su vida espiritual. El espíritu quiere que nos movamos y los ángeles quieren liberarnos. Si te sientes como un actor cansado, casi sin fuerzas para continuar la actuación, significa que necesitas detenerte y buscar una nueva respuesta a la vida. Pide a los ángeles que te ayuden y encontrarás una respuesta que es solamente tuya.

***Meditación de los ángeles:* Alzaré la inquietud de mi espíritu más allá de la enfermiza uniformidad que se me impone.**

17 DE JUNIO

ESPACIO SAGRADO

***Consejo de los ángeles:* «Fundamentalmente existe solo espacio abierto... Antes de la creación del ego, nuestro estado mental básico es la sinceridad, la libertad, esa cualidad espaciosa; esa sinceridad que tenemos ahora y que siempre hemos tenido».**

CHÖGYAM TRUNGPA

POR SU PROPIA naturaleza, el espacio es sagrado. Los budistas hablan del estado de iluminación como de un espacio infinito. El espacio nos permite darnos la libertad de explorar quiénes somos realmente. Los espacios abiertos —las praderas, las playas, las montañas, los desiertos— son sagrados en su belleza natural y en su conexión directa con el Creador. El espacio exterior —el universo infinito— es un milagro insondable, el testamento para una existencia más allá del tiempo. Los ángeles respetan el espacio y están seguros de que nos dejan el suficiente para que hagamos nuestros propios descubrimientos y crezcamos a nuestro ritmo. Quieren que volvamos a reflexionar sobre nuestro concepto del espacio, no como una mera habitación que rellenar o una grieta que tapar, sino como una oportunidad sagrada para estar más cerca de nuestro espíritu.

¿Cómo percibes el espacio? ¿Respetas tu propio espacio? ¿Y el de los demás? ¿Cómo puedes convertir tu espacio personal en algo más sagrado? Deberías intentar convertir tu casa en un lugar sagrado que te ayude a ser más consciente del privilegio que significa el espacio.

***Meditación de los ángeles:* Bendigo y respeto el carácter sagrado del espacio en mi vida.**

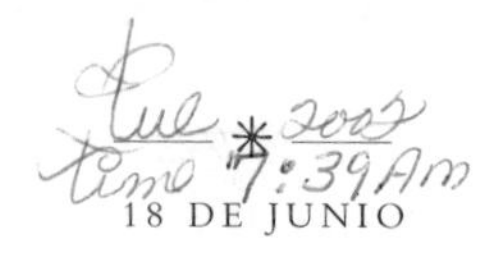

18 DE JUNIO

UN VASO DE AGUA

***Consejo de los ángeles:* No tiene importancia.**

¿HAS INTENTADO alguna vez conseguir que los demás te ayudaran a hacer algo y te han desilusionado? ¿Te has dado cuenta de que a veces parece que las cosas más sencillas son las más difíciles de realizar? ¿Cuántas veces has tenido la sensación de que el simple hecho de hacer una llamada telefónica era lo más complicado del mundo? Todos esos contratiempos nacen de las tensiones de la vida y se suman a nuestros problemas cotidianos. Así que, ¿cómo salir de este torbellino que nos absorbe? ¿Acaso no queda otra solución que conformarnos necesariamente con obtener menos de lo que esperábamos? Hay otra opción, pero es un poco más difícil: buscar el lado gracioso de las situaciones ridículas. Si nos empeñamos en ello, los ángeles se unirán a nosotros.

Empeñarse en algo puede producir frustración, dolor y resentimiento. Tres sentimientos que conducen a la rabia si no somos capaces de reconocerlos y modificar nuestra reacción. Los ángeles no quieren que las frustraciones te hagan enfermar. Hacen horas extras para ayudarte, así que ayúdales y no te ahoges en un vaso de agua.

***Meditación de los ángeles:* Cuando las tensiones cotidianas amenacen con hundirme, me relajaré y me reiré con los ángeles.**

19 DE JUNIO

DUDAS

***Consejo de los ángeles:* Una delgada línea separa la duda del miedo.**

LA DUDA no es mala; a veces es una herramienta necesaria. Si dudamos de la exactitud de una afirmación o de la validez de una promesa, no caeremos en las garras de la credulidad y podremos decidir basándonos en la realidad, no en falsas esperanzas. Sin embargo, dudar demasiado anula la imaginación e impide probar nuevas experiencias. Los ángeles nos ponen en guardia para que no dejemos que la duda domine nuestras vidas hasta el punto de justificar la pasividad o, llevándola al extremo, que la duda se convierta en una sospecha constante de todo y de todos. Los ángeles nos piden que seamos lo más objetivos que podamos cuando tengamos dudas, pero que las arranquemos de raíz cuando no sean razonables, antes de que crezcan y se conviertan en miedo.

¿Eres de los que, como santo Tomás, solo necesita una pequeña prueba para confiar? ¿O de los que siempre se protegen ante cualquier nueva posibilidad y arruinan los sueños de los demás? Tómate tiempo para averiguar el origen de tus dudas y analizarlas. Pide a los ángeles que te ayuden a equilibrar las virtudes de la duda y de la confianza en tu vida.

***Meditación de los ángeles:* Ejercito mi buen juicio escogiendo entre la duda y la confianza.**

20 DE JUNIO

Caprichos a raya

***Consejo de los ángeles:* A la larga, nuestras preferencias pueden convertirse en lo contrario de lo que queríamos.**

TODOS LOS DÍAS tenemos multitud de preferencias, y cuando no conseguimos lo que queremos nos decepcionamos. A menudo, nuestros caprichos chocan con la realidad y nos sentimos heridos por la imposibilidad de realizarlos. Pero si empezáramos cada día sin obligaciones, ni preferencias, ni ideas preconcebidas sobre lo que debería ocurrir, entonces recibiríamos cada acontecimiento sabiendo que podemos enfrentarnos a él. Cuando en la vida cotidiana sostenemos nuestras preferencias con moderación, dejamos la puerta abierta para los ángeles. De esa forma, les dejaremos más espacio para que nos traigan lo que es realmente bueno para nosotros, y no solamente lo que preferimos.

Los ángeles se alegran cuando voluntariamente intentamos mantener a raya nuestros deseos, porque saben que seremos más felices y más libres. No es fácil renunciar a los caprichos, porque estamos acostumbrados a reflejar en todo nuestros prejuicios y a intentar que las cosas se correspondan con ellos. Queremos que los que nos rodean estén tranquilos y seguros, pero es algo que está fuera de nuestro control. Pide a los ángeles que te ayuden a evitar el conflicto con la realidad y a fundirte con la magia del misterio.

***Meditación de los ángeles:* Mi único capricho es aceptar las cosas como son.**

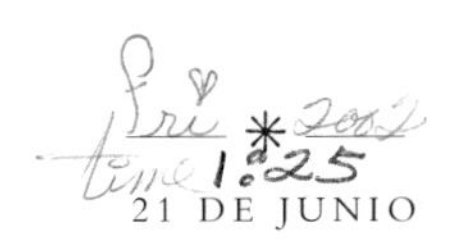

21 DE JUNIO

RITUALES

***Consejo de los ángeles:* «Un ritual sincero es tiempo encapsulado».**
PEMA CHODRON

LA SOCIEDAD occidental ha dejado de lado el ritual espiritual. Nos consideramos por encima de las «supersticiones» y comportamientos «ingenuos» de las antiguas culturas «primitivas», que veneraban a las montañas y bailaban para atraer la lluvia. Pero lo cierto es que las antiguas prácticas de rituales y de plegarias todavía pueden servirnos para recordar que cada respiración y cada uno de nuestros actos son el don de un poder superior. Seguramente, la bendición de los alimentos es el más habitual de los antiguos ritos que persisten todavía. Muchas religiones tienen oraciones diferentes para cada momento del día, que recuerdan el ciclo natural del nacimiento, la infancia, la madurez, la vejez y la muerte, de la que, inexorablemente, somos parte. Mediante la plegaria y la incorporación de lo sagrado en los asuntos cotidianos, aprendemos a respetar y a movernos al ritmo del universo. Es lo que nos conecta tanto con el pasado como con el futuro, de forma que esos rituales se convierten, como asegura el maestro tibetano Pema Chodron, en un tiempo encapsulado que nos mantiene unidos a nuestros ancestros y a las generaciones futuras.

¿Practicas algún tipo de rito espiritual, como la oración diaria o la meditación? Deberías intentar crear tus propios rituales para conseguir una estrecha conexión con lo sagrado y para profundizar tu veneración por la vida. Desde pasear por el bosque a dar las gracias por despertarte y estar vivo cada mañana. Empieza por tomar nota de cómo respetas los cambios que fomentas y de tu actitud hacia tu vida.

***Meditación de los ángeles:* Respeto y agradezco el carácter sagrado de la vida.**

22 DE JUNIO

MALENTENDIDO

***Consejo de los ángeles:* «Lo normal sería esperar que nos malinterpreten y sorprendernos de que no lo hagan. Te tienes que esforzar en comunicarte».**
ED WORTZ

DARSE CUENTA de que nos han escuchado y comprendido bien es como un bálsamo curativo, y no importa si quien nos escucha está o no de acuerdo con nosotros. Nos reafirmamos cuando sabemos que alguien nos ha escuchado con atención. No es fácil conseguir esa reafirmación en una relación de amistad o en una relación íntima, porque cuando tenemos que decir algo que puede resultar desagradable, la otra persona activa sus mecanismos de defensa. ¿Alguna vez has recriminado a otro algo que te haya dicho y que en su momento te hubiera enfadado, e inmediatamente ha empezado con la cantinela de «eso no es verdad»? Y tú, ¿has tenido alguna vez esa misma reacción? Lo cierto es que ocurre, y es un verdadero problema para la persona que lo saca a colación. Cuando somos capaces de escuchar lo que alguien nos tiene que decir, de reconocerlo, pedir perdón o asegurar que le hemos escuchado, sin rechazarlo o sin parecer protector, entonces estamos en el camino de la verdadera comunicación.

Recuerda que los ángeles te escuchan y que valoran tu existencia. Si te sientes incomprendido, pide ayuda a tu ángel de la guarda. Imagínate que es tu ángel de la guarda el que intenta establecer la comunicación con la otra parte o el que te otorga una nueva forma de comunicarte. Cuando se te escucha, se te valora.

***Meditación de los ángeles:* Se me escuchará.**

23 DE JUNIO

PUERTAS

***Consejo de los ángeles:* Dios puede abrir puertas, pero nosotros tenemos que atravesar el umbral.**

ALGUNAS veces, la oportunidad que estábamos esperando se presenta ante nosotros. Y lo llamamos buena suerte. Entonces, hay que aprovechar esa oportunidad. Y lo llamamos buen juicio. En la vida las puertas siempre están abiertas, pero si no cruzamos su umbral no descubriremos qué hay del otro lado. Sin embargo, no siempre resulta obvio cuándo se trata de una verdadera oportunidad; puede que no estemos seguros tener aventurarnos e ir a por ella. Es el mejor momento para confiar en la intuición y para sopesar los pros y los contras de la situación. Si el miedo nos impide aprovechar la oportunidad, podemos analizarlo. Si queremos confiar en la guía y protección divinas pero no acabamos de creer en ellas, podemos discutirlo con los ángeles y examinar sus respuestas. Si aún no estamos preparados para atravesar el umbral de la puerta, podemos tantearlo. Lo cierto es que la vida nos «ocurre», pero somos nosotros los que hacemos que las cosas ocurran.

¿Qué nuevas puertas se han abierto ante ti? ¿Las has atravesado? ¿Por qué no? ¿Te gustaría haberlo hecho? ¿Era una oportunidad evidente, pero tuviste miedo de aprovecharla o no te diste cuenta de que lo era? Analiza las razones por las que no atravesaste el umbral de la puerta que Dios te abría, y pide a los ángeles el valor necesario para confiar en la providencia y aceptar más riesgos. Después, mantente atento ante la próxima puerta que se abra.

***Meditación de los ángeles:* Cuando llegue la oportunidad, sostendré una Política de Puertas Abiertas.**

24 DE JUNIO

PROTECCIÓN

***Consejo de los ángeles:* «Si nuestro sistema de protección no incluye el amor, los demás tendrán que protegerse de nosotros».**

LARRY DOSSEY

¿TE SIENTES protegido? Si es así, ¿por qué? ¿Qué es lo que te protege? ¿Una persona, tu cuenta corriente, tu trabajo o tus padres? Perdemos demasiado tiempo protegiéndonos a nosotros y a nuestras posesiones frente al mundo. Muchas veces, la necesidad de protección es real. Joseph Campbell nos recuerda que «Jesús dijo "Ama a tus enemigos". Nunca dijo "No tengas enemigos"». Si respondes a un enemigo con odio, miedo y desconfianza, habrá vencido. Si lo haces con amor, fe y compasión, vencerás tú.

¿Tienes enemigos? Puede que no sepas que los tienes. Si fuéramos capaces de responder con amor, incluso ante la mayor de las amenazas, al final tendríamos mucho más, aunque la consecuencia fuera la muerte. ¿Eres consciente de que tu ángel de la guarda hace horas extraordinarias para protegerte de formas muy diferentes?

***Meditación de los ángeles:* Recompensaré a mi ángel de la guarda por su generosa entrega, expresándole a menudo mi gratitud.**

25 DE JUNIO

INSOMNIO

***Consejo de los ángeles:* Cuando no podemos dormir, puede que necesitemos estar despiertos.**

MUCHA gente sufre de insomnio. No importa cuánto lo intenten; el hecho es que no consiguen dormir. Por eso, muchas veces recurren a las drogas o al alcohol para «vencerlo». Pero entonces se encuentran ante un nuevo problema: dependen de unas sustancias que están destruyendo los recursos naturales de su cuerpo. Con el sueño, el cuerpo recupera energías de forma natural, y por eso cuando estamos privado de él es imposible que funcionemos bien. La imposibilidad de dormir es el síntoma de que estamos seriamente desequilibrados. Pero las drogas no son la solución; lo que sí puede serlo es un examen honesto de nuestra vida. Puede que la imposibilidad de dormir se deba a que las preocupaciones nos mantienen despiertos. Quizá nos atormenta la culpa o pasamos la noche en blanco mientras las ideas se agolpan en nuestra cabeza, frustrados y anhelando activar nuestros músculos creativos. Los ángeles sugieren que el insomnio puede ser un mensaje de nuestro inconsciente para que vigilemos lo que está pasando en nuestro interior. Si el insomnio es un síntoma de desequilibrio, la curación pasa por alcanzar el equilibrio repartiendo nuestro tiempo a partes iguales entre las necesidades físicas, emocionales y espirituales.

¿Alguna vez has sufrido insomnio? Si es así, ¿qué haces? Si el insomnio es un problema en tu vida, analiza en qué aspectos te conviene mantenerte despierto. ¿Cuidas tu cuerpo? ¿Comes sano y haces ejercicio? ¿Cuidas tu espíritu? ¿Lo mantienes ocupado con una labor que tenga sentido y sea estimulante? ¿Cuidas tu alma? ¿Dedicas el tiempo y el espacio necesarios a la plegaria o la meditación? Si empiezas a hacer todo eso, es muy probable que tu insomnio desaparezca por sí solo.

***Meditación de los ángeles:* Mantengo en armonía mis naturalezas física, mental y espiritual para poder dormir cuando necesito dormir y para estar despierto cuando necesito estar despierto.**

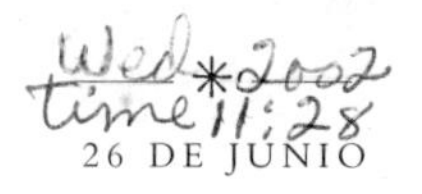

26 DE JUNIO

ESQUEMAS

***Consejo de los ángeles:* «Cuando nacemos, todos somos valientes, confiados y codiciosos; y, con el tiempo, la mayoría continúa siendo codicioso».**
MIGNON MCLAUGHLIN

CASI TODO el mundo siente la tentación de caer en los principios del enriquecimiento rápido y de seguir los «diez pasos fáciles» para conseguir la iluminación. Pero ¿quién tiene la culpa cuando el esquema falla y se pierde el dinero o la iluminación? ¿Quienes nos engañan, o nosotros, que nos dejamos llevar por una mentalidad codiciosa que siempre busca atajos? Es normal que a veces seamos víctimas del engaño, y no hay que avergonzarse de ello, si aprendemos la lección. En un mundo de mentiras e ilusiones, la verdad siempre esta ahí, iluminándonos con su luz. Hace falta valor para ir más allá del rechazo y de la ingenuidad, y por eso existen los ángeles, para ayudarnos a encender la luz y buscar la verdad.

Si quieres trabajar y jugar con los ángeles, tienes que desear buscar la verdad y no esconderte cuando la encuentres. La vida no siempre es fácil ni justa. Pide a los ángeles el valor para resistir siendo codicioso —con el objetivo de conseguir dinero o iluminación— y para contemplar cómo pasan las ilusiones hasta llegar a la verdad.

***Meditación de los ángeles:* Cada vez que creo que la vida es injusta, recuerdo que solo le interesa el equilibrio.**

27 DE JUNIO

CONTRADICCIONES

***Consejo de los ángeles:* Es frecuente que la verdad sea contradictoria.**

COMO se suele decir, la vida está llena de contradicciones. ¿Qué significa eso? La contradicción se produce cuando se afirman dos aseveraciones contradictorias. En teoría, cuando dos afirmaciones se oponen entre sí, no pueden ser ciertas ambas. Pero la vida nunca es tan sencilla. Las verdades opuestas son un parte fundamental de la experiencia humana, y la mayor contradicción con la que estamos condenados a vivir es la coexistencia de las fuerzas del bien y del mal. Y ¿cuántas veces no nos contradecimos nosotros mismos, afirmando algo e, inmediatamente después, lo contrario? Cuando nos sorprenden en una contradicción, nos sentimos ridículos. Pero ¿acaso es imposible que podamos tener sentimientos paralelos sobre un asunto determinado? Los puristas afirmarían que sí, porque eso significa que estás confuso. Pero los ángeles no creen que sea necesariamente así. Nuestra experiencia de la realidad siempre está abierta al cambio; cuando crecemos, muchas veces nos encontramos con que contradecimos nuestras percepciones y creencias previas. La vida está abierta a numerosas interpretaciones, y por eso es muy posible que encuentres alguna contradicción en este libro. Si es así, los ángeles te acogerán con satisfacción por haber elegido la posición que te parezca más acertada. Y después no te importará demasiado si la posición contraria llama a tu puerta mañana. Forma parte de la naturaleza humana.

¿Qué opinas de las contradicciones? ¿Les permites existir? ¿O esperas que todo sea blanco o negro, correcto o incorrecto? Las contradicciones son un fenómeno curioso porque nos obligan a pensar y a desarrollar nuestra mente. ¿Eres capaz de recordar alguna contradicción que te haya resultado iluminadora? ¿Qué contradicciones conviven en tu propia vida? ¿Cómo podrías convertirte en una persona más compleja e interesante?

***Meditación de los ángeles:* Sé que los sentimientos y las opiniones fluctuantes forman parte de la vida, y me permito expresar diferentes puntos de vista en momentos distintos.**

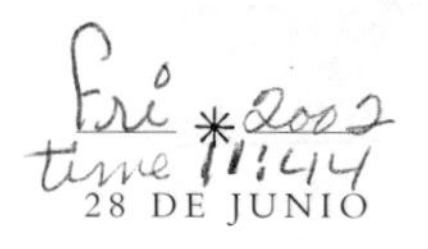

28 DE JUNIO

CENSURA

***Consejo de los ángeles:* «Los libros que el mundo considera inmorales son los que le muestran su propia vergüenza».**
OSCAR WILDE

LA CENSURA ha sido un problema desde que se escribió el primer libro que inducía a pensar. Oscar Wilde señalaba que la culpa podía ser de la vergüenza, desde el momento en que no queremos reconocer en nosotros mismos el deshonor. Un censor es un entrometido oficial, alguien que busca prohibir, reprimir y suprimir la información que podría ofender a alguien. Algunas veces tenemos un intruso oficial viviendo en nuestra psique, esperando a que surja un tema espinoso para salir. Los ángeles nos enseñan que es muy difícil que un «mal» libro o una «mala» película puedan destruir a alguien; si somos espiritualmente maduros, hace falta mucho más que eso. Necesitamos aprender a ejercitar la discreción ante una obra de arte, en vez de intentar prohibirla o censurarla. La censura consigue su objetivo desde el momento en que la falta de educación o de capacidad de elección nos impide pensar por nosotros mismos. La mejor forma de vivir es mediante el discernimiento personal de lo que es bueno para nosotros y, por tanto, para la mayoría.

¿Sientes tentaciones de censurar algunos puntos de vista? ¿Qué voces, tuyas o de otros, querrías reprimir? ¿La fuerza motriz que se oculta tras esa necesidad de supresión es la vergüenza? Los ángeles saben que lo que hoy es controvertido, mañana puede convertirse en algo cotidiano y habitual. Pídeles el valor para amar todas las partes que componen tu ser y para tener paciencia con lo que puedas encontrar de controvertido en los demás.

***Meditación de los ángeles:* Ejercito la discreción en lo que veo y doy la bienvenida a los diferentes puntos de vista.**

29 DE JUNIO

EL DESPERTAR DE TU SER MÍSTICO

***Consejo de los ángeles:* «Ahora es el momento en que estamos en peligro de olvidar cuál es el propósito de nuestra existencia en la Tierra».**
HERBERT WEINER, *9 1/2 Mystics: The Kabbala Today*

¿QUÉ SIGNIFICA en realidad estar despierto? En inglés, el origen de la palabra *despertar, awake,* es el antiguo término inglés *wacan*, que significaba vigilar o velar. En el budismo, estar despierto significa estar libre de *samsara*; las ilusiones de la vida que desfilan ante nosotros como si fueran la realidad. Cuando estamos dormidos, creemos que la realidad material es la única realidad; cuando estamos despiertos, entendemos que nuestro verdadero ser, nuestra «verdadera mente», es eterna e inmortal, que somos una parte del todo y que el todo es parte de nosotros. Los místicos de todas las religiones hablan del gozo profundo que llega con el despertar real a nuestra naturaleza, a nuestro ser infinito, a la integración con lo absoluto. Ya no seremos prisioneros de una identidad finita; ya no estaremos solos, separados de los demás. Seremos todo y lo seremos para siempre. ¡Qué mágica y liberadora realización!

¿Te gustaría conocer tu naturaleza mística? Si es así, cultiva las diez características del místico que hay en ti: 1) Siéntete uno con la fuerza vital del universo; 2) sé consciente de que eres eterno; 3) goza de la belleza del universo, incluso en pleno sufrimiento; 4) estírate con la vida, en vez de contraerte con el miedo; 5) permanece con los pies en la tierra, pero déjate dirigir por la metafísica; 6) disfruta de un buen misterio; 7) permanece siempre enamorado; 8) desea lo que tienes, no lo que no tienes; 9) considera a Dios tu compañero de juegos; 10) confía en que siempre se te dará lo que necesites, en formas que no puedes imaginar.

***Meditación de los ángeles:* No tengo miedo de unirme al misterioso y mágico recorrido.**

30 DE JUNIO

Guerra congra los gérmenes

***Consejo de los ángeles:* El amor es el mejor antiséptico.**

NO PODEMOS ver los gérmenes, pero hemos oído hablar mucho de ellos y sufrimos su virulencia. Si fuéramos capaces de ver todos los gérmenes que existen, nos volveríamos locos, y de hecho lo estamos cuando los imaginamos por todas partes. La salud y el bienestar se mantienen en un delicado equilibrio. Algunos estudios han demostrado que los niños que han crecido en casas en las que se habría podido comer en el suelo, enferman más a menudo que los niños que han crecido en hogares que no se limpiaban regularmente. La razón es que la exposición a los gérmenes como parte natural de la vida ayuda a desarrollar el sistema inmunológico. Tener una vida estéril no es la respuesta al problema de los gérmenes, porque entonces comprometemos tanto nuestra inmunidad como el equilibrio de la naturaleza.

Cuando hemos sido protegidos en exceso de la vida, no aprendemos a reaccionar ante las tormentas. Vivir no significa esterilizar. Significa apertura y desorden: crecer, sudar, morir, nacer, declinar y recuperarse. La vida es un baile de equilibrios. La próxima vez que sientas el impulso de esterilizar algo, piensa lo que haces. A los ángeles no les gusta que todo sea neutro, limpio, ordenado y lineal. Prefieren que la vida parezca viva.

***Meditación de los ángeles:* Necesito protegerme más de mis propios pensamientos negativos que de los miles de gérmenes que están alrededor. *Meditación de los ángeles:* Siempre escucho la llamada de mi alma.**

1 DE JULIO

FUERA DEL TIEMPO

***Consejo de los ángeles:* Si se puede perder el tiempo, también se puede encontrar.**

MUCHAS veces caemos en la trampa de creer que no tenemos suficiente tiempo para hacer algo, pero lo cierto es que no tener tiempo significa estar fuera del tiempo, lo cual es imposible a menos que uno esté muerto. En este contexto, la expresión «fuera del tiempo» es un concepto interesante. Cuando dejamos de formar parte del mundo físico, estamos, realmente, fuera de los restrictivos límites del tiempo y vivimos en una eterna atemporalidad. Los ángeles nos recuerdan que nunca estamos fuera del tiempo mientras estamos aquí, en la Tierra, y que cuando algo es verdaderamente importante para nosotros, parecemos capaces de encontrar o de «fabricar» tiempo para dedicárselo.

¿Has caído alguna vez en la trampa de creer que no tenías bastante tiempo? ¿Cómo lo estás utilizando ahora? ¿Has estructurado tu vida con el objetivo de estar «demasiado ocupado para pensar»? ¿Eres esclavo de una agenda repleta de citas? ¿Pierdes el tiempo? Tú y solo tú has decidido la clase de vida que llevas ahora, así que te corresponde a ti sacar tiempo de donde no lo tienes. Piensa ahora mismo de qué forma podrías organizar tu vida para que pudieras tener el tiempo que necesitas y usarlo con más sentido.

***Meditación de los ángeles:* No soy esclavo del tiempo.**

2 DE JULIO

MADURANDO

***Consejo de los ángeles:* «Todo el mundo quiere ser alguien, pero nadie quiere crecer».**
JOHANN WOLFGANG VON GOETHE

MUCHA gente va cumpliendo años, pero se olvida de crecer espiritual y mentalmente. Una persona madura es un adulto, y con la madurez llega la sabiduría. La madurez es un proceso de conocimiento personal e interior. La inteligencia y la sabiduría llegan cuando se aprende a pensar, y para eso hace falta esforzarse y dar la oportunidad de que el cerebro se desarrolle. Cuando maduramos, dejamos de hacer el tonto y de esperar a los demás y comenzamos a hacer las cosas nosotros mismos. Tomamos la iniciativa de nuestra propia vida, con los ángeles como copilotos.

Cuando, con la ayuda de los ángeles, participas activamente en la definición de tu vida, estás dando un paso más hacia la madurez. Tendrás menos tendencia a llenar un vacío de tu vida con relaciones o hábitos que no te convienen. Haciendo lo que te gusta mantienes en orden tus valores y prioridades y alcanzas una buena opinión de ti mismo; algo que no conseguirás de ningún otro modo.

***Meditación de los ángeles:* Junto a los ángeles crezco en mi interior y hacia el exterior con amor.**

3 DE JULIO

EL PESO

***Consejo de los ángeles:* El alma no pesa.**

EN esta sociedad, el peso es una cuestión importante. Estar delgado se considera una virtud, mientras que al sobrepeso se le ha llegado a denominar el único vicio visible. Es cierto que tener demasiados kilos de más no es sano, pero la cuestión no son los kilos de más, sino lo que representan. Unos cambian continuamente de peso; para otros, el peso excesivo significa un paréntesis en su vida y en sus sueños; y para otros aún, mantener su peso es una forma de convencer a los demás de su validez. Los ángeles no nos juzgan porque estemos delgados o gordos; para empezar, no nos juzgan. Si tenemos un problema de peso, simplemente nos pedirán que analicemos las cuestiones que rodean nuestra asociación con el peso, seamos o no obesos. Puede que nuestro peso sea perfecto y que estemos convencidos de que estamos gordos. Si estamos obsesionados con no ganar ni siquiera un gramo, los ángeles nos preguntarán por qué necesitamos matarnos de hambre y qué virtudes le encontramos a la delgadez excesiva. Entonces nos recordarán que, en la dimensión física, el alma es ingrávida, pero que sin duda tiene mucho peso en lo que se refiere a Dios.

¿Qué función otorgas al peso en tu vida? ¿Crees que estás demasiado gordo? ¿Estableces equivalencias entre la obesidad y la debilidad de carácter y la delgadez y la fuerza moral? ¿Intentas parecer de un modo determinado para conseguir la aprobación de los demás? Deberías analizar los diferentes significados que la palabra peso *tiene en tu vida.*

***Meditación de los ángeles:* Valoro mi peso en oro.**

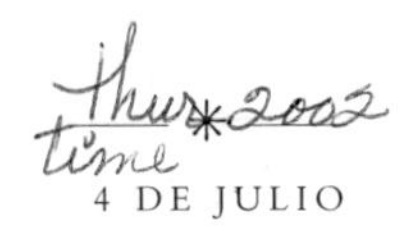

4 DE JULIO

DÍA DE LA INDEPENDENCIA

***Consejo de los ángeles:* Hoy declaramos nuestra independencia a las creencias opresoras.**

EN ESTE DÍA en que Estados Unidos celebra su independencia, los ángeles nos piden que nos fijemos en la palabra *independencia*. ¿Qué significa ser independiente? ¿No estar oprimido? ¿No depender de nada ni de nadie? ¿Ser total y absolutamente libre? La independencia es un término relativo; quizá nos sintamos seres independientes cuando en realidad siempre dependemos de algo o de alguien. Quizá los Estados Unidos sean independientes de la autoridad británica, pero sin duda dependen del resto del mundo en otros muchos aspectos. Quizá, los ciudadanos occidentales no estén oprimidos en el sentido político, pero también se sufre bajo la tiranía de la opresión de muchas otras formas: desde un mal trabajo o un mal matrimonio, a las dificultades económicas o la mala salud. En otras palabras, la independencia es un concepto variable que cambia constantemente en función de las circunstancias que nos afectan. Los ángeles nos recuerdan que: a) nuestras vidas siempre se moverán entre la independencia y la dependencia; y b) que la verdadera independencia implica la liberación de las creencias opresivas que inhiben nuestra libertad espiritual. Nosotros somos nuestros peores tiranos. Cuando permitimos al alma y al espíritu la libertad de la imaginación, y cuando rompemos las cadenas del pensamiento negativo y restrictivo, entonces tendremos la oportunidad de conocer la independencia real.

¿En qué aspectos de tu vida crees que eres independiente? ¿Y dependiente? ¿Es positivo el balance? ¿Tienes alguna creencia que te impida evolucionar? ¿Alguien te tiene tiranizado? Analiza cómo relacionas la idea de la independencia con tu propia vida. ¿De quién o de qué te gustaría declararte independiente?

***Meditación de los ángeles:* Vivo en el país libre del pensamiento independiente.**

5 DE JULIO

ANZUELO

***Consejo de los ángeles:* «Ceba bien el anzuelo y el pez picará».**
WILLIAM SHAKESPEARE

UNO de los inventos más odiosos del hombre es el anzuelo. Se trata de un gancho metálico con un final afilado que impide que una vez que el pez ha picado se libere por sí mismo. Por eso, cuando capturas un pez, solo puedes quitar bien el gancho desgarrando o partiendo la boca del pobre animal. Algunas veces nos encontramos atrapados en un anzuelo y no es tarea fácil liberarse de él. Generalmente se trata de una relación dolorosa en la que nos sentimos como si el otro nos hubiera clavado un anzuelo. Y cuando es de los afilados, podemos intentar liberarnos tirando de él o rompiéndolo, pero solo conseguiremos aumentar el dolor. Nos sentimos indefensos, como si el gancho tuviera un hilo invisible que lo une al otro para hacernos daño. Algunas veces nosotros ocupamos el lugar del anzuelo; y eso sucede cuando hacemos cualquier cosa para seguir en contacto con alguien, aunque eso signifique estar enganchado a una situación dolorosa. Cuando de forma inexplicable nos sentimos atrapados en una situación así, los ángeles nos hacen ser muy conscientes de esa fijación y de que hace falta tiempo para superarla. En su momento, el anzuelo comenzará a disolverse y desaparecer, pero tenemos que poner de nuestra parte para que no se clave más en la carne.

Si te sientes atrapado en una situación así, respira profundamente, tranquilízate y haz todo lo que puedas para no reaccionar de forma exagerada. Pide a los ángeles que te ayuden a vivir con ese vínculo hasta que cambie la situación y puedas ir en paz.

***Meditación de los ángeles:* Un anzuelo es algo temporal; pronto seré libre.**

6 DE JULIO

RECUPERACIÓN DEL ALMA

***Consejo de los ángeles:* El alma es el centro de mensajes de los ángeles.**

EN LA ANTIGÜEDAD, los sanadores consideraban tan poco habituales la depresión y la psicosis que la única conclusión a la que llegaban era que el alma de las personas que la sufrían se había perdido o había sido robada. Para recuperar el alma, los chamanes entran en un trance y se mueven entre dos mundos, el de la vida y el de la muerte, para traerla de nuevo hasta la persona que la había perdido. A menudo utilizamos el término *alma perdida* para referirnos a alguien que parece caminar sin rumbo por la vida o que no sabe cómo seguir adelante. En realidad, esa persona ha perdido la conexión con su alma, que funciona como nuestro centro de gravedad espiritual. Puede que en determinados momentos de la vida necesitemos realizar una pequeña recuperación del alma. Si mantenemos relaciones poco satisfactorias, tenemos mala salud o una depresión, o si nos sentimos bloqueados en todos los sentidos, suele ser la señal de que necesitamos recuperar la sincronización con nuestra alma, que reclama nuestra atención con la aflicción. Cuando elegimos escuchar, puede que en primer lugar tengamos que alterar nuestra forma de vivir, aunque nos resulte incómodo. Pero podemos estar seguros de que cuando se culminan los cambios alcanzamos un sentido nuevo de libertad y de finalidad.

¿Hay aspectos de tu vida en los que tu alma parece perdida? Si es así, acostúmbrate a recuperarlos, a sentarte con ellos durante un rato y a preguntarles qué intentan decirte. Quizá estén llamando tu atención para que renuncies a algo que ya no favorece tu crecimiento y dejes espacio para otras cosas que sí lo harán. Comienza a cultivar la relación con tu ángel de la guarda, que es el protector oficial de tu alma. No tengas miedo de recurrir a él para que te guíe y te ayude a recuperar la conexión con tu espíritu.

***Meditación de los ángeles:* Siempre escucho la llamada de mi alma.**

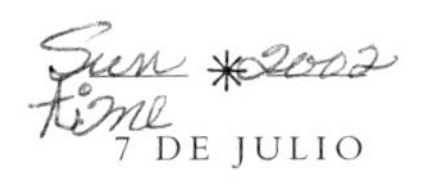

7 DE JULIO

FORZAR LA INTIMIDAD

***Consejo de los ángeles:* Forzarnos a intimar, nos deja un poso de manipulación.**

NO HAY NADA más frustrante que la sensación de necesitar cambiar algo y cambiarlo ahora mismo. Es inútil forzar el crecimiento y el cambio. Sin embargo, cuando sentimos una carencia de amor, podemos forzarnos a intimar en situaciones que no son reales o que no son las adecuadas. No tienes que obligarte a intimar en cualquier circunstancia, ya sea con una persona, con un grupo de personas o con Dios. Tómate tu tiempo para plantar las semillas que deseas. Asegúrate de haber preparado la tierra y de saber qué semillas has plantado y qué quieres que crezca. No desesperes si tienes que esperar años hasta que llegue tu momento. Es normal, y en este caso el tiempo no es importante. Cualquiera que asegure tener línea directa con las enseñanzas divinas está equivocado, porque la verdadera enseñanza espiritual conduce a «no saber lo que se quiere», uno de los estados más elevados de la existencia.

Los ángeles te sugieren que te detengas a reflexionar siempre que te sientas forzado o frustrado en tu crecimiento espiritual. A veces la energía que da la frustración es útil, porque es el síntoma de que acumulas la energía creativa, que te lleva a hacer descubrimientos, siempre y cuando la utilices y no te hundas en la depresión o en la resignación. Pero, hagas lo que hagas, estará bien. La vida nos hace aprender y crecer, cualquiera que sean los derroteros que tome. Recuerda que los ángeles te conocen y saben cuál es tu ritmo, y no quieren que sufras o que te fuerces a algo que no te conviene.

***Meditación de los ángeles:* Crezco en paz conmigo mismo.**

—— * ——

8 DE JULIO

Lujo

***Consejo de los ángeles:* «La espiritualidad sin disciplina es solamente un pasatiempo. Deberíamos saber cómo convertir en un rito nuestra conexión con el espíritu del mundo».**
GEOFFREY MENIN

SE CONSIDERA un lujo disponer de tiempo para pensar en la espiritualidad y la felicidad y para reflexionar sobre cuestiones filosóficas. Hay quien dispone de él porque está en la cárcel, mientras que otros simplemente se permiten ese lujo, porque contratan a quien se ocupe de los pequeños detalles que podrían distraerlos. La tecnología y la riqueza nos ha liberado a muchos del trabajo físico —no hay tanta gente que se levante a las cinco de la mañana para dar de comer a los animales y arar el campo, siguiendo los ritmos de la naturaleza—, pero a menudo la dejadez nos hace malgastar ese tiempo. Y, quienes se encuentran en medio de una guerra o en un gueto, ¿también gozan de la contemplación de la felicidad? Sin duda, anhelan la felicidad tanto como quienes la disfrutan en la seguridad de sus casas. No se puede afirmar que quien vive en las peores condiciones no contemple la felicidad; Anna Frank lo hizo. Si tenemos el valor de elegir, siempre podremos permitirnos el lujo de la contemplación espiritual.

Podemos darnos el lujo de pensar en lo que queramos, a menos que nos encontremos en una situación crítica. Date la oportunidad de crecer en el regazo de la conciencia de los ángeles. Mientras te dedicas a la contemplación, los ángeles te recordarán que la felicidad consiste en compartir el amor con los demás.

***Meditación de los ángeles:* Creceré en la felicidad espiritual mediante la disciplina y el ritual.**

—— * ——

9 DE JULIO

LA COMPLEJIDAD DE DIOS

***Consejo de los ángeles:* «Todo lo sobrehumano pertenece al "mundo de Dios" —la luz deslumbrante, la oscuridad de los abismos, la fría impasibilidad del tiempo y el espacio infinito y el grotesco misterio de la suerte irracional. Para mí, "Dios" era todo, excepto lo "edificante"».**

CARL G. JUNG, *Memories, Dreams, and Reflections*

CUANDO Carl G. Jung solo era un adolescente, ya se enfrentaba con la más grave de las cuestiones filosóficas: ¿Quién o qué es Dios? Jung no pudo menos que considerar a Dios la encarnación de fuerzas opuestas, tanto maravillosas como terribles; y si los seres humanos estamos hechos a imagen divina, entonces esas fuerzas opuestas tienen que existir en nosotros, para bien y para mal, como una forma de perfección divina. Es tentador intentar reducir a Dios a una cómoda definición o descripción, pero Él incluye todas las contradicciones del mundo que ha creado, y es imposible comprenderlas, solo podemos reconocerlas. Esa actitud no nos permite considerar indigna de existir cualquier maldad, porque que Dios le reconoce ese derecho. Así que tenemos que abrirnos a las fuerzas hermosas y terribles que habitan nuestro interior y permitir que nos conduzcan a la realización personal.

¿Aprecias los diversos aspectos de Dios, su severidad o su benevolencia, soberano de la oscuridad y de la luz, del sufrimiento y de la alegría, aunque a veces puedan parecer contradictorios? ¿Aprecias la complejidad de tu naturaleza, con sus numerosas personalidades y dualidades? Cuando tengas un momento, intenta pensar en cómo ves a Dios y cómo te ves a ti mismo como ser creado a su imagen.

***Meditación de los ángeles:* Acepto los diferentes aspectos de mi naturaleza y exploro las diversas energías que me proporcionan.**

—— * ——

10 DE JULIO

AYUDANTES INVISIBLES

***Consejo de los ángeles:* «Si trabajas con valor y paciencia, se te recompensará con una progresiva conciencia de compañerismo y con una verdadera ayuda en tu vida material, que te proporciona tu propio aliento invisible».**

ÁGUILA BLANCA

MUCHA gente cree en la existencia de espíritus guía que rodean a los seres humanos y velan por ellos, pero también hay quien se pregunta dónde estaban en los momentos difíciles. Águila Blanca, maestro espiritual aconfesional, asegura que «Ninguno de nosotros está solo... los ministros de Dios siempre están a nuestro lado: no se les escapa ningún detalle de nuestra vida, ningún pensamiento, ni ninguno de nuestros actos». En los momentos de dolor, los católicos recurren a los ángeles de la guarda y a los santos para que les reconforten. En otras culturas se reza a espíritus ancestrales que se cree siempre presentes. La cuestión de por qué resignarse ante la tragedia y el sufrimiento si contamos con esos espíritus guía es desconcertante. Pero los ángeles nos aseguran que están a nuestro lado, no para eliminar el miedo de la vida, sino para ayudarnos a enfrentarlo y vencerlo cuando llega el momento.

¿Has sentido a tu lado a los ayudantes invisibles? ¿Cuándo y cómo manifestaron su presencia? Intenta ponerte en contacto con ellos imaginándolos a tu alrededor. ¿Qué aspecto tienen? ¿Puedes identificar a alguno? Siente su amor, su presencia compasiva reconfortándote. Pídeles lo que necesites y espera a ver qué sucede.

***Meditación de los ángeles:* Sé que la ayuda divina siempre está a mi alcance y que muchas veces llega a través de los espíritus guardianes.**

—— * ——

11 DE JULIO

PONERTE A PRUEBA

***Consejo de los ángeles:* Cuando tienes que probarte ante los demás, tienes que hacerlo ante ti mismo.**

LA NECESIDAD de ponernos a prueba puede ser muy instructiva. Cuando se nos reta para que hagamos algo, asombramos a los demás y a nosotros mismos por nuestra capacidad de compromiso, empeño y fe. Descubrimos que somos capaces de hacerlo y ese descubrimiento nos lleva a abordar otros desafíos con más valor y fuerza. Pero todo cambia cuando nos sentimos obligados a demostrar lo que valemos para que los demás nos acepten y nos amen. Entonces tenemos la sensación de que nunca estamos a la altura de las circunstancias. Muchos nos obstinamos en demostrar lo que valemos a nuestros padres o a otras personas cuyo amor deseamos desesperadamente, pero que nos rechazan. O bien, puede que nos obsesionemos con complacer a todos, en un intento de probar continuamente que merecemos que nos amen. Los ángeles quieren que seamos capaces de distinguir entre probar que somos capaces de conseguir algo y probar que somos dignos de ser amados. Lo primero es necesario para mejorar nuestro espíritu y nuestra estima personal; lo segundo no es necesario, porque a los ojos de Dios y de los ángeles somos dignos, automáticamente, de amor, sin que importen nuestros logros.

¿Has sentido alguna vez la necesidad de ponerte a prueba? ¿En qué sentido y ante quién? ¿Te has probado ante ti mismo? ¿Crees que si fallas no serás digno de ser amado y respetado?

***Meditación de los ángeles:* Me esfuerzo por conseguir mis logros y vivir conforme a ellos.**

12 DE JULIO

LA TRAMPA DE LA CULPA

***Consejo de los ángeles:* Si te has metido en un lío, el sentimiento de culpa no te sacará de él.**

A VECES nos encontramos en situaciones difíciles, ante problemas que, para ser resueltos, requieren de todo nuestro conocimiento y nuestra energía. Cuando estamos en un aprieto, la culpa puede atenazarnos casi hasta la parálisis. Su voz nos martillea en la cabeza con frases del estilo «Si lo hubieras pensado antes» o «Si hubieras tenido un poco de cuidado». Y es mucho peor cuando los demás nos dan su opinión y sus juicios gratuitos sobre nuestra forma de vivir. A lo largo de la vida nos encontremos muchas veces en situaciones complicadas, y si no tenemos cuidado nos atacará siempre el sentimiento de culpa. Los ángeles quieren que utilicemos nuestra energía para salir de esa trampa y superar nuestra sensación de culpabilidad.

Estar en un aprieto, aunque no sea la primera vez que nos enfrentamos al mismo problema, no significa que hayamos fracasado. Después de todo, si observas, te darás cuenta de que existen aspectos nuevos que no habías comprendido porque estabas cegado por la culpa. Pide a los ángeles la sabiduría necesaria para superar el efecto paralizador del sentimiento de culpa. Liberarse puede ser la verdadera lección.

***Meditación de los ángeles:* Cuando los ángeles están en mi conciencia, no necesito sentirme culpable.**

—— * ——

13 DE JULIO

IMPACIENCIA

***Consejo de los ángeles:* «La paciencia trascendente nunca espera nada».**
CHÖGYAM TRUNGPA

EL MAESTRO tibetano Chögyam Trungpa Rinpoche considera que la paciencia no es la voluntad de esperar, sino el acto de no-esperar. Cuando no esperamos nada, explica, no estamos impacientes. La impaciencia es el resultado de la elaboración de un plan previo al que debemos atenernos a toda costa. Cuando sucede algo imprevisto, perdemos el rumbo y nos frustramos. Sentimos que la tensión nos ahoga, como si se hubiera apoderado de nosotros, cuando en realidad la culpa es nuestra, porque nuestro ego usurpa nuestro espíritu. En cambio, la paciencia implica la expansión de la imaginación y del corazón. «La paciencia percibe el espacio», señala Trungpa; «Nunca teme una situación nueva... Nada puede sorprender el bodhisattva porque es consciente del espacio que existe entre él mismo y la situación».

¿Tienes cierta tendencia a ser impaciente? ¿Cómo te afecta? ¿Eleva tu presión arterial? ¿Te hace ser más combativo? La impaciencia puede ser beneficiosa cuando tienes que hacer obligatoriamente algo, pero en el reino espiritual es un pasatiempo absurdo, porque Dios tiene su propio plan. Los ángeles quieren ayudarnos a que mantengamos una actitud de paciencia trascendente para que estemos tranquilos y centrados, sin que importe a qué debemos enfrentarnos.

***Meditación de los ángeles:* Respeto el espacio que existe entre mi ser y lo que percibo.**

—— * ——

14 DE JULIO

CADA QUIÉN ES CADA CUÁL

***Consejo de los ángeles:* Si todos quisiéramos seguir el mismo camino, la autopista de la vida siempre estaría atascada.**

EN ESTE preciso momento, cada persona tiene una experiencia diferente de la vida. Unos nacen y otros mueren. Algunos viven momentos de felicidad y otros auténticas tragedias. Algunos se dejan la comida en el plato para hacer sitio al postre, mientras que otros se mueren de hambre y buscan entre la basura algo que llevarse a la boca. Y todas estas escenas ocurren simultáneamente. Pero llega un momento en la vida de cualquier persona en que es necesario contemplar la singularidad de las experiencias de cada uno. A veces, el instinto de liberar a todo el mundo de su sufrimiento nace de un gran corazón, pero también puede nacer de la molesta sensación de que cada persona es diferente y de que las lecciones que cada uno recibe de la vida son distintas. Cuando el impulso de ayudar nace de la creencia de que cada persona debe pensar, actuar y comportarse de la misma manera, entonces no obramos por compasión, sino por un erróneo deseo de uniformidad.

¿Cómo podemos reconocer y aceptar las diferencias entre nuestras experiencias y las de los demás? Hace falta conocimiento, esperanza, mantenerse alerta y aceptar un elevado objetivo en la vida. Si ante el misterio humano pides respuestas a los ángeles, te guiarán hasta un sentimiento de paz y comodidad dentro del misterio. El objetivo no es que te concedan respuestas o complicadas teorías, sino que te proporcionen formas creativas de responder a la vida, con luz en tu corazón.

***Meditación de los ángeles:* Respetaré la singularidad del camino que elige cada persona e intentaré abrirme al misterio.**

*

15 DE JULIO

CRECER

***Consejo de los ángeles:* Cuanto más nos esforcemos, más creceremos.**

PUEDE que estés familiarizado con el término *estirar la vida*, que solemos interpretar como vivir más. Sin embargo, los ángeles lo definen de otra manera. Para ellos, nuestra vida se alarga en la medida en que estamos dispuestos a acercarnos a los demás. Muchas veces no es fácil, sobre todo cuando nos estancamos y nos da la sensación de que bastante tenemos con seguir adelante. Hay veces en que necesitamos levantar barreras protectoras que nos permitan mantener la cordura y el equilibrio, pero también hay otras en las que no nos haría daño salirnos un poco del camino para dar nuestra ayuda a quien nos lo pide, o a quien es demasiado vergonzoso o demasiado orgulloso para pedirla; o simplemente estar al alcance de los que nos necesitan, sin juzgarlos ni esperar nada a cambio. A veces, para «estirarse», para crecer, hay que hacer un verdadero esfuerzo, como volver a casa para cuidar de un familiar enfermo o abandonar nuestros sueños para que nuestros hijos puedan realizar los suyos. Cuanto más generosa y sabiamente crezcamos, más cerca estaremos de los ángeles y de convertirnos en ángeles.

¿De qué manera te has «alargado» hacia los demás? ¿Y cómo lo han hecho los demás hacia ti? ¿Te resulta duro hacerlo? ¿Y no hacerlo? ¿Cómo ha enriquecido tu vida y la de los demás? ¿Cómo podrías «alargarte» en este momento hacia quien pueda necesitarte?

***Meditación de los ángeles:* Amplío constantemente mi capacidad de dar.**

—— * ——

16 DE JULIO

ANTÍDOTO CONTRA LA APATÍA

***Consejo de los ángeles:* Es mejor equivocarse con la pasión que vivir en la apatía.**

UNO DE LOS ASPECTOS más interesantes del legendario Hyde Park londinense es la tradición de dar la oportunidad a cualquiera de pregonar sus más apasionadas opiniones en público. Antes, los autoproclamados oradores deleitaban y arengaban a la multitud desde un improvisado púlpito: una simple caja de detergente. No importaba estar cuerdo o loco, mientras te mantuvieras sobre ella tenías el privilegio de poder exponer tus puntos de vista, fueran los que fuesen. A los ángeles les gusta esa actitud porque es un buen antídoto contra la apatía. Sin duda, muchos de estos discursos están fuera de lugar o son peligrosos, pero los ángeles prefieren que nos apasionemos con algo a que no nos importe nada. Además, compartir nuestras opiniones mantiene bien engrasado nuestro mecanismo mental. Por supuesto, los ángeles no aprueban que nos pasemos el día «subidos» a una de esas cajas de detergente intentando que los demás «traguen» con nuestras ideas, pero nos animan a que nos preocupemos y nos comprometamos con causas sociales y, lo que es más importante, a que nos bajemos de vez en cuando del púlpito para ponernos a trabajar de verdad por lo que creemos.

¿Tienes alguna razón para subirte al púlpito? Si tuvieras que abanderar una causa, ¿cuál sería? ¿Estás comprometido en alguna causa? No hace falta ser político o trabajar en Naciones Unidas para mejorar las condiciones de vida de la Humanidad. Ya seas maestro, escritor, artista, contable, o aunque no tengas trabajo, siempre tendrás una manera de conseguir tus ilusiones y de hacer que las cosas cambien.

***Meditación de los ángeles:* Trabajo activa y apasionadamente para mejorar mi entorno.**

—— * ——

17 DE JULIO

ANIMOSIDAD

***Consejo de los ángeles:* Discutir no te proporcionará satisfacción.**

ES NORMAL discutir de vez en cuando. Cuando estamos peleones, queremos argumentar y enfrentarnos a cualquier opinión. Pero debajo de esa animosidad yacen en realidad sentimientos de frustración que pueden tener orígenes muy diversos. Cuando notes que te vienen las ganas de discutir, párate a buscar las causas ocultas. No tardarás mucho en encontrarlas; puede ser algo tan simple como una llamada de teléfono que ha desencadenado una serie de acontecimientos en tu interior. Cuando te remontes a su origen, te darás cuenta de que el problema no es tan grande. Lo malo es descargar esa animosidad discutiendo con un amigo que no se lo merece. Sería mejor enfrentarse a la frustración interna que poner en peligro una amistad.

Si últimamente discutes por todo, busca el origen de tus ganas de polemizar. La necesidad de debatir y de discutir enmascara algo peor. Identifica la causa de tu frustración y deja de discutir con la vida. ¿Crees que los ángeles se impresionan cuando te empeñas en lo que no tiene remedio?

***Meditación de los ángeles:* Conseguiré el equilibrio afrontando mis frustraciones ocultas, en vez de irritándome por ellas.**

—— * ——

18 DE JULIO

Fantasmas hambrientos

***Consejo de los ángeles:* ¿Cómo alimentas a un fantasma?**

Los budistas distinguen seis reinos inferiores de experiencia, de los cuales uno es el de los fantasmas hambrientos. Se trata de una metáfora de nuestro estado mental en el momento en que estamos hambrientos y sufrimos por la falta de una bendición que es imposible encontrar en el mundo material. En el reino de los fantasmas hambrientos creemos que nuestro apetito se saciará con consumir cualquier cosa, pero como tales, es imposible que encontremos satisfacción en la dimensión física, porque el alimento material nunca satisfará nuestra alma. De hecho, no lo puede digerir. Hay mucha gente que parece un fantasma hambriento que vaga por la Tierra en una búsqueda fatal de paz interior. Están hambrientos de poder, fama, dinero o sexo y no de auténtica iluminación, por eso nunca se sentirán saciados. Sogyal Rinpoche señala en su libro *The Tibetan Book of Living and Dying* que «El Reino de los Fantasmas Hambrientos se encuentra allá donde existe gente que, aunque es inmensamente rica, nunca está satisfecha; gente que anhela hacerse con el control de esta u otra empresa o cuya codicia les hace acabar siempre en causas ante el juez. Sintoniza cualquier canal de televisión y habrás entrado en el reino... de los fantasmas hambrientos». Los ángeles saben que la única forma de alimentar a un fantasma —a un espíritu— es con materia espiritual. Cuando empezamos a tener hambre de Dios, es cuando tenemos la oportunidad de sentirnos por fin saciados.

¿Conoces a algún fantasma hambriento? ¿De qué lo está? ¿Alguna vez te has sentido desvalido frente a su codicia, como si nunca pudieras satisfacerla? ¿Has visitado alguna vez el Reino de los Fantasmas Hambrientos o estás ahora mismo en él? Si es así, recuerda que cuanto más hagas por satisfacer tus anhelos espirituales, menos hambriento estarás.

***Meditación de los ángeles:* Busco el modo de alimentar tanto mi espíritu como mi cuerpo.**

19 DE JULIO

Irrelevante

Consejo de los ángeles: **Lo relevante es relativo.**

Algo es relevante cuando es significativo en un asunto determinado. Su origen latino es la palabra *relevare*, que significa alzar o elevar. Muchas veces «elevamos», damos una importancia exagerada a cosas que en realidad no se merecen la atención que les prestamos. Es importante ser consciente de lo que es verdaderamente relevante en la vida, y los ángeles son auténticos maestros en esta materia. Se puede encontrar en muchos sitios, pero debes reflexionar sobre lo que es verdaderamente importante para ti y preguntarte qué es relevante para tu crecimiento espiritual.

¿Cuáles te parecen los aspectos más importantes de tu vida? ¿Cuál consideras que es la mejor forma, en tu caso, de pasar el tiempo o gastar el dinero? Piensa en qué cosas de tu vida quieres realzar y cuáles desechar. Los ángeles serán una excelente ayuda para realzar lo bueno.

Meditación de los ángeles: **Elijo lo relevante para mi bienestar.**

—— ✳ ——

20 DE JULIO

REINOS ETÉRICOS

***Consejo de los ángeles:* Podemos comunicarnos con los ángeles si sintonizamos con los reinos etéricos.**

MUCHA gente recuerda aún la época en que el éter se utilizaba como anestésico. Se colocaba una mascarilla sobre la cara y se perdía inmediatamente la conciencia hasta que, horas después, llegaba el momento de despertar con la sensación de que solo había pasado un segundo. En los reinos etéricos, el tiempo no significa lo mismo que para nosotros: un minuto puede ser una eternidad y una eternidad tan solo un segundo. Los ángeles habitan los reinos etéricos y puede ser una buena idea «desvanecerse» y unirse a ellos por algún tiempo, dejar a un lado las preocupaciones terrenales y sentir la luminosidad y la libertad de espíritu que encarnan. En este contexto, desvanecerse no significa perder la conciencia o estar anestesiado, sino pasar del reino físico al espiritual, donde sentimos y percibimos con más intensidad.

Haz una incursión con tu alma en los reinos etéricos. Respira profundamente, inspira el aire puro de la libertad de pensamiento y de conciencia. Siente cómo te invade ese aire como si fueras un globo, y cómo al elevarte en el aire desaparecen todas tus preocupaciones, inquietudes y limitaciones. En ese momento eres libre para captar cualquier mensaje y descifrarlo. Deja que te hable a través de imágenes, pensamientos, ideas, colores o cualquier lenguaje que elijas.

***Meditación de los ángeles:* Extraigo la energía de las sutiles vibraciones de los ángeles.**

—— * ——

21 DE JULIO

MALOS SUEÑOS

***Consejo de los ángeles:* «Uno tiembla al pensar en ese misterio del alma que parece no reconocer ninguna jurisdicción humana, y que, a pesar de lo inocente que pueda ser cada individuo, es capaz de generar terribles sueños y de inspirar pensamientos inconfesables».**

HERMAN MELVILLE

MUCHAS veces intentamos liberarnos de «malos» pensamientos y costumbres, y justo cuando pensábamos haberlo conseguido descubrimos que, en realidad, se han introducido en nuestros sueños. En psicología se sabe muy bien que cuando ignoras o niegas algo incómodo o negativo, solo consigues que se haga más fuerte e incluso cambie su forma para llamar tu atención. Un mal sueño puede ser un proceso curativo, la forma que tiene nuestra psique de resolver aquello de lo que no somos totalmente conscientes. Los ángeles siempre están a nuestro lado y nos recuerdan nuestro valor interior, también cuando estamos dormidos.

¿Cuándo se convierte un mal sueño en una pesadilla? ¿Tener un mal sueño significa necesariamente que escondemos un secreto? Nuestra respuesta a la vida tiene múltiples dimensiones, incluso mientras dormimos. Tener un diario de sueños puede ser una gran ayuda para comprendernos y saber cómo trabaja nuestro inconsciente. Lo más probable es que con el tiempo descubras que los malos sueños en realidad no son ni buenos ni malos, sino simplemente interesantes.

***Meditación de los ángeles:* Los ángeles me dan valor para comprender que de los malos sueños pueden deducirse valiosos criterios.**

22 DE JULIO

REALIDADES SIMULTÁNEAS

***Consejo de los ángeles:* La vida es multidimensional.**

EN LA VIDA no todo es blanco o negro, este camino y no el otro. ¿Nunca te has parado a pensar que cuando eres infeliz por algo, puede que a la vez seas feliz por otra razón? No podemos decir que somos absolutamente infelices, porque la felicidad y la infelicidad coexisten. Los ángeles saben que siempre vivimos realidades simultáneas, aunque no nos demos cuenta. Podemos entrar y salir voluntariamente de esas realidades; no tenemos que permanecer anclados en una o en otra. Ningún sentimiento es permanente, a menos que queramos aferrarnos a él; pero incluso en ese caso tenemos que hacer un gran esfuerzo para centrarnos en un único sentimiento e ignorar el conjunto de experiencias que forman la compleja y fascinante creación que en realidad somos.

¿Qué realidades simultáneas se están produciendo en este momento de tu vida? Si tienes miedo, párate a pensar en algún aspecto de tu vida que sea bueno o que te alegre. Tienes que ser consciente de que puedes experimentar a la vez emociones que en apariencia son contradictorias, y de que tus pensamientos son puertas que se abren a habitaciones diferentes. Eres libre de entrar en cualquier momento en cualquiera de esas habitaciones.

***Meditación de los ángeles:* Intento que ningún sentimiento determine mi percepción de la vida.**

—— * ——

23 DE JULIO

Conviértelo en un juego

***Consejo de los ángeles:* Todos nos quejamos de vez en cuando.**

¿Te has encontrado alguna vez con alguien que haya perturbado tanto tu equilibrio que hayas tenido que hablar sobre ello largo y tendido? Al cabo del rato, la conversación acaba por convertirse en una queja, y esta expresa miedo, insatisfacción o pena. Cuando algo o alguien trastoca tu vida, te sueles sentir como si hubieras caído en una trampa, como cuando te despiertan bruscamente. Los ángeles consideran esa situación una excelente oportunidad para la sabiduría, pero solo después de quejarse un poco. El proceso de recuperación del equilibrio empieza por la indignación, así que necesitarás un amigo o un consejero que te escuche. Después, seguramente querrás lamentarte. La clave para no quedarse en esa fase es el humor, reírte de ti mismo.

Si te sientes atrapado en una situación ultrajante y tienes buenos amigos, juega al «Departamento de Quejas». Llama a un amigo y pregúntale si tiene abierto el «Departamento». Si te dice que sí, entonces presenta una queja formal, pero ten cuidado de no ir demasiado lejos; los ángeles quieren que mantengas tus amistades. Mientras te desahogas, escúchate a ti y a tu amigo y, en cierto momento, suelta una buena carcajada. Si no quieres hacerlo con tus amigos, entonces recurre a los ángeles y mantén un diálogo imaginario con ellos o redacta una queja formal.

***Meditación de los ángeles:* Tengo la suerte de saber el número del departamento de quejas de los ángeles.**

—— * ——

24 DE JULIO

Colinas

***Consejo de los ángeles:* Cuanto más alto subes mejor es la vista.**

Había una vez una mujer que tenía una preciosa casa con una impresionante vista de la ciudad y las montañas. Pero la casa estaba situada en una colina empinada y ella se cansaba cuando sacaba a pasear al perro. Un día empezó a desear vivir en una calle agradable, y sobre todo llana, donde poder sacar al perro sin cansarse, pero entonces se dio cuenta de que tendría que renunciar a su magnífica panorámica, que para ella era una fuente de alegría. Así descubrió que aunque se cansara subiéndola, la colina era su premio. Es una buena metáfora de la vida. Todo implica un trueque: cada reto al que nos enfrentamos tiene su ventaja, y cada ventaja, su reto. Los ángeles saben que nada es perfecto, y que para conseguir una buena vista hay que esforzarse por llegar hasta lo alto de la montaña. Pero el premio no es alcanzar la cima, sino la fuerza que adquirimos durante la subida.

¿Hay colinas en tu vida? ¿Las estás subiendo o buscas formas de sortearlas? La próxima vez que esquives una colina, pide a los ángeles un buen par de botas de montaña y que te echen una mano cuando estés sin resuello. Y recuerda que cuando estás sin aliento es el mejor momento para aflojar el paso y admirar la vista.

***Meditación de los ángeles:* Valoro las colinas porque me permiten alcanzar el mayor grado de conocimiento y realización.**

—— * ——

25 DE JULIO

MISERICORDIA

***Consejo de los ángeles:* «Tienes un corazón para la misericordia y un rostro humano para la Piedad».**
WILLIAM BLAKE

DEMUESTRAS tu misericordia cuando tratas a tu enemigo o a quien te ha ofendido con compasión, siendo bondadoso y perdonándolo. La sociedad actual no es muy dada al perdón; de hecho no se suele escuchar la palabra *misericordia.* En cambio, vemos en los programas de debate en televisión que se juzga a presuntos ofensores, donde la amonestación no es buena, a menos que se alcance un sensacional veredicto de culpabilidad. La misericordia no es para las masas, sino que más bien es una sensación en los planes secretos del cielo. Cuando los ángeles presencian la misericordia humana, se alegran y nos bendicen.

Atrévete a ser diferente del resto de la sociedad: demuestra tu capacidad de misericordia contigo y con los demás. ¿Eres inmisericorde contigo mismo? ¿Emites veredictos sobre los demás en vez de ser bondadoso con ellos y perdonarles? Para ser misericordioso, es necesario tener en cuenta las circunstancias que rodean nuestra vida y la de los demás. Pide a los ángeles el valor para ser misericordioso y no juzgar a los demás.

***Meditación de los ángeles:* Dejaré que la benevolencia sea la luz que me guíe.**

—✳—

26 DE JULIO

Si leyeran tus pensamientos

***Consejo de los ángeles:* «Si pudieras leer mi mente...».**
Gordon Lightfoot

¿Eres capaz de imaginar cómo sería el mundo si pudiéramos leer los pensamientos de los demás? Rod Serling podía hacerlo; en un fantástico capítulo de *La zona oscura,* al protagonista se le concedía la capacidad de oír los pensamientos de los demás. Y, por supuesto, la hipocresía de la especie humana quedaba instantáneamente al descubierto. Podemos creer que los pensamientos son privados y que no tienen relación con nuestras acciones, pero no siempre es cierto. Sin duda tenemos pensamientos que no son asunto de nadie, pero cuando decimos una cosa y pensamos otra, no vivimos de acuerdo con nuestro ser. Los ángeles pueden oír todos los pensamientos, y lo asombroso es que, a pesar de ellos, continúan amándonos.

¿Hay veces en que te gustaría que se oyeran tus pensamientos? Recuerda que no siempre tienes que revelar todo lo que piensas, y que tus pensamientos no son nada más que pensamientos, a excepción de los que hacen que tu vida esté llena de hipocresía y no de integridad. Así que tendrás que analizarlos y decidir cuáles tienes que expresar y cuáles deberías cambiar.

***Meditación de los ángeles:* Intento pensar de forma que sea útil, no perjudicial.**

—— * ——

27 DE JULIO

ABARATAR COSTOS LABORALES

***Consejo de los ángeles:* Lo barato sale caro.**

EN UN PAÍS como EE.UU. existe un problema que está devorando su alma, como hacen las termitas con los cimientos de una casa. Pongamos el ejemplo de una empresa de zapatos. Sus ejecutivos tienen un buen día la gran idea de despedir a miles de trabajadores de sus fábricas en todo el país, el mismo donde se venden sus zapatos. Trasladan la producción a otra nación donde la mano de obra —casi esclava— es más barata, y como resultado sus zapatos se pueden vender a menor precio. Pero otras empresas hacen lo mismo, y los trabajadores despedidos compiten con otros miles de desempleados por un trabajo que no existe y que tampoco se va a crear. Han trastocado completamente su mundo y ahora tienen que ingeniárselas para sobrevivir. Si la gente no tiene trabajo, ¿cómo va a comprar zapatos? Si la gente no tiene un seguro medico o no puede ayudar a sus seres queridos, entonces todo serán problemas. Nada es barato. Los bienes y servicios baratos no son sino la señal de otros problemas que existen en otros aspectos de la economía.

Si los altos ejecutivos renunciaran a ganar tanto o a alguno de sus excesivos dividendos, no solo no perderían dinero, sino que operarían de acuerdo con la ley de la abundancia y volvería a la compañía en forma de bendiciones. ¿Qué decisiones podrías tomar en tu vida para equilibrar la invisible balanza de la abundancia?

***Meditación de los ángeles:* Rezo por todos aquellos a quienes han «abaratado» su vida.**

—— * ——

28 DE JULIO

LADRÓN DE SUEÑOS

***Consejo de los ángeles:* ¡No puedes hacer eso!**

IMAGÍNATE que estás entusiasmado al empezar a escribir un guión y se lo cuentas a un amigo que te informa de que cada año se registran, al menos, 43.000 guiones, de los que tan solo ocho se llegan a rodar; y además te dice que quién te crees que eres para pensar que puedes escribir un buen guion, ¡qué pérdida de tiempo! Es solo un ejemplo del tipo de crimen del ladrón de sueños. En algunas culturas aborígenes, una de las peores ofensas es el robo de los sueños, un delito que puede ser castigado con el destierro de la tribu. A la mayoría nos han envenenado tantas veces nuestros sueños que, inconscientemente, puede que hagamos lo mismo con los de los demás. Los ángeles sufren cuando escuchan a un ladrón de sueños. ¿Qué pasa si un guion nunca consigue ver la luz y su autor no gana ni una peseta? Simplemente hay que seguir adelante con los sueños y descubrir el éxito en los ojos de los ángeles, y en las bendiciones que seguirán. Los ángeles nos recuerdan que el término *entusiasmo* procede del griego *en-theos*, que significa lleno de Dios. ¡Deja que los soñadores sigan soñando!

La próxima vez que alguien te cuente un sueño de su corazón, escucha y bendícelo sin juzgarlo ni hacer ninguna observación. Muchas veces valoramos esas ideas en función de lo que se pueda sacar de ellas o de lo que puedan costar; o de su posibilidad de realización. Nunca puedes saber si la nave espacial que está diseñando un amigo excéntrico no acabará por sorprender a todos y salvar el mundo. Si te muestras sarcástico con el entusiasmo de otro, piensa que estás borrando a Dios de su vida.

***Meditación de los ángeles:* Recibo el entusiasmo como si fuera una inspiración divina, y tengo cuidado de no reventar el de los demás.**

29 DE JULIO

DESTRUCCIÓN PAULATINA

***Consejo de los ángeles:* «Si la esquizofrenia es una enfermedad de la condición humana, entonces la polifrenia —que es la instrumentación de nuestras muchas naturalezas— es salud».**

JEAN HOUSTON

SOCAVAR a alguien significa romperlo gradualmente, por lo general bajo el nivel de su conciencia. Hay muchas formas de destruirnos y destruir nuestras convicciones, y una de ellas es escuchar solo a determinadas voces interiores, ignorando otras. Muchas veces no somos conscientes de las múltiples facetas de nuestras intenciones y motivaciones. Puede que nos propongamos seguir la angosta senda de la moderación, pero que el espíritu y el alma se escapen de ella y vaguen en la extravagancia. Si no luchamos contra las numerosas voces que habitan en nuestro interior, estaremos muchos más sanos. Prestar atención tan solo a una voz y a una motivación es la forma más segura de volverse loco.

Las creencias estrictas producen experiencias limitadas. La vida es una experiencia plena, y, para formar parte de ella, tenemos que facilitar que nuestras múltiples naturalezas puedan expresarse con seguridad. El hecho de que escuches a una voz no significa que tengas que hacer lo que te dice. Es más fácil mantener las buenas intenciones cuando dejamos que los ángeles nos muestren el camino y nos ayuden a escuchar con cuidado.

***Meditación de los ángeles:* Los ángeles me ayudan a dirigir con amor la orquesta de mis diferentes naturalezas.**

30 DE JULIO

AGUAS TURBULENTAS

***Consejo de los ángeles:* «Aquello a lo que te resistes, te vencerá; deja que el torbellino te lleve».**
KEN KALB

UN REMOLINO se forma cuando una corriente choca contra otra, creando aguas turbulentas. Avanza bajo la superficie y, de repente, te arrastra por las piernas o la cintura. Un buen nadador sabe que para salir del remolino creado por una corriente, no hay que dejarse dominar por el pánico e intentar nadar hacia la orilla; debes relajarte y rendirte durante un momento. Ken Kalb, conocido como el «Delfín de Santa Bárbara», asegura que hay que hacer aikido con la corriente y dejar que su poder te libere. Debes esperar hasta que pase lo peor, conservar la energía y nadar por debajo de la corriente. El agua representa la naturaleza emocional y las emociones son como las olas y las mareas. A veces es fácil nadar a favor de la corriente emocional, hasta que llega un remolino de las profundidades y nos vemos inmersos en un tornado emocional que no podemos controlar. Es el momento de rendirse y dejar que los ángeles tomen el mando.

Cuando estés atrapado en un remolino, no dejes que te parta en dos. Algunas veces las emociones pueden ser temibles y oscuras, pero no acabarán contigo a no ser que te dejes llevar por el pánico. Hay ocasiones en que, cuando llega un golpe inesperado, es conveniente aguantar en el ojo del huracán y esperar a que los ángeles nos guíen hasta un lugar seguro.

***Meditación de los ángeles:* Siempre estoy protegido y siempre encontraré el camino de regreso a la paz.**

31 DE JULIO

CONSENTIMIENTO

***Consejo de los ángeles:* «Recuerda que nadie puede hacer que te sientas inferior, a menos que se lo consientas».**
ELEANOR ROOSEVELT

DAMOS nuestro consentimiento cuando estamos de acuerdo con algo o alguien, cuando estamos conformes. Muchas veces consentimos cosas sin pensarlas demasiado o sin ser conscientes de lo que implican. A menudo nos manipulan para que consintamos en algo y, cuando nos damos cuenta, nos sentimos utilizados.

Los ángeles quieren ayudarnos a saber cuándo tenemos que dar nuestro consentimiento. Deberíamos guardar nuestro derecho a estar o no de acuerdo como una preciosa joya, meditar las cosas antes de decidir si estamos de acuerdo con ellas. Piensa en las cosas a las que has accedido últimamente. ¿Cuáles fueron los resultados? ¿Te arrepientes de algo?

***Meditación de los ángeles:* Los ángeles me recuerdan que doy mi consentimiento a todos mis pensamientos, palabras y actos.**

— * —

1 DE AGOSTO

CONTEMPLACIÓN

***Consejo de los ángeles:* «Miramos mucho... a través de lentes, telescopios, pantallas de televisión... pero cada vez menos. Nunca ha sido más necesario hablar de mirar«.**

FREDERICK FRANCK

MUCHAS veces creemos que vemos cuando en realidad estamos ciegos ante las maravillas del mundo. Por lo general, damos por sentado lo que nos rodea, por eso el truco está en contemplar las cosas con nuevos ojos, los de alguien que entra en una habitación por primera vez o quizá los de un recién nacido. Esa silla —la mente que la diseñó, las manos que la hicieron, la madera de que está hecha, el árbol del que viene la madera, la semilla de la que creció el árbol, el viento que transportó la semilla—, ¡son tan misteriosos, tan maravillosos! También existen diferencias entre mirar y ver. Ver objetiviza y separa; mirar disuelve las barreras y permite que el observador y el objeto se fundan en uno. Los ángeles nos animan a que aprendamos a mirar tanto con los ojos externos como con los del espíritu. Así, seremos capaces de salir de nuestro pequeño mundo y entrar en el de la verdadera contemplación.

Mira las cosas como si fuera la primera vez que posas tus ojos sobre ellas —objetos, gente, animales, plantas...—. ¿Descubres algo nuevo o sorprendente? Ahora, observa una situación confusa e intenta ir más allá de la superficie, hasta la esencia. Abre tu corazón a la vez que tus ojos. ¿No te sientes más cerca del mundo, que ya no estás ciego? Da gracias por esa «segunda mirada».

***Meditación de los ángeles:* Miro con nuevos ojos y experimento una nueva vida.**

—— ✳ ——

2 DE AGOSTO

LLENAR EL TIEMPO

***Consejo de los ángeles:* «Los indios Wintu tienen un sufijo que se refiere a la pasividad alerta, a un compromiso silencioso y estático con la consciencia. Un sufijo imposible de traducir porque no tiene equivalente en la cultura americana».**

DOROTHY LEE

¿QUÉ HUBIERA pasado si de pequeños nos hubieran enseñado que es divertido estar tranquilamente sentados? ¿Y si nos hubieran enseñado a mirar cuando aparentemente no hay nada que ver, a escuchar cuando solo hay silencio, a que el tiempo libre se puede aprovechar simplemente «estando»? La mayoría de los niños tienen su tiempo libre bien planificado. Se nos dice que el tiempo libre nos puede llevar al aburrimiento, y para evitarlo planeamos tener algo que hacer en todo momento. Si los padres no atosigaran a los niños con multitud de actividades y les dejaran utilizar su tiempo como quisieran, se sentarían a mirar al cielo, a dejarse rodear por el silencio y no se aburrirían ni por un momento.

Si alguna vez has temido aburrirte, si estás impaciente por decir algo cuando las conversaciones languidecen, puede ser porque los silencios y las pausas que se producen de forma natural en la vida te incomodan. Empieza a respetar los espacios entre las palabras, las líneas en blanco y los intervalos, porque son la morada de los ángeles. Tu contacto personal con los ángeles se profundizará cuando aprendas a escuchar el silencio, a vivir el presente y a ver lo que no es evidente.

***Meditación de los ángeles:* Respetaré el silencio para acoger a los ángeles.**

—— * ——

3 DE AGOSTO

DISTRACCIONES ÚTILES

***Consejo de los ángeles:* A veces las distracciones conducen a nuevas acciones.**

¿HAS VISTO alguna vez a un bebé enfadado a punto de tener una rabieta? Levanta la cabeza y abre la boca para prepararse a berrear. No obstante, entre la causa del disgusto y el estallido pasan un par de preciosos segundos que pueden servir para desviar su atención. Enséñale un juguete, distraelo y probablemente se olvidará por completo de que quería llorar. Incluso se olvidará de por qué quería llorar. A veces es una buena idea usar ese tipo de distracciones en nuestra vida. Cuando atravesamos un bache, no tenemos que magnificar nuestros problemas. Aunque a veces una llantina en un momento de sufrimiento puede resultar de gran ayuda, no siempre es necesaria. De hecho, muchas veces las soluciones llegan cuando nos olvidamos de la causa de nuestras desdichas y nos distraemos con otra cosa. Los ángeles no quieren que vayamos por ahí negando que sufrimos, pero tampoco que pongamos toda nuestra energía en el dolor. Aprueban las distracciones útiles, es decir, las actividades que nos dan un empujoncito de entusiasmo y una nueva perspectiva justo cuando más lo necesitamos.

¿Cuáles son las distracciones útiles que desvían tu atención de las preocupaciones? Haz una lista. Puedes ir a comer con un amigo, ir al gimnasio o empezar un nuevo proyecto. Si en este momento estás pasando una mala racha, ¿qué podrías hacer para, de una manera sana, olvidarte de tus problemas?

***Meditación de los ángeles:* Acepto la infelicidad, pero no me complazco en ella.**

—— * ——

4 DE AGOSTO

MORIR DE O MORIR POR

***Consejo de los ángeles:* «Sé que el mejor remedio es renunciar, abandonar y rendirse para que nuestros pequeños corazones puedan latir al unísono con el gran corazón del mundo».**
HENRY MILLER

A VECES, ante determinadas situaciones de la vida, es mejor renunciar y dejarlas pasar antes de que acaben con nosotros. Si no morimos por su culpa, puede que muramos de ellas. Quizá estamos inmersos en una historia dominada por el alcohol y la traición (por nuestra parte o por la de otros), que aunque pueda parecer inofensiva, nos está destruyendo. Quizá nos aferramos a una creencia que ya no tiene sentido, pero no queremos abandonarla. Morir por algo, en el fondo, es rendirse a la voluntad de Dios; y siempre nos encontramos en proceso de rendición a la voluntad de Dios. Cuando estamos «dispuestos», afirmamos la vida; cuando nos resistimos, afirmamos la muerte.

¿Existe algo en tu vida por lo que necesites morir y lo hayas dejado pasar antes de que te enganchara? Si es así, pide a los ángeles que te ayuden a entender que morir un poco cada día es mejor que hacerlo de golpe.

***Meditación de los ángeles:* Aprenderé a vivir y morir un poco cada día.**

—— * ——

5 DE AGOSTO

INQUIETUD

***Consejo de los ángeles:* «La llama de un candil no vacila en un lugar sin viento».**
BHAGAVAD GITA

CUANDO atravesamos un periodo de inestabilidad, da la sensación de que cada célula del cuerpo está inquieta. Sentimos un impulso, pero somos incapaces de identificar de dónde procede o a dónde quiere llevarnos. Es obvio que no es el mejor estado para tomar una decisión importante. Cuando la mente está intranquila, se limita la capacidad de pensar en numerosas posibilidades, mientras que cuando está centrada en torno al amor puede sopesarlas todas. Cuando nos abrimos al auxilio de los ángeles, podemos renunciar tranquilamente a tomar decisiones; con una pequeña plegaria sabemos que estamos en buenas manos.

La próxima vez que te sientas intranquilo, imagínate en plena confusión pero arropado por el amor de los ángeles. Entonces, abandona. Renuncia a todo aquello que te sientes incapaz de decidir, porque es la señal de que Dios quiere hablar a tu alma y guiarte hasta un lugar en el que te sentirás cómodo y seguro de haber dado el paso correcto.

***Meditación de los ángeles:* Permito que el amor de los ángeles invada mis células.**

—— * ——

6 DE AGOSTO

SIMPLIFICAR

***Consejo de los ángeles:* «Recibesun medio de vida a cambio de una vida entera».**
LILLIAN GISH

EN ESTA ÉPOCA del año parece que todo el mundo quiere, más que nunca, simplificar su vida, lo que significa en realidad que les gustaría cambiar su forma de trabajar. El ideal que perseguimos es que la vida y el trabajo sirvan a un propósito elevado; una meta que es posible alcanzar si cambiamos nuestro concepto de trabajo y de otros aspectos de la vida, para convertirlo en un modo de expresión personal. Cuando el trabajo adquiere una dimensión nueva y superior, dejamos de obsesionarnos por acumular objetos, y de entregarnos al consumo compulsivo para llenar el vacío del alma. Ya no nos distraemos ni nos dejamos arrastrar por la confusión con tanta facilidad. En ese momento somos conscientes de que la vida es más sencilla, simplemente porque, en vez de derrocharla, aprovechamos la energía en una causa que trasciende nuestro ego. No tenemos mucho tiempo para vivir y, sin embargo, lo desperdiciamos.

Si tuvieras que simplificar tu vida, ¿cómo lo harías? ¿Necesitas conseguir un volumen determinado de ingresos para mantener tu estilo de vida? ¿Te hace feliz tu trabajo o tu profesión o, por el contrario, preferirías estar haciendo algo más satisfactorio aunque ganases menos? ¿Estarías dispuesto a reducir tus ingresos si a cambio fueras más feliz dedicándote a tu verdadera vocación? ¿Qué consideras esencial? ¿Crees que podrías vivir sin ello?

***Meditación de los ángeles:* Estoy dispuesto a simplificar mi vida para vivirla más plenamente.**

⁂

7 DE AGOSTO

BONDAD

***Consejo de los ángeles:* La bondad es como un bumerán, siempre vuelve.**

EN *El granjero bondadoso*, un precioso cuento para niños, la escritora inglesa Eleanor Farjeon cuenta la historia de un rico granjero muy avaro. En su pueblo todo el mundo lo odia; todos, excepto una hermosa mujer de corazón puro que es capaz de ver, a través del pánico a la pobreza que siente el granjero, la bondad de su alma. Gracias a su amor, el granjero siente por primera vez en su vida ganas de dar: regalos, baratijas, cualquier cosa que haga feliz a su amada. Cuando ella muere, él queda destrozado, pero su hija se convierte en el objeto de su necesidad de dar, que ya es apremiante. Le compra regalos, y el día en que su hija le dice: «¡Qué bueno eres papá!», le sorprende la agradable sensación que le produce el concepto de *bondad*. A partir de ese momento comienza a dar a todo el mundo, a pobres y oprimidos, hasta que todos le conocen como el hombre más bondadoso de la aldea. A su muerte, se descubre que no tiene nada, porque durante años ha repartido su dinero entre todos los necesitados que se encontraba. Entonces se produce el milagro: su hija desamparada es adoptada por todo el pueblo, y su bienestar queda asegurado para siempre. La generosidad del granjero se convirtió en una eterna llama de amor; todo lo que dio a los demás se le devolvió multiplicado por mil.

¿Puedes recordar alguna ocasión en que realizaras una acción bondadosa y que te la hayan devuelto de una forma que no esperabas? Piensa cuánta gente conoces que sea verdaderamente bondadosa. ¿Verdad que son las únicas personas de las que todo el mundo habla bien? ¿Verdad que da la sensación de que los demás siempre están dispuestos a hacer cualquier cosa por ellos? La próxima vez que seas generoso con alguien, te sentirás más cerca de los ángeles, que por encima de todo siempre premian un corazón bondadoso.

***Meditación de los ángeles:* Seré generoso con los demás y me tratarán de la misma manera.**

8 DE AGOSTO

MODAS

Consejo de los ángeles: **Rebélate contra la moda.**

¿CÓMO es posible resistirse a las modas cuando da la sensación de que se apropian de la capacidad de raciocinio de uno? La verdad es que esas novedades pasajeras tienen muy poco que ver con el sentido común. Una moda hace que, por ejemplo, la gente se vuelva loca por esos muñequitos hechos con retales de tela cosidos, con forma de animales, y rellenos de judías. El largo de las faldas oscila entre la maxi y la mini y cambia por lo menos una vez al año; es como para volver loco a cualquiera. Pero una cosa es cierta: las modas pasan —una tendencia tiene una duración limitada—, pero lo verdadero permanece. Y si no, piensa por qué hay cosas que nunca pasan de moda. Piensa en esos juguetes que conservan su personalidad año tras año. ¿Por qué mantienen su valor? Y tú, ¿eres constante con tus costumbres y con tus deseos?

La próxima vez que sientas el impulso de seguir una moda, ya sea la última bolsa de judías, una vitamina, un estilo de vestir, música o el último acontecimiento de la «Nueva Era», intenta resistirte. Niégate a formar parte de ella. A los ángeles les gustará y te guiarán hasta un reino eterno de modas maravillosas y de calidad duradera. De esa forma, estarás eternamente a la moda, más allá del espejismo de las novedades.

Meditación de los ángeles: **Resistiré el impulso de seguir las modas, porque distingo lo que es permanente.**

—— * ——

9 DE AGOSTO

JORNADA SABÁTICA

***Consejo de los ángeles:* «Hacemos sin hacer y todo queda hecho».**
RALPH BLUM, *The Book of Runes*

EN LA SOCIEDAD actual, la expresión «no hacer nada» tiene connotaciones muy negativas. Si no estamos continuamente ocupados, nos toman por perezosos. Pues no es cierto. Los ángeles defienden la necesidad de jornadas sabáticas porque saben que durante esos días siempre se acaba haciendo algo. Cuando se dispone de un día así, te puedes relajar, mimar y buscar modos de serenarte y tienes permiso para hacer lo que «quieras» y no lo que «tienes que» hacer. Mientras se desarrolla ese proceso conseguimos que descansen el cuerpo y la mente fatigados, de forma que, centrándonos y reponiendo energías, nos preparamos para el trabajo que tenemos que hacer.

¿Te concedes de vez en cuando alguna jornada sabática? Si no es así, ¿por qué no planeas una? Señala un día del calendario y escribe debajo «sabático». No hagas planes, ni programes actividades, mantén ese día en blanco y deja que Dios y los ángeles lo llenen. ¡Nunca sabrás hasta dónde te puede llevar una jornada sabática!

***Meditación de los ángeles:* De vez en cuando me permito la libertad de ser, sin hacer nada.**

—— ✳ ——

10 DE AGOSTO

COMPROMISO ESPIRITUAL

***Consejo de los ángeles:* «Cuando intimas con tu auténtica naturaleza y descubres tu realidad verdadera, se produce una transformación física gradual, pero innegable».**
SARAH BAN BREATHNACH

CUANDO te comprometes en algo, significa que te implicas en ello a fondo y que quieres ir más allá de las intenciones superficiales y aventurarte en el misterio. Si le concedes al compromiso espiritual la oportunidad de que se implique en las cosas terrenales, descubrirás la magia en lugares que nunca hubieras imaginado. Piensa, por ejemplo, en un mecánico que intenta arreglar un coche que le gusta mucho. Ese amor le produce una actitud espiritual que le permite saber lo que el coche necesita y le guía de forma intuitiva para repararlo. La mayor parte del trabajo que hacemos, aunque nos parezca aburrido, puede tomarse como un compromiso espiritual si implicamos en ello a los ángeles y trabajamos para Dios. Las relaciones se convierten en una forma de expansión espiritual cuando nos damos cuenta de que son la sagrada base del crecimiento.

Pasa un día implicándote espiritualmente en todo lo que haces. El amor de los ángeles te ayudará, así que pídeles que estén a tu lado. Si te parece difícil, sigue intentándolo todos los días. Cuando lo consigas, aunque no sea más que durante una hora, habrás rozado el misterio y serás bendecido por ello.

***Meditación de los ángeles:* Cuando me comprometo en lo espiritual, soy inmune a la energía negativa.**

⁕

11 DE AGOSTO

RECOGIMIENTO

***Consejo de los ángeles:* «Él les dijo: Venid, retirémonos a un lugar desierto para que descanséis un poco».**
MARCOS 6:31

ES CURIOSO que cuando pensamos en el recogimiento lo consideremos un proceso de ruptura y fragmentación, cuando la Biblia se refiere precisamente a lo contrario: alcanzar lo absoluto a través de la contemplación y la reflexión. En el fondo todos buscamos la paz y la liberación de las preocupaciones del mundo. Se trata de una necesidad humana básica y cuando la atendemos los ángeles son felices porque significa que estamos cerca de ellos. El padre Basil Pennington, un monje trapense, habla, en su libro *A place apart,* de la soledad y el «recogimiento» de la vida monástica, que permiten integrar las exigencias y las distracciones mundanas con su necesidad de Dios, hasta que «todo habla de Dios y a Dios en él». No tenemos que ser monjes para alcanzar ese estado. Podemos crearlo en el mundo solo con dedicarle un poco de tiempo. Rezar y meditar a diario, o simplemente reflexionar sobre nuestra vida, nos permite centrarnos de nuevo y unirnos con Dios; por eso mediante el recogimiento alcanzamos lo absoluto.

¿Te has sentido alguna vez como si te estuvieras apartando? Si es así, ¿no crees que es el mejor momento para apartarte realmente, para el recogimiento y para alcanzar una comunicación real con Dios?

***Meditación de los ángeles:* Dedicaré tiempo a apartarme y a descansar con Dios.**

12 DE AGOSTO

DEJARSE LLEVAR

***Consejo de los ángeles:* No empieces la casa por el tejado.**

EL ENTUSIASMO es estupendo, porque cuando estamos bajo sus efectos nos sentimos repletos de energía e inspiración. Pero cuando nos dejamos llevar por él y olvidamos las leyes básicas de la vida y el universo, podemos equivocarnos. Es posible que nos enamoremos de alguien y empecemos a hacer todo tipo de planes antes de saber realmente qué tipo de persona es. Podemos tener una buena idea para emprender un negocio, y sentir que Dios nos ha dirigido hasta él, pero descuidar los detalles, los pasos aburridos que es necesario dar antes de que se nos abran todas las puertas. La mayor parte de las cosas de la vida tienen un proceso y una progresión naturales. Es estupendo ser entusiasta, y más aún cuando se combina con una buena dosis de ese sentido práctico que ya no se lleva.

Recuerda que puedes construir un tejado con los mejores materiales, pero si la casa no tiene buenos pilares no se mantendrá en pie. Piensa en los ángeles como en la fuerza que te ayudará a hacerlo. La próxima vez que te dejes llevar, permite que los ángeles te den cobijo y te enseñen el camino correcto.

***Meditación de los ángeles:* Tendré los pies en la tierra para volar alto.**

—— ⁕ ——

13 DE AGOSTO

Haz lo que debas

***Consejo de los ángeles:* «La mayoría sabe lo que debe hacer, el problema es hacerlo».**
Harry S. Truman

¿Te has parado alguna vez a pensar por qué a veces es tan difícil hacer lo que debes? Muchas veces se debe a que aunque quisiéramos hacerlo nos retiene un miedo legítimo por nuestra seguridad y por la de quienes nos rodean. Pero Harry Truman se refiere en su cita a que permitimos que se acumulen los errores. Mentimos, evitamos o no asumimos la responsabilidad, no ayudamos a quienes lo necesitan, rehuimos el trabajo y preferimos criticar a compadecernos de otros. Pero somos humanos, con toda la debilidad que eso entraña, y siempre podemos rectificar y recuperar la conciencia. A Harry Truman se le recuerda, sobre todo, por su integridad, por negarse a actuar en contra de lo que le dictaba su conciencia. Una conducta que sin duda se lo ponía mucho más difícil, pero sabía que mientras hiciera lo que tenía que hacer, podría dormir por la noche, sin importarle lo que pensaban los demás.

¿Alguna vez te ha resultado difícil hacer lo que debías? ¿Te has arrepentido alguna vez de hacerlo? Haz una lista con las cosas correctas que te resulte fácil hacer y las que no. Pide a los ángeles que te ayuden a hacer lo debido en el momento adecuado.

***Meditación de los ángeles:* Permitiré que me guíe mi conciencia.**

—— * ——

14 DE AGOSTO

¿EXISTE UNA RESPUESTA?

***Consejo de los ángeles:* «Basta con intentar comprender una parte del misterio cotidiano. Nunca hay que dejar pasar una bendita curiosidad».**

ALBERT EINSTEIN

ES MEJOR tener más preguntas que respuestas; ayuda a mantener la mente despejada y abierta a las experiencias de la vida. Las respuestas no satisfacen durante mucho tiempo, porque la información que contienen es incompleta y tiene una vida limitada. Aferrarse a las respuestas es como conservar el pan durante mucho tiempo: se estropea, y si intentas comértelo te pones malo. La forma de conseguir más información es no tener miedo de preguntar; permitir que la frescura de las respuestas inunde tu vida y que esas respuestas te conduzcan a nuevas preguntas. Mantén el flujo de energía y no tendrás que vértelas con viejas creencias.

No intentes interpretar a Dios y a los ángeles, ni contestar sus preguntas. Si hay algo que no entiendes, no te precipites a contestar, intenta sondear el misterio. Sigue preguntando, indagando y volviendo a preguntar. ¿Cuál es tu pregunta existencial, tu búsqueda personal?

***Meditación de los ángeles:* Las respuestas alimentan la mente, pero pediré a los ángeles que colmen mi alma de infinidad de preguntas.**

—— * ——

15 DE AGOSTO

ACTO AFIRMATIVO

***Consejo de los ángeles:* Para que algo se convierta en realidad, hay que actuar.**

EL PODER de la afirmación no es un concepto nuevo. La idea es que si afirmamos algo durante el tiempo suficiente acabará sucediendo, porque la forma de pensar acaba por determinar lo que atraemos. Es bueno creer en el poder de la afirmación, en expresar lo que queremos de la vida, pero los ángeles saben que si queremos que una declaración se haga realidad tenemos que actuar. A menudo, un acto de afirmación implica cambios efectivos de conducta. En la mayoría de los casos, esos cambios no implican un salto brusco de la conciencia. Generalmente nos empeñamos en que no podemos hacer cosas que son muy fáciles. Por ejemplo, hay personas para las que devolver una llamada supone un problema, otras son incapaces de administrar su dinero y de llevar al día las facturas; algunos no saben decir que no cuando tienen que hacerlo, y otros son incapaces de decir que sí a las posibilidades que se abren ante ellos. Pueden parecer cosas poco trascendentales, pero cuando lo que queremos es conseguir el éxito a gran escala, tenemos que cambiar pequeños aspectos arraigados en la conducta, que tienen la mala costumbre de hacer que nos equivoquemos. De otro modo siempre nos resultará difícil transformar nuestras afirmaciones en realidad.

¿Te gusta hacer afirmaciones? ¿Qué tipo de afirmaciones haces sobre ti y tu vida? ¿Acompañas tus afirmaciones con actos que los apoyen? Si hay algo que te gustaría declarar en este preciso momento, hazlo. Después, empieza a pensar en algunas actuaciones que podrías llevar a cabo o en conductas que deberías cambiar para que tus afirmaciones se realicen.

***Meditación de los ángeles:* Actúo para crear un futuro positivo.**

—— * ——

16 DE AGOSTO

ANARQUÍA

***Consejo de los ángeles:* «Señor, haz de mí un instrumento de tu paz. Donde existe odio, déjame sembrar amor».**

Oración de la paz

EN ESTOS tiempos mucha gente tiene miedo de la anarquía. Hablaban sobre lo que harían cuando se aproximase el caos del milenio, los desórdenes y el desenfreno dominasen la tierra y se produjeran saqueos en masa. Incluso había quien hablaba de cortar las carreteras para que los delincuentes no pudieran llegar hasta ellos, y se almacenaba las pistolas junto al trigo. Pero de ese tipo de conversaciones vergonzosas se excluye algo fundamental: el amor. Cuando el miedo se apodera de todo, se olvida el amor. El miedo a la anarquía despierta en nosotros el instinto de supervivencia y ahoga el instinto espiritual. Por tanto, vive otro año con todas tus provisiones, ¿porqué deberías temblar de miedo todo este año como si alguien estuviera acechando continuamente tus bienes? Si almacenas amor, los ángeles te alimentarán y tú alimentarás a otros.

Dios nos recuerda que el amor es la única oportunidad de devolver la salud al mundo. Por eso, en el caso de que la anarquía lo controlara todo, la mejor opción es amar. Si transmites una señal de amor, aunque mueras en el intento, te habrás ido durante un momento de amor que te llevará a los brazos de los ángeles.

***Meditación de los ángeles:* Sembraré amor, incluso cuando me enfrente al peligro o a la muerte.**

—— * ——

17 DE AGOSTO

Todo lo bueno viene de Dios

***Consejo de los ángeles:* Lo bueno, lo malo, lo igual o lo diferente son tan solo proyecciones humanas**

YA HEMOS dicho que todo lo bueno viene de Dios. Cuando lo bueno sucede, cuando la química surge entre dos personas, quizá sea difícil recordar que se trata de un regalo que nos da Dios, y no esa otra persona. Nuestra tendencia natural nos lleva a capturar y poseer el momento y a intentar que permanezca para siempre. Pero solo sucederá si estamos verdaderamente presentes durante ese hermoso momento, siendo conscientes de que toda esa luz procede de Dios. No se puede poseer a Dios. Y que lo maravilloso llegue a suceder es tan solo una cuestión de gracia: no se puede esperar, poseer, capturar, forzar o crear. Se trata de una bendición transitoria que deja en el corazón una huella de gratitud.

Los ángeles crean esos momentos maravillosos para que recordemos lo mucho que Dios nos ama y para que tengamos presente de dónde venimos. La belleza y el amor no se nos otorgan porque seamos más especiales que otros. Cuando los ángeles toquen tu vida con los dones divinos de Dios, basta con estar presente para que cambie la química interior de tu ser. No te jactes nunca de haber disfrutado de un momento divino o solo conseguirás que se contamine. La mejor respuesta es la profunda gratitud.

***Meditación de los ángeles:* Agradeceré a los ángeles que me bendigan con su toque divino.**

—— * ——

18 DE AGOSTO

ALMA DESGARRADA

***Consejo de los ángeles:* «Si te place, llama al mundo "Valle de lágrimas". Así descubrirás su utilidad».**

JOHN KEATS

¿TE HAS SENTIDO alguna vez como si tu alma se hubiese roto en pedazos? La angustia se cuela como una ola en nuestros sueños y esperanzas, dejando tras de sí restos de arena y de ruina. En ese momento no somos capaces de imaginar que pueda haber nada positivo al alcance de la mano, sin embargo los ángeles ven en nosotros terreno fértil, preparado para recibir la semilla de la fe y la esperanza. Muy pronto empezaremos a sentir cómo crecen las semillas en el alma. Llega la luz y la vida parece diferente. Los ángeles siempre están alrededor plantando semillas positivas, y tu labor es saberlo. Cuando sientas que tu vida está desgarrada, deja que la esperanza te permita imaginar las bendiciones que están por venir.

Cuando el alma está desgarrada, nos sentimos confusos y necesitamos ayuda. De vez en cuando es bueno necesitar ayuda, pero también dificulta que suceda algo nuevo. Recuerda que mientras el alma está sufriendo, el espíritu dice: «Ve por ello, empieza de nuevo». Y el corazón: «No te preocupes; si sufres, significa que has amado, y el amor nunca es inútil». Cuando una parte de ti se encuentra perdida y necesita ayuda, deja que la otra parte se una a los ángeles y te ayude a levantarte.

***Meditación de los ángeles:* Soy un alma fértil que ha sido cultivada con amor.**

—— ✳ ——

19 DE AGOSTO

La adversidad

***Consejo de los ángeles:* «Para los ángeles, la adversidad es un reto creativo».**

Muchas veces lo que parece una tragedia o una frustración es una oportunidad para una vida nueva. Siempre ayuda considerar la adversidad no como una desgracia, sino como una oportunidad de descubrir nuestro poder creativo, el don de la ingenuidad y la inventiva. Piensa en ello. Si no tuvieras ningún obstáculo que salvar, te harías perezoso. Cuando adoptamos la actitud correcta —la adversidad puede convertirnos en máquinas pobres y vulgares—, nos sentimos seguros de la capacidad de asumir los desafíos y transformarlos en oportunidades. Nos convertimos en guerreros prudentes, que aprenden cuándo avanzar y cuándo retroceder, y que descubren la intensidad de su valor interior. Así somos capaces de confiar en nosotros mismos y nos convertimos en maestros en vez de en víctimas del destino.

Si te encuentras sumido en la adversidad, piensa en por qué se presenta ese reto en tu vida. ¿Lo has provocado tú? ¿Se ha producido por una carencia de tu ser? Recuerda que cualquier situación es susceptible de modificación. Lo que tienes que hacer es pensar qué capacidades puedes activar para enfrentarte a ella y cambiarla. ¿De qué recursos dispones, por lo que se refiere a tu capacidad mental, a otras personas, pero también a tu fe y a tu persistencia? ¡Sé creativo!

***Meditación de los ángeles:* Utilizo la resistencia para descubrir nuevas energías y metas.**

—— * ——

20 DE AGOSTO

FORMAS DE CONSERVAR LA SENSATEZ

***Consejo de los ángeles:* Hace falta valor para conservar la sensatez.**

LOS ÁNGELES nos hacen algunas sugerencias para conservar la sensatez: No te preocupes de si los demás te dicen la verdad, porque nunca podrás saberlo. No entres en el juego de la agresión pasiva y deja de intentar adivinar las motivaciones de los demás. Tienes que ser consciente de que a la gente le gustan esos juegos, de que al final puedes salir perdiendo y, sobre todo, de que no puedes hacer nada. Deja de preocuparte continuamente por las personas que quieres, no es necesario porque los ángeles lo hacen por ti. Debes saber que el poder y el amor no se pueden mezclar, y si detentas una posición dominante en tu relación, es señal de que el amor ha desaparecido.

Preocúpate de ti mismo y deja de hacerlo por lo que no puedes controlar.

***Meditación de los ángeles:* Estoy sano y salvo.**

—— * ——

21 DE AGOSTO

RESOLUCIÓN INQUEBRANTABLE

***Consejo de los ángeles:* «La vida ofrece bastante resistencia a la hora de mantener una vida interior. Aferrarse a una visión requiere una decisión inquebrantable. Con todo, si lo intentamos, la vitalidad del alma consigue, de una u otra forma, resistir al peligro. A veces esa supervivencia entraña aparentemente una asistencia prodigiosa».**

JONATHAN YOUNG

R*ESOLVER* significa solventar o afirmar dudas, tomar una decisión firme o manifestar formalmente una resolución, como se hace con los buenos propósitos de Año Nuevo. La decisión de hacer algo indica que se posee una gran determinación. *Resolver* procede del latín *resolvere,* que significa «desatar». Para ser resuelto, hay que tener la voluntad de desligarse y liberarse de las fuerzas que se oponen a lo que hemos decidido, sobre todo cuando navegamos por las aguas del reino de los ángeles y del misterio.

Refuerza tu resolución con la ayuda de los ángeles. Toma la firme decisión de ser fiel a tu opinión. No tienes que esperar a Año Nuevo para hacer una lista de propósitos. Empieza ahora mismo y actualízalos periódicamente junto a los ángeles.

Meditación de los ángeles: **Junto a los ángeles mi resolución es inquebrantable.**

—— * ——

22 DE AGOSTO

CUIDAR, NO POSEER

***Consejo de los ángeles:* Los ángeles cuidan, no poseen.**

LA MAYORÍA cree en el concepto de la propiedad. La posesión es un derecho, lo que define quiénes somos. Pero en realidad es la más destructiva de las ilusiones, el origen de la mayor parte de los problemas de la vida. La envidia, la opresión, la depresión, la soberbia o la codicia son tan solo algunas de las nefastas consecuencias de la necesidad de poseer algo o a alguien. Por su parte, los indios americanos creen que no poseemos nada, sino que simplemente somos los guardianes de la propiedad del Creador. Y como tales tenemos el deber de proteger y conservar la Tierra para las generaciones venideras. Es interesante que la idea del ángel de la guarda sea tan importante en la religión; un ángel que no nos posee o nos controla, sino que nos sirve de guía y protector. De esa forma, nunca estamos sometidos a él, sino que somos libres para ser y crecer en paz, a nuestra manera.

¿Qué crees poseer? ¿Tu casa, tu tierra, tu coche, a tus hijos? Imagínate por un momento que no poseyeras nada, que lo que tengas solo te haya sido confiado para que lo protejas. ¿Cambiaría tu forma de considerarlo? ¿Empezarías a valorar más lo que tienes, a cuidarlo mejor porque perteneciese a otro? ¿Dejarías de interesarte tanto por ello porque ya no es tuyo? ¿Estarías más dispuesto a ello si supieras que tu protección beneficiará a la Tierra y a las generaciones venideras?

***Meditación de los ángeles:* Sirvo a Dios, no a mi ego.**

—— * ——

23 DE AGOSTO

NEGAR, NEGAR Y NEGAR

***Consejo de los ángeles:* «Basta de inútil negación y de tímidas excusas».**

MILTON

LA NEGACIÓN no nos libra de los problemas, todo lo contrario. Por mucho que lo neguemos, sus consecuencias acabarán por alcanzarnos y nos harán con todo detalle el daño que nuestro jugueteo con la negación ha causado. Negar continuamente es como taparse los ojos con las manos y creer que los demás no te ven, porque tú no quieres verlos a ellos. A los que se les da bien este juego pueden llegar a convencer a quien los mira de que, en realidad, no le están viendo. La negación no tiene nada de divertido, y además ningún ser humano está libre de ella. Cuando caemos en ese juego, estamos atrayendo todas las miserias y dejándoles el paso libre.

¿Has sentido alguna vez el impulso de negar en redondo algo que has hecho? ¿Has sido víctima alguna vez de la negación de otra persona y eso te ha producido graves problemas? La negación es una trampa, y los ángeles están en alerta cada vez que se introduce en nuestra conciencia. Mantente alerta y no permitas que te deje fuera de combate.

***Meditación de los ángeles:* No negaré haber negado.**

—— * ——

24 DE AGOSTO

¿CÓMO HE LLEGADO AQUÍ?

***Consejo de los ángeles:* «Uno no descubre nuevos territorios si no está dispuesto a perder de vista la costa durante mucho tiempo».**

ANDRÉ GIDE

CUANDO llega el momento de realizar un cambio fundamental de vida o de conciencia, durante un cierto tiempo todo parece ajeno y puedes llegar a sentirte como un extraño en tierra ajena. A veces la realidad cambia en un momento y hace que nos tambaleemos. Puede que intentemos regresar a la realidad previa, pero que no podamos encontrar el camino a ella, que se haya ido para siempre. No te preocupes, nadie te está haciendo luz de gas, es solo que los ángeles están ajustando tu nivel de conocimiento.

Si has perdido el norte, ten paciencia. Encontrarás la puerta de acceso en cuanto dejes de buscarla, y cuando la atravieses te sentirás a salvo y más fuerte, porque sabrás que los ángeles te han llevado hasta ella.

***Meditación de los ángeles:* Soy un extraño, pero el universo también es extraño y maravilloso.**

—— ✳ ——

25 DE AGOSTO

HUIR DE LA CIUDAD

***Consejo de los ángeles:* Hay dos cosas de las que no podemos huir: nuestra sombra y nuestra conciencia.**

LA VIDA está llena de historias sobre padres egoístas que huyeron de la ciudad, abandonaron a su marido o a su mujer para correr detrás de sus amantes, o de pícaros con mucho arte cuyas víctimas descubren demasiado tarde, cuando intentan «cobrarse» las promesas recibidas, que el número de teléfono que les dejaron no contesta. Pero existen formas menos obvias y dramáticas de escapar de la ciudad. Podemos dejar encendido para evitar contestar a alguien con el que no queremos enfrentarnos. Podemos vivir negando, rechazando ver un problema o admitiendo nuestra responsabilidad en su desarrollo. Huir de la ciudad puede parecer la salida más fácil, pero a la larga lo es mucho más enfrentarse a los hechos y a los errores. Aunque huyamos de la ciudad siempre nos alcanzarán los asuntos sin resolver. Cuando nos enfrentamos a las cosas, la recompensa es poder empezar de nuevo, se abre ante nosotros un futuro inmaculado, la posibilidad de vivir en un estado de libertad y sinceridad, en vez de en un estado policial de negación.

¿Has huido alguna vez de la ciudad? Si es así, ¿cómo y en qué contexto? ¿Cómo te sentías? ¿Alguna vez has vuelto para hacer lo que debías? ¿Existe alguna posibilidad de que todavía pudieras hacerlo? Si te has arrepentido alguna vez de haberlo hecho, intenta plasmar tus sentimientos, penas, apologías o esperanzas en el papel. Si abandonaste a alguien, escríbele una carta. Si huías de la desgracia o de la circunstancia, escríbete una carta de perdón. Después lee lo que has escrito y observa si puede tener lugar algún cambio en tu vida.

***Meditación de los ángeles:* Me enfrento a mis responsabilidades.**

✳

26 DE AGOSTO

PONERSE AL DÍA

***Consejo de los ángeles:* «Cuando por fin se le presta atención, el cuerpo es muy elocuente. Es como convertir un violín en un Stradivarius».**

MARION WOODMAN

MUCHAS de las personas que han prosperado invierten cada vez menos tiempo en dormir, comer o atender a sus hijos y a sus relaciones, y tienen cada vez más tensiones. Marion Woodman, una analista jungiana, afirma que la mayor parte de la gente que pasa por su consulta dice necesitar tres meses «sin hacer nada» para ponerse al día consigo misma. De una u otra forma, tendremos ese tiempo: vivos o muertos, enfermos o sanos. Pero ¿qué quiere decir Woodman con «no hacer nada», cuando la mayor parte de la gente cree necesitar tres meses de *trabajo* para ponerse al día? ¿Qué significa no hacer nada? Si de repente te encontraras con que no tienes una lista de llamadas que responder, ni una pila de libros por leer, si tuvieras todas las facturas pagadas, la colada hecha y todas tus necesidades atendidas, ¿qué harías? ¿Cómo pasarías tu tiempo *libre*? La mayoría no sabría qué hacer porque, en realidad, tampoco piensa en ello. Quizá decimos: «Si tuviera tiempo, me gustaría...», precisamente porque sabemos que nunca va a llegar ese día. Seguramente tendremos más alternativas si nos contestamos nosotros mismos. Los ángeles nos guían para ponernos al día *a lo largo del camino.*

Disfrutaríamos más de la vida si apreciáramos las cosas pequeñas, como seguir los primeros pasos de un niño, en vez de empeñarnos constantemente en una carrera de obstáculos. Deberíamos revisar nuestros objetivos, porque, después de todo, son un medio para avanzar en la vida, pero no su destino. Los ángeles nos ayudarán mejor si permitimos que la vida se desarrolle en armonía con nuestro propio ritmo.

***Meditación de los ángeles:* Marcharé a mi propio ritmo.**

—— * ——

27 DE AGOSTO

DIEZ FORMAS ESTÚPIDAS DE CONTAMINAR EL MEDIO ESPIRITUAL

***Consejo de los ángeles:* El aire espiritual también necesita limpieza.**

LOS SERES humanos son muy aficionados al arte de contaminar. Ya sea con una nube de humo de tabaco o vertiendo residuos tóxicos, es evidente la despreocupación general por lo que estamos haciendo con la Tierra o por los efectos sobre la salud física y emocional de las criaturas que viven en este planeta. El ambiente espiritual también está expuesto a la contaminación. He aquí una lista de las diez formas más habituales de contaminar la atmósfera espiritual:

1. **Hablar sin piedad de asuntos trágicos.**
2. **Exponer brutales estadísticas a quienes necesitan esperanza.**
3. **Aburrir a los demás con una insaciable necesidad de atención.**
4. **Ser indulgente con la envidia o con los celos.**
5. **Compadecerse de uno mismo delante de los demás.**
6. **Negarse a ver el lado divertido de las cosas.**
7. **Reprimir la inspiración.**
8. **Robar un sueño.**
9. **Considerar a los demás inferiores.**
10. **Mostrarse inquieto y pendiente del tiempo cuando se está con alguien.**

Seguramente se te ocurren otras formas de contaminar la atmósfera espiritual. Elabora tu propia lista con otros contaminantes que encuentres especialmente irritantes. ¿Conoces a alguien culpable de contaminación espiritual? ¿Lo has sido tú mismo alguna vez, sin ser consciente de ello?

***Meditación de los ángeles:* Soy un miembro activo de la Agencia de Protección del Ambiente Espiritual.**

—— * ——

28 DE AGOSTO

APROVECHAR AL MÁXIMO LA EXPERIENCIA

Consejo de los ángeles: **En el ocas de la vida puede estar la tierra prometida.**

LA SOCIEDAD actual considera terrible encontrarse en el ocaso de la vida. Es triste comprobar que no somos capaces de apreciar los dones que ofrece el paso del tiempo, ni de dirigirnos con orgullo y decisión hacia nuestro destino final. Sin embargo, los ángeles no quieren solo que nos hagamos mayores con elegancia, sino que saquemos el máximo provecho de ello; cuando envejecemos, somos capaces de entender y apreciar cosas que se nos escapaban cuando éramos más jóvenes. Se puede ofrecer mucho más desde el punto de vista de la sabiduría y la empatía, y se dispone de más tiempo para pasarlo con los demás. Pero, sobre todo, no se deben aceptar como ciertos los mitos sobre el envejecimiento. Cuando a los 77 años, John Glenn se convirtió en el astronauta más viejo, demostró que muchas de las creencias más comunes sobre la edad no eran más que monsergas. Los ángeles tienden la mano a Glenn y a muchas otras personas mayores que son conscientes de lo que pueden llegar a ser. Estos pioneros son el vivo testimonio de una gozosa realidad: que nunca somos demasiado viejos para soñar ni para convertir nuestros sueños en realidad.

¿Tienes miedo a envejecer? Si es así, ¿qué es lo que más te asusta? ¿La enfermedad o la incapacidad? ¿Perder tu atractivo o el amor? ¿La soledad, la senilidad, la muerte? Haz una lista con tus creencias y miedos sobre el envejecimiento. Después, piensa en algunas de las cosas positivas que trae consigo la edad, ahora que ya no eres tan joven, eres más feliz. Imagínate como una persona mayor radiante y saludable, dispuesta aún a conquistar nuevos horizontes y agradecida a Dios por los años adicionales que te ha dado.

Meditación de los ángeles: **Considero la edad un regalo y no una desgracia.**

—— * ——

29 DE AGOSTO

¿CÓMO ESTÁ USTED?

***Consejo de los ángeles:* Si no te importa la respuesta, no preguntes.**

SEGURAMENTE no hay nadie a quien no le produzca urticaria el sonido de esas indiscretas voces impersonales, y previamente grabadas, que al otro lado del teléfono interrumpen una siesta o una cena con la pregunta: «¿Cómo está usted?». Es la voz ridícula de la telemercadotecnia, que invade nuestra intimidad y hace que ciudadanos decentes, amables y respetuosos de las leyes en condiciones normales, deseen cometer un asesinato en masa por teléfono. Tenemos derecho a que ningún extraño nos pregunte cómo estamos, como mera introducción para intentar vendernos algo. Los ángeles prefieren que cuando le preguntemos a alguien cómo está nos interese de verdad su respuesta. La respuesta favorita de los ángeles a la pregunta preferida de la telemercadotecnia es: «¿De verdad le importa?».

¿Alguna vez has hecho una pregunta a alguien sin que te interesara de verdad la respuesta? La próxima vez que lo hagas, intenta pensar cómo te sientes cuando recibes una llamada de la telemercadotecnia. Y la próxima vez que te molesten con una de esas llamadas que preguntan «¿Cómo está usted?», sé creativo y contéstale que te estás muriendo, a ver qué ocurre. O pregunta: ¿De verdad le importa? y observa qué sucede. Forzarles a personalizar es la forma más fácil para ambos de cortar la conversación; o de que ellos establezcan de nuevo la conexión con su humanidad.

***Meditación de los ángeles:* Soy sincero en mi interés por los demás.**

30 DE AGOSTO

LOS CELOS

Consejo de los ángeles: **«Si eres celoso, puede que ese sentimiento saque a la suprficie un aspecto de tu pareja que es necesario curar, y ese aspecto se refleja en ti».**

GARY ZUKAR

EN EL FONDO, los celos son la expresión de un miedo intenso. Es el miedo a perder algo del otro, especialmente cuando se trata de su amor o afecto. Hay ocasiones en que el miedo es imaginario. Por ejemplo, vemos que la persona que amamos está hablando con otro y pensamos que nos quiere dejar e irse con él o con ella, cuando en realidad lo único que hacen es mantener una conversación intranscendente. Otras veces nos ponemos celosos cuando alguien estimula esa reacción flirteando o regalando algo que para nosotros significaba mucho. Los celos no son agradables para ninguna de las partes, y lo que empieza como un juego puede terminar en tragedia.

Meditación de los ángeles: **Los ángeles nos recuerdan que el miedo y los celos solo existen en nuestra mente.**

—— * ——

31 DE AGOSTO

FORTALEZA

***Consejo de los ángeles:* «Fortaleza, cuando te arrolla la impetuosa ola de la vida».**
SCHILLER, *Hope, Faith, and Love*

LA FORTALEZA no es algo connatural. Precisamente cuando podemos desarrollar nuestros músculos físicos es cuando encontramos numerosas formas de impulsar el vigor espiritual y psicológico. Para algunos, la fortaleza llega a través de la oración y la lectura de la Biblia. Para otros, un largo paseo en plena naturaleza es una fuente de fortaleza. Otros pueden descubrir que su fortaleza aparece cuando se sientan en el silencio de la reflexión o la meditación. Seguramente existen tantas fuentes de fortaleza como personalidades. A nosotros corresponde descubrir qué es lo que mejor nos funciona, lo que nos da el valor y el compromiso de avanzar con ímpetu y firmeza, precisamente cuando las cosas no van bien. Dondequiera que la busquemos, lo cierto es que, en última instancia, la fortaleza reside en nuestro interior: es un recurso natural que siempre responde a una llamada urgente. Quizá haga falta escarbar un poco para descubrirla, pero nunca hay que tener miedo; esta ahí.

¿Cuáles son tus fuentes de fortaleza? ¿Hay alguna persona que te la inspire o aporte especialmente? ¿La encuentras en la acción o en la reflexión? Deberías elaborar una lista de «fuentes» a las que puedas recurrir para consolarte cuando sientas necesidad de apoyo.

***Meditación de los ángeles:* Tengo muchos lugares a los que recurrir cuando necesito fortaleza.**

—— * ——

1 DE SEPTIEMBRE

PARA LOS ÁNGELES ES MÁS FÁCIL

***Consejo de los ángeles:* «Todo lo relativo a los ángeles maravilla a los seres humanos, pero cuando estos hacen buenas obras aparecen también con una vestidura increíblemente hermosa».**
HILDEGARDA DE BINGEN

LOS ÁNGELES son luz y espíritu puros. Sería maravilloso que en un instante pudiéramos aparecer en cualquier parte e iluminarlo todo con nuestra luz. Nos liberaríamos del peso de este cuerpo que nos causa tanto dolor y nos mantiene atados al mundo terrenal. Si fuéramos ángeles, la vida sería eterna y, lo que es mejor, sabríamos cuáles son los verdaderos pensamientos de Dios, porque nosotros los *formamos.* Pero date cuenta de lo que nos perderíamos si fuéramos ángeles: la oportunidad de convertir lo material en una obra de arte, de abrazar a la persona amada y de dar nuestro amor a los demás. Son tan solo algunas de las cosas en las que los ángeles no tienen tanta experiencia como los seres humanos, porque no poseen un cuerpo terrenal.

Es tentador imaginar que si fuéramos ángeles no tendríamos que enfrentarnos a los problemas humanos. Sin embargo, Hildegarda de Bingen vio el cuerpo humano desde la perspectiva de los ángeles envuelto en una «vestidura increíblemente hermosa». La próxima vez que anheles la vida de los ángeles, dedica un momento a acercarte a tu entorno humano. Intenta demostrar físicamente tu amor a través de tus manos, tus brazos y tus buenas obras.

***Meditación de los ángeles:* En el fondo de mi corazón, sé que la vida es maravillosa.**

—— ✳ ——

2 DE SEPTIEMBRE

LA PERSONA AMADA

***Consejo de los ángeles:* «Cuando dos seres sienten una atracción incondicional y están dispuestos a sacrificarse el uno por el otro, es que están verdaderamenmente enamorados».**

PARAMAHANSA YOGANANDA

¡CUÁNTAS veces soñamos con un amor que pueda satisfacer nuestras necesidades y que nos traslade a una nube de felicidad! Pero el auténtico amor no es tan solo una loca pasión o un éxtasis romántico; el verdadero espíritu del amor incondicional es la voluntad o el deseo de sacrificarse por la persona amada. Esta nos resulta más importante que nuestra persona, y cuando transmitimos alegría, se nos devuelve duplicada, más allá de la euforia que pueda producir una droga o una fantasía. La persona amada extrae lo mejor de nosotros, los aspectos más nobles de nuestro ser, o, utilizando una frase de Abraham Lincoln: «Los mejores ángeles de nuestra naturaleza». Los ángeles nos aman con una entrega total, y cuando nosotros nos damos de la misma forma, estamos más cerca que nunca del reino de los ángeles.

Si tienes una relación amorosa, ¿puedes asegurar que tu pareja te ama verdaderamente? ¿Te ama y apoya incondicionalmente? ¿Estaría dispuesto a sacrificarse por tu felicidad? ¿Y tú? Si puedes decir que tu relación es así, considera que has recibido la mayor de las bendiciones. Si estás buscando un amor verdadero, empieza a cultivar las cualidades del amor incondicional y la compasión en tu interior, y prueba a atraer hacia ti a una persona de características similares.

***Meditación de los ángeles:* Doy amor desde lo más profundo de mi corazón y lo más alto de mi conciencia, y merezco que me amen del mismo modo.**

—— * ——

3 DE SEPTIEMBRE

La rigidez es asfixiante

***Consejo de los ángeles:* «La rigidez es el demonio de las mentes limitadas, que adoran los hombres de Estado, los filósofos y los teólogos de escasa talla. un alma grande no tiene nada que ver con la rigidez. Di lo que piensas hoy con firmeza y, mañana, di lo que pienses con firmeza también, aunque se contradiga con lo que digas hoy».**

Ralph Waldo Emerson

¿Te ha preocupado alguna vez que no parezcas ser la misma persona de ayer, con las mismas creencias, deseos y pensamientos, y que pueda parecer que eres falso? ¿Te has dado cuenta en alguna ocasión de que hoy no eres la misma persona que ayer y que es perfecto que sea así? Aunque es posible que la gente que te rodea no piense lo mismo. Si tus pensamientos o tus deseos cambian, te pueden reprochar que «ayer decías..». Sí, pero eso fue ayer. Muchas veces creemos que para comprometerse hay que sentir siempre lo mismo. Pero el verdadero compromiso se basa en el amor, que es algo mucho más profundo. Y el amor no es lo que decimos, sino lo que hacemos y el modo en que nos comportamos.

Los ángeles nos recuerdan que es posible amar y cambiar a la vez. Los ángeles no quieren que nos dejemos torturar por los demonios o las mentes limitadas.

Meditación de los ángeles: **Hablaré por hoy y amaré para siempre.**

—— * ——

4 DE SEPTIEMBRE

CONFERENCIAS

***Consejo de los ángeles:* Las conferencias deben quedarse para las aulas.**

EN TEORÍA, las conferencias son discursos que se dan desde el conocimiento, para que otros aprendan. Pero el hecho de dar una conferencia o un sermón, o recibirlos, puede ser muy molesto. Puedes sentir continuamente la necesidad de aconsejar a un amigo o a una persona que quieres, por su forma de vida o su salud, e incluso por las decisiones que ha tomado. Puedes creer que tus sermones tienen su origen en el amor y en el deseo legítimo de ayudar a otro, y puede que sea así. Por desgracia, el hecho de estar siempre dispuesto a dar consejos, pero nunca a recibirlos, parece ser una condición de la naturaleza humana. Pocos aprecian que les digan lo que debe hacer, y aún están menos dispuestos a cambiar de parecer por un consejo. Los ángeles no son buenos dando sermones, pero son comprensivos. Cuando queramos ayudar verdaderamente a alguien, debemos escucharlo, ponernos en su lugar y hacerle preguntas decisivas que puedan ayudarlo a ver con claridad y a descubrir cómo abordar el problema por sí mismo.

¿Has intentado alguna vez aconsejar a alguien? ¿Hay gente a la que le guste recibir tus consejos? Imagina que los ángeles te dieran un sermón sobre tu vida. ¿Qué y cómo te lo dirían? ¿Te ofendería o podrías aprender algo? Si realmente quieres ayudar a alguien, piensa qué elementos angelicales podrías incorporar a tus consejos.

***Meditación de los ángeles:* Respondo a las verdaderas necesidades de los demás, no a mi concepto personal de cuáles deberían ser.**

*

5 DE SEPTIEMBRE

LA PREPARACIÓN DEL DÍA DEL JUICIO FINAL

***Consejo de los ángeles:* «Si vamos a conmernos unos a otros, lo mejor será, además de comprar pistolas, preparar salsa de tomate».**

TONY GWILLIAM

CADA ÉPOCA tiene sus profecías sobre el fin del mundo, pero la nuestra parece haber alcanzado un grado muy alto de histeria. Virus asesinos, terremotos que destruirán las costas de los continentes, fracaso de la economía global, sin mencionar un pequeño holocausto nuclear y una escaramuza con el Anticristo que añadir a la lista de emociones: las señales del Juicio aparecen por todas partes. Quién sabe, puede que sea verdad; pero si el fin del mundo estuviera cerca, ¿qué haría? ¿Adónde podrías escapar? Ya que es muy poco probable que puedas cambiar el curso de los acontecimientos, los ángeles sugieren que te prepares en consecuencia. De ahora en adelante, procura superarte, ten una vida honrada, expresa tus sentimientos a las personas que quieres y disfruta de cada minuto de la vida. Después, si tiene que llegar el momento, llegará; pero siempre podrás decir que, a lo largo de tu vida, diste todo lo que tenías y aceptaste con satisfacción todo lo que te dieron.

Si te preocupa el fin del mundo, empieza a llevar un diario del día del Juicio Final. Puedes llamarlo, por ejemplo, «365 días para el fin del mundo», y escribir en él lo que haces cada día para preparar la cuenta atrás final. Hazlo de la forma más ocurrente que puedas, y enseguida comprenderás que aunque de todos modos llegará ese día, todavía tienes todos los días de tu vida por delante para vivirlos como desees.

***Meditación de los ángeles:* Sé que la mejor forma de prepararme para el futuro es vivir el presente.**

—— ✳ ——

6 DE SEPTIEMBRE

El Día del Trabajo

***Consejo de los ángeles:* La satisfacción llega a través del fruto de nuestro trabajo.**

El Día del Trabajo es una fiesta que se celebra para honrar a los trabajadores, y un buen momento para reflexionar sobre la naturaleza del trabajo. Generalmente, el trabajo tiene connotaciones negativas: es una lucha diaria, un gran esfuerzo físico o una carga muy pesada. Así, el trabajo implica esfuerzo, pero nunca queda sin recompensa. En el trabajo ponemos toda nuestra atención, y a veces incluso la pasión, como en una obra de amor. La suprema obra de amor es el nacimiento: a través del acto doloroso de dar a luz, se recibe una alegría sin par. El trabajo nos hace fuertes física, mental y espiritualmente; su dureza nos hace más versátiles y nos proporciona mayor satisfacción. Los ángeles creen firmemente en los beneficios del trabajo duro porque nos ayuda a mantenernos sanos y activos, y nos empuja a superarnos, más allá de lo que considerábamos nuestras limitaciones. Lo que conseguimos con el sudor de nuestra frente y con nuestras manos adquiere un significado mucho mayor que si nos lo entregaran en bandeja de plata.

¿En qué te has ocupado últimamente? ¿Alguna de tus ocupaciones han sido una obra de amor? ¿Te desagrada tu trabajo o te entregas a él? ¿Lo haces simplemente para vivir o enriquece tu vida y te fortalece? Examina hoy qué papel desempeña el trabajo en tu vida y piensa de qué forma lo puedes hacer más gratificante.

***Meditación de los ángeles:* Me empeño en hacer el mejor trabajo lo mejor que puedo.**

—— ⁕ ——

7 DE SEPTIEMBRE

NO TE JUBILES

***Consejo de los ángeles:* Retira tu retirada.**

ES EL MOMENTO de rechazar la idea de que el envejecimiento es malo y de que cuando llega la jubilación hay que seguir una senda ya trazada. Los lugares comunes más habituales sobre la vejez pasan por el fin de la sexualidad, el debilitamiento de la mente, el agotamiento del cuerpo, la pérdida de la belleza y la posibilidad de acabar en un asilo. Una versión muy triste que no gusta a los ángeles, y que no tiene por qué ser cierta. El término *jubilación* es una de las peores palabras que se han inventado. Es evidente que cambiamos con la edad, pero eso no significa que haya que apartarse de la vida. Cuando damos lo mejor de nosotros mismos y lo aceptamos, el cambio puede ser hermoso.

Solo Dios sabe cuándo llegará nuestra hora. Cuando inventamos un límite de edad para una idea tan negativa como la jubilación, nos excluimos voluntariamente de la mejor parte de la vida. ¿Has pensado en retrasar tu retiro? Si es así, piénsalo de nuevo.

***Meditación de los ángeles:* No me retiraré; mantendré mi compromiso con la vida.**

—— * ——

8 DE SEPTIEMBRE

El estudio frente a la experiencia

***Consejo de los ángeles:* «Cuando llega el antropólogo, se van los dioses». Proverbio haitiano**

La mayor parte de nosotros hemos aprendido a estudiar mediante el análisis mental de una materia, pero a muy pocos nos han enseñado a estudiar con el corazón, el alma, el cuerpo y el espíritu. Según el diccionario, *estudiar* significa «utilizar la mente para obtener conocimiento o comprensión»; «analizar atentamente»; «investigar, averiguar y observar». ¿Adónde nos conduce el conocimiento mental? Los ángeles nos piden que estudiemos con el corazón y el alma tanto como con la mente, para poder adquirir el verdadero aprendizaje, que es la compasión.

La próxima vez que necesites estudiar algo, intenta abordarlo de otra forma. En primer lugar, pide a los ángeles que sean tu guía de estudio, después siéntate tranquilo y deja que la nueva materia invada poco a poco tu pensamiento. Presta atención a cualquier imagen que surja, sobre todo si parece no tener ninguna relación con lo que estudias; deja que se desarrolle. Después, comprueba qué sensación te produce y pregúntale qué quiere decirte. Respeta lo que estudias y, antes de diseccionarlo analíticamente, tómate tiempo para vivir con ella en toda su complejidad.

***Meditación de los ángeles:* Tengo un nuevo taller con los ángeles que está dondequiera que vaya.**

9 DE SEPTIEMBRE

COYUNTURAS CRÍTICAS

***Consejo de los ángeles:* Cuando sientas que la mayor parte del mundo está en tu misma situación, mira a tu alrededor, habrá gente que la esté agravando.**

LA CRÍTICA AJENA es uno de nuestros mayores miedos. Por ejemplo, nos preocupa la apariencia física, el peso, la edad o nuestro nivel de energía y, desconcertados, creemos que esas cosas representan lo que «realmente» somos, por eso queremos que sean perfectas. Pero lo cierto es que somos humanos y por tanto imperfectos, y nos sentimos vulnerables. Y precisamente en el momento de mayor debilidad y fragilidad es cuando llega alguien y nos habla de nuestro peso, apariencia o nivel de energía. No nos lo tomaríamos en serio si antes nos hubiéramos hecho esas mismas observaciones irónicas nosotros mismos, porque el sentido del humor y la humildad es lo único que puede salvarnos. Los ángeles saben que somos mucho más que nuestra apariencia o nuestro nivel de energía, y nos piden que mantengamos ese punto de vista cariñoso con nosotros mismos. Entonces, ante las críticas de otros seremos capaces de sonreír y decir: «¡Gracias a los ángeles no me lo creo!».

Desde un punto de vista espiritual, somos conscientes de que el aspecto o el trabajo, así como todo lo que sea apariencia exterior, acabará por desaparecer. Si sabemos quiénes somos en nuestro interior, atraeremos a las personas que también lo saben, y no a quienes necesitan proyectar sus debilidades en los demás. La próxima vez que alguien te critique, sigue el punto de vista de los ángeles: serás más fuerte cuanto más elevada sea la perspectiva que mantengas.

***Meditación de los ángeles:* Escucharé a los ángeles, que hablan con el lenguaje del amor, y no a los que critican.**

—— ✳ ——

10 DE SEPTIEMBRE

VIVIR BIEN

***Consejo de los ángeles:* Vivir bien significa sacar el máximo provecho de la vida, al margen de las circunstancias.**

LA FRASE «Vivir bien es la mejor venganza» es exacta solo hasta cierto punto. Ser bueno es, sin duda, mucho más productivo que hacer o soñar con hacer daño a los demás. Pero «vivir bien» suele referirse en este contexto a estar sano, tener éxito y disfrutar de la comodidad material que los objetos pueden ofrecernos. Sin embargo, para los ángeles, vivir bien significa algo completamente distinto: extraer el máximo provecho de la vida a cada momento, propagando el espíritu de esperanza y de inspiración donde vayamos. Cuando vivimos bien, nos sentimos vivos y a gusto. Nuestro nivel de energía se encuentra al máximo, disfrutamos con levantarnos cada día y tenemos un sentimiento de gratitud y de utilidad. Los ángeles nos recuerdan que todo el mundo puede vivir bien siempre. No es necesario ser rico o no tener problemas. Basta con aprovechar todas las emocionantes posibilidades de experimentar la vida que el presente nos ofrece continuamente.

¿Vives bien? Si no es así, ¿por qué? ¿Has cometido el error de pensar que para vivir bien debes tener una salud perfecta? Si es así, piensa en personas como Christopher Reeve, uno de los mejores ejemplos de alguien que, aunque está paralizado y es incapaz de vivir sin un respirador, aún consigue mantener una vida repleta de objetivos y de significado como artista, activista y ser humano. Si él puede vivir bien, tú también puedes.

***Meditación de los ángeles:* Sé que vivir bien es más una cuestión de actitud que de circunstancias.**

*

11 DE SEPTIEMBRE

EL PEQUEÑO YO

***Consejo de los ángeles:* Tenemos dos yoes: uno pequeño y otro grande.**

TODAS LAS DISCIPLINAS espirituales se remiten a la lucha entre las fuerzas humanas y divinas que están en el núcleo de nuestra experiencia terrenal. Estamos formados por una entidad física y otra metafísica, que pueden provocar confusión e infelicidad hasta el momento en que aprendemos a equilibrar ambos aspectos de nuestro ser —en apariencia divergentes— y fundirlos en una asociación armoniosa. Los ángeles nos avisan de que nuestra pequeña personalidad está actuando, cuando nos asaltan pensamientos negativos e impulsos poco honrados; y nos sugieren que entremos en el alma grande —la más elevada conciencia, que trasciende el insignificante plano humano— y tomemos a nuestra pequeña personalidad de la mano, la escuchemos, hablemos y guiemos hasta el grado más elevado de sabiduría y compasión. Al fin y al cabo, no somos sino un ser que espera consejo y amor.

La próxima vez que te encuentres atrapado por el miedo, la duda u otros sentimientos desagradables o improductivos, intenta hacer este ejercicio. Cierra los ojos, respira profundamente e imagínate abandonando tu cuerpo y elevándote sobre él. Cuando estés flotando, imagina que tu alma se expande hasta que ocupe la habitación, el cielo y el universo. Desde esa posición infinita observa lo que hace y lo que dice tu «pequeño» yo. ¿Cómo se miden desde la gran escala de la importancia cósmica los problemas y las inseguridades? Cuando estés preparado, regresa flotando lentamente hasta tu cuerpo. ¿Tienes ahora una nueva perspectiva de tus problemas? Espera y verás cómo las soluciones se presentan de repente por sí solas.

***Meditación de los ángeles:* Sé que dentro de mi yo grande se encuentran las respuestas a todos los problemas que crea mi yo pequeño.**

—— ✳ ——

12 DE SEPTIEMBRE

DIOS TAMBIÉN NECESITA AMOR

Consejo de los ángeles: **«¡Bendice, alma mía, a Yahvé, y bendiga todo mi ser su santo nombre!». Salmo 103:1**

TODOS ESTAMOS dispuestos a recibir el amor de Dios, pero ¿hasta qué punto estamos dispuestos a devolverle ese amor? ¿Te has parado a pensar alguna vez cuánto amas a Dios? Los ángeles alaban a Dios en todo lo que hacen. ¿Cómo le alabamos nosotros? Como seres humanos, disponemos de muchas formas de demostrarle nuestro amor: el arte, la belleza y la música. Se puede ser un buen artista o inspirar a otros con una sonrisa o una pequeña atención. Todo esto permite que Dios conozca nuestro amor y nuestra devoción. Cuando reconocemos a Dios en todo lo que hacemos, no importa lo que suceda; Dios nos bendecirá con la fuerza para arroparnos en su gracia.

Empieza hoy mismo a demostrar a Dios tu amor. Siempre que te muevas, llévalo contigo. Pide a los ángeles un buen ejemplo del amor que Dios te tiene. Repite la frase «Te amo, Señor» al menos tres veces al día.

Meditación de los ángeles: **Permito que todo mi espíritu bendiga el sagrado nombre de Dios.**

13 DE SEPTIEMBRE

INGENIO SOÑADOR

Consejo de los ángeles: **Por las sinuosas avenidas del sueño se viaja hacia la conciencia.**

¿QUÉ es un sueño? Se trata de una experiencia que se produce durante el sueño, pero también de un objetivo al que se aspira, de un fuerte y a veces irresistible deseo cuyo canto de sirena nos puede conducir hasta lo más elevado. El soñador inteligente extrae el máximo provecho de sus sueños, elevándolos del nivel de la inconsciencia al de la consciencia y aprendiendo de ellos. También puede llamarse creatividad soñadora, porque crea una nueva realidad a partir de los sueños. El soñador con ingenio reconoce su valor cuando anota sus sueños, con sus fantasías y cuando presta atención a las visiones. Los ángeles y otros espíritus pueden hablarnos a través de los sueños nocturnos y las fantasías diurnas, por eso es tan importante recordarlos, valorarlos y escucharlos. De otro modo, puede que perdamos mensajes y señales que podrían transformar nuestra vida.

¿Cuáles son tus sueños en lo que se refiere a objetivos, aspiraciones o deseos? ¿Qué te dicen de ti? ¿Crees que los sueños que tienes mientras duermes son «tan solo sueños», sin ninguna relación con la realidad? ¿Crees que las fantasías son absurdas e improductivas? Intenta recordar tus sueños nocturnos. Escríbelos y deja que actúen en ti. Al mismo tiempo, presta atención a tus fantasías, porque es posible que estén vinculadas a las necesidades de tu alma.

Meditación de los ángeles: **No tengo miedo de dejarme guiar por mis sueños.**

—— * ——

14 DE SEPTIEMBRE

ATRAER LO QUE NO SE QUIERE

***Consejo de los ángeles:* Piensa y crearás.**

MARY BETH se acuerda de una anciana que conoció una vez, que odiaba a los animales. Tenía un arsenal de armas tras su puerta para defenderse del enemigo, siempre presente, y se la veía a menudo agitar, amenazadora, una escoba o un palo, gritando «¡Fuera de aquí!» a los gatos y los perros que pasaban por la calle. Y lo mejor era que los perros y los gatos de la vecindad rondaban siempre su casa, enredando ante su entrada o mordiendo su césped como si fuera el mejor sitio para jugar. El hecho de atraer lo que no se quiere no es tan extraño como puede parecer. La vida está compuesta de campos de energía y vibraciones, y nosotros somos potentes imanes. Nuestros miedos y pensamientos tienen mucho más poder del que imaginamos para crear una realidad propia. Los ángeles nos advierten de que cuando centramos nuestra energía en soluciones o ideas que reafirman la vida, en vez de obsesionarnos con lo que nos irrita o nos asusta, podemos estar seguros de atraer a personas y situaciones que de verdad queremos.

Examina tu campo de energía. ¿Lo sientes fuerte, débil, positivo o negativo? A lo largo del día toma nota de cómo le afectan otras personas. ¿Lo sientes más fuerte cuando estás cerca de determinados individuos y más bajo cerca de otros? Visualiza intensamente tu campo de energía relajándote y respirando profundamente, exhalando tus miedos y tus pensamientos negativos e inhalando una potente luz que proteja siempre tu campo de energía.

***Meditación de los ángeles:* Mis pensamientos son tan poderosos como mis actos.**

—— * ——

15 DE SEPTIEMBRE

CUANDO LAS COSAS NO SALEN BIEN

***Consejo de los ángeles:* Cuando lo intentamos, lo conseguimos.**

A MENUDO, cuando algo no va bien en nuestra vida, nos negamos a enfrentarnos a ello. No queremos aceptar la verdad y acabamos por golpearnos contra la pared; pero así solo conseguimos más quebraderos de cabeza. Los ángeles nos recuerdan que cuando las cosas no van bien, suele haber una buena razón. Si se trata de un proyecto, quizá no sea el momento más oportuno para desarrollarlo; si pensabas comprar la casa de tus sueños, ya llegará otra que se ajuste mejor a tus necesidades; si se trata de una relación amorosa, entonces es posible que no fuera la persona ideal para ti, y si ahora no funcionaba, ¿cómo iba a acabar en matrimonio? Algunas veces conocemos la razón por la que las cosas no funcionan, otras no. Hay ocasiones en que tenemos que confiar en la sabiduría del universo y en las bendiciones de lo desconocido que nos brindan lo apropiado en el momento oportuno.

¿Recuerdas algunas cosas que no hayan resultado en el momento que la deseabas? ¿Hubo algo más apropiado que, a la larga, llegó a ocupar su lugar? Si hay algo que no sale bien en este momento preciso, ¿crees que hay alguna razón para que sea así? Debes recordar que es posible que no puedas conocer todas las razones por las que algo no sale bien, así que es mejor que lo dejes y permitas a los ángeles que te guíen hasta un lugar mejor.

***Meditación de los ángeles:* Deposito mi confianza en el engranaje perfecto del universo.**

—— ✳ ——

16 DE SEPTIEMBRE

NUNCA

***Consejo de los ángeles:* Nunca está claro.**

¿TE HA sucedido alguna vez que después de haber dicho «Nunca más...», te has encontrado haciendo precisamente lo que habías dicho que no volverías a hacer? ¡Qué poder tiene el término *nunca*! Es una palabra fuerte, que significa en ningún momento, en ninguna ocasión, de ninguna forma... Es curioso que tengamos una palabra como esta, cuando no podemos permanecer fieles a su significado: sencillamente porque es imposible que sepamos lo que nos deparará el futuro. A menudo, la utilizamos para referirnos, precisamente, a algo que aún no hemos terminado. Los ángeles nos piden que tengamos el valor de buscar la razón por la que sentimos la necesidad de decir «nunca».

La próxima vez que te encuentres repitiendo «nunca más», tómate un momento y considera el hecho de que quizá puedas necesitarla para otra ocasión. Si eres capaz de emplear el sentido del humor, puedes burlarte de ti mismo cuando la uses y verte al día siguiente haciendo precisamente lo contrario. Lo mejor es que nunca perderemos la bendición de Dios.

***Meditación de los ángeles:* Nunca diré nunca jamás.**

—— ✳ ——

17 DE SEPTIEMBRE

HAZLO CON AMOR

***Consejo de los ángeles:* El amor trasforma el trabajo en una oración.**

EN SU LIBRO *The Sri Chinnoy Family Vegetarian Cookbook,* el líder espiritual indio Sri Chinnoy habla de la importancia de cocinar con «pulcritud, pureza y buenos sentimientos hacia los pucheros y las sartenes». Sus palabras se basan en que «la comida es vida y la vida es Dios». Por lo tanto, debemos cocinar y comer con la más elevada conciencia y con espíritu de amor y gratitud, para que esas vibraciones se digieran con la comida. Cuando realizamos cualquier actividad con espíritu de amor y gratitud, modificamos las vibraciones que hay a nuestro alrededor. Podemos vacunarnos con amor, lavar el coche con amor, ir al trabajo con amor. Así, de repente, las cosas que no teníamos en nuestro ánimo hacer se convierten en actos de devoción. El hogar se transforma en un núcleo de amor, el coche anda fluida y alegremente y en el trabajo el ambiente es más relajado y agradable. Es asombroso cómo un simple cambio de actitud puede alterar toda nuestra vida, pero lo cierto es que los ángeles siempre dicen que, a veces, el más simple de los cambios puede producir el más profundo de los efectos.

Imagínate cambiando tu vida de forma que realices cualquier actividad con amor. ¿Eres capaz de verte haciendo la colada con amor? ¿Y un examen? ¿Y sacando la basura? Haz una lista de las actividades que realizas de mala gana; mañana haz una de ellas con amor y gratitud y observa cómo te sientes. Presta también atención a los efectos que pueda tener en los demás el hecho de que hagas tus obligaciones en un estado de elevada conciencia.

***Meditación de los ángeles:* Como no siempre puedo hacer lo que amo, amo lo que hago.**

—— * ——

18 DE SEPTIEMBRE

DIVERSIÓN

***Consejo de los ángeles:* La vida es un gran parque de atracciones, con su tiovivo, su laberinto de los espejos y su montaña rusa.**

PARA DIVERTIRNOS, hay que estar alerta y ser consciente de la ironía de la vida. Cuando nos divertimos con las cosas, el entretenimiento y el buen humor están al alcance de la mano. Divertirse con la vida nos permite no tomar las cosas demasiado en serio. El arte de divertirse con el mundo y con uno mismo significa que tenemos que tomarnos las cosas con tranquilidad, conocer a nuestro consejero interior y aprender a hablar con nosotros mismos a la manera de un observador ajeno. Si estamos atormentados, preocupados y ansiosos, perderemos la diversión que siempre está presente y que los ángeles nos ayudan a ver.

Comprender que nuestra musa es un personaje travieso que a menudo nos engatusa para que sigamos el camino marcado, significa que no nos sentiremos burlados cuando la vida «nos la juegue». Aprendamos a buscar el lado divertido siempre que la vida nos brinde una sorpresa.

***Meditación de los ángeles:* Seré capaz de encontrar la diversión y el sentido del humor que siempre están al alcance de la mano en el viaje de la vida.**

—— ✳ ——

19 DE SEPTIEMBRE

EL MISTERIO DE LA LONGEVIDAD

***Consejo de los ángeles:* «La vida es corta; vívela».**
NIKITA KHRUSHCHEV

Es todo un misterio. Hay muchos octogenarios, nonagenarios y centenarios que nunca han seguido sus dietas, ni han ido a un gimnasio, ni han tomado vitaminas y que, sin embargo, siguen manteniéndose en forma. Por ejemplo, Beatrice Wood, la famosa ceramista, que murió a los 105 años trabajando hasta el último día. Ella atribuía su respetable edad a «la abundancia de chocolate, mantequilla y hombres jóvenes». O el pianista Arthur Rubinstein, que vivió hasta los 104 años y fue un conocido fumador y aficionado al alcohol y a los dulces. Y también está aquella increíble anciana francesa que celebró su 127 cumpleaños hace algunos años, con una generosa comida de paté, pato asado y vino. Los ángeles no quieren que nos excedamos, ni que vivamos deliberadamente de una forma que pueda dañar nuestra salud. Por otro lado, nos recuerdan que la longevidad y la buena salud son, al fin y al cabo, misterios que nunca podremos llegar a comprender. El truco está en tomarse la vida con las mayores dosis de entusiasmo, impulso juvenil y provecho, de forma que cuando llegue nuestra hora podamos irnos con la seguridad de haberla vivido realmente.

¿Te preocupa no saber cuánto tiempo vas a vivir? Si es así, es mejor que empieces a concentrarte en cómo será la calidad de tu vida, empezando por divertirte con lo que haces, aprovechando cada día al máximo y sintiéndote sano y en paz con tu espíritu.

***Meditación de los ángeles:* Me concentro más en vivir el momento que en vivir eternamente.**

—— * ——

20 DE SEPTIEMBRE

NO HAY DÍA SIN NOCHE

***Consejo de los ángeles:* «No aprendemos imaginando figuras en luz, sino tomando conciencia de la oscuridad».**

CARL G. JUNG

LA CITA de Jung hace hincapié en algo muy importante para quien busca sinceramente una transformación. Vivimos en un mundo físico de polos opuestos; cuando negamos la realidad y las leyes del mundo, perdemos luz. La iluminación es una combinación de sabiduría y compasión. La sabiduría procede del conocimiento y de la oscuridad del desconocimiento. Hay personas que son tan felices cuando descubren la bondad de los ángeles y se entusiasman de tal forma con su fuerza, que quieren convertirse en uno de ellos. Quieren la luz de los ángeles e intentan evitar la oscuridad que también acompaña nuestra existencia en la Tierra. Los seres humanos tienen la luz en su interior, pero el mundo está formado por el día y la noche, la luz y la oscuridad, el yin y el yang. Sacar nuestra oscuridad hasta la luz significa aceptarla y amarnos a través del proceso de acercamiento a la luz.

Cuando tomamos la decisión consciente de atraer las cualidades de lo divino a nuestro interior y de practicar el amor a Dios, los opuestos afloran y exigen atención. ¿Cómo puedes «tomar conciencia de la oscuridad» hoy?

***Meditación de los ángeles:* En mi vida, la luz y la oscuridad tienen la misma importancia en el camino hacia la iluminación.**

—— * ——

21 DE SEPTIEMBRE

INFIERNO LABORAL

***Consejo de los ángeles:* Nuestra tarea es trabajar en el interés de nuestra alma.**

POR DESGRACIA, el infierno laboral no es un lugar desconocido para la mayoría, aunque puede adoptar formas diferentes: aburrimiento o insatisfacción laboral, murmuraciones sobre los colegas, supervisores ineptos o incluso psicópatas, empresarios mezquinos o cantidades de trabajo irracionales. Hay unas cuantas pesadillas que la mayoría hemos experimentado en alguna ocasión, en nuestro noble intento de vivir honradamente. Los motivos para que la gente permanezca en un infierno laboral son muchos, pero la mayor parte no se mantienen en pie a la luz de la racionalidad. «Nunca encontraré otro trabajo donde me paguen tan bien...», «Tengo una familia que mantener...», «Soy demasiado mayor para que me contraten en otro sitio...», «Si dejo este trabajo, ¿qué voy a hacer?». ¿Te resulta familiar alguna de estas excusas? Si es así, contacta con la Agencia de Colocación de los Ángeles inmediatamente. Sin ninguna duda, Dios no quiere que estés en un infierno laboral. Por cada razón negativa que inventes para seguir, hay una positiva para que salgas. La Agencia de Colocación de los Ángeles funciona partiendo del principio de que nunca es demasiado tarde para 1) encontrar un trabajo gratificante; 2) cambiar de profesión, y 3) ser feliz. Tan solo tus creencias pueden bloquear o abrir la puerta de la satisfacción.

¿Vives un infierno laboral? Si es así, ¿cómo has llegado a él? ¿Por qué es tan frustrante tu trabajo? ¿Qué excusas te mantienen atado a él? Escríbelas y, después, ponlas a prueba. Pide a los ángeles que te ayuden a planear una estrategia definida que te permita encontrar el trabajo que quieres hacer. Sé consciente de que siempre hay una salida para un infierno laboral y presta atención a la dirección divina. Llegará.

***Meditación de los ángeles:* Merezco un trabajo creativo y gratificante, y sé que los ángeles me ayudarán a encontrar esa situación por mí mismo.**

—— * ——

22 DE SEPTIEMBRE

FRUNCIR EL CEÑO

***Consejo de los ángeles:* «Ilumina tu cara con alegría, esconde cualquier huella de tristeza, a pesar de que sientas que se escapa una lágrima. Debes seguir intentándolo, sonríe, no llores, y descubrirás que la vida todavía vale la pena solo con sonreír, sigue adelante y sonríe».**

CHARLIE CHAPLIN, JOHN TURNER Y GEOFFREY PARSONS.

PIENSA durante un momento en una cara humana. Piensa en la cantidad de información que puedes obtener a través de una expresión facial. *Fruncir el ceño* es una de esas expresiones que suenan como lo que realmente son. Cuando alguien hace ese gesto, es fácil captar el mensaje de que no está a gusto en su cuerpo. Tómate un momento y frúncelo a propósito: ¿a que surge en tu interior el desagrado? Piensa en alguien que haga a menudo ese gesto. ¿Qué están expresando? Ahora, cambia de mueca y sonríe de verdad. Una sonrisa transmite a los demás una percepción completamente diferente. Es la señal de que todo va bien en ese momento y de que el alma y el espíritu resplandecen en el rostro. Los ángeles nos hacen sonreír.

Una de las mejores características del rostro es su facilidad para cambiar de expresión. Incluso cuando uno está triste o llora, es posible sonreír. No somos seres estáticos. Podemos sentir muchas cosas simultáneamente. La próxima vez que estés decaído y enfadado, alza el rostro y sonríe. Aunque no tengas ninguna razón para hacerlo, inténtalo de todas formas. Piensa en los ángeles y oblígate a sonreír al menos una vez cada hora; tu vida cambiará.

***Meditación de los ángeles:* Iluminaré mi rostro con el amor de los ángeles.**

—— * ——

23 DE SEPTIEMBRE

MONOTONÍA

***Consejo de los ángeles:* «Antes de nada, quiero dejar una cosa muy clara: nunca explico las cosas».**
MARY POPPINS

LA VIDA es misteriosa, y una buena parte de su misterio nunca podremos conocerlo mientras vivamos en el cuerpo terrenal. Es difícil aceptarlo y por eso buscamos formas de explicarlo todo con palabras. Las palabras tienen su utilidad, pero también sus limitaciones. ¿Las necesita el lenguaje del alma y del espíritu? ¿Las palabras hablan al corazón o, por el contrario, existe otro tipo comunicación que transmite conocimiento a nuestro corazón? Si todo se pudiera explicar, el prodigio se desvanecería. Puede que al mirar hacia delante la vida resultara monótona, evidente y sin retos.

Niégate durante un día a dar explicaciones. Si llegas tarde a una cita, simplemente llega tarde; si quieres comprar algo que no puedes permitirte, no busques excusas, y si temes decir algo fuera de lugar, suéltalo sin más. Los ángeles estarán encantados y la magia te seguirá allí donde vayas.

***Meditación de los ángeles:* No necesito dar explicaciones o allanar las hermosas cimas de la vida.**

24 DE SEPTIEMBRE

A CARA O CRUZ

***Consejo de los ángeles:* Dios no juega a los dados.**

NUESTROS antepasados de la Antigüedad consultaban a los dioses cuando tenían que tomar una decisión, y también buscaba su consejo cuando era imposible resolver una disputa. Aplaudimos su espíritu de consulta al reino de los cielos a la búsqueda de respuestas para los problemas acuciantes de la vida. El único inconveniente es que se quiere una respuesta inequívoca: sí o no. Intentamos reducir la sabiduría divina a blanco o negro, a un simple cara o cruz. Julio César estableció la práctica de lanzar una moneda al aire, desde que su efigie se imprimió en un lado de las monedas romanas. Si al lanzarla salía cara, era como si el propio emperador estuviera de acuerdo con la decisión. El problema es evidente: ahora la gente consulta más al emperador que a la sabiduría divina. Pensar a cara o cruz es un signo claro de que Dios no está presente en nuestros actos.

Piensa en la principal decisión que hayas tenido que tomar en tu vida, por ejemplo el matrimonio. ¿Si lo hubieras decidido a cara o cruz, te sentirías bien? Cuando nos abrimos a la presencia de los ángeles, ya no nos satisface un sí o un no, sin más. La próxima vez que tengas que tomar una decisión importante, considérala bien. Pide a los ángeles que te den el valor necesario para sopesarla en un contexto más amplio.

***Meditación de los ángeles:* La cara o la cruz de una moneda no me pueden mostrar el camino a seguir.**

—— * ——

25 DE SEPTIEMBRE

CORRIENTE

***Consejo de los ángeles:* «Un filósofo nunca se acostumbra al mundo. Para él, el mundo siempre parece algo irracional, confuso y enigmático. Así, los filósofos y los niños tienen en común una facultad muy importante para la vida».**

JOSTEIN GAARDNER, *El mundo de Sofía*

UNA DE LAS mejores formas de tener una vida plena es continuar asombrándonos por el hecho de estar vivos y aceptar lo corriente como lo que verdaderamente es: un hecho extraordinario. A menudo, lo extraordinario permanece oculto, y descubrir lo que de maravilloso se esconde en lo ordinario requiere un conocimiento especial. Cuando recibimos la bendición de una experiencia extraordinaria, la tendencia natural será codiciar más o aventurarse por la senda que seguramente nos brindará grandes experiencias. Pero si permites que los ángeles entren en tu corazón, te mostrarán cómo ver lo ordinario con una mirada nueva, y serás otra vez un niño capaz de encontrar la magia de las cosas.

Si sientes que has perdido la capacidad de asombro, pide a los ángeles que te ayuden a vivir de verdad en el milagro de la naturaleza, la humanidad, el amor, el misterio y la vasta imaginación de Dios. No necesitarás utilizar las drogas, el alcohol o los productos químicos para cambiar tu forma de mirar tan solo la voluntad de pedírselo a los ángeles.

***Meditación de los ángeles:* No soy tan corriente, y mi mundo tiene una visión mágica llena de asombro y de Dios.**

—— * ——

26 DE SEPTIEMBRE

LLENAR EL DEPÓSITO ESPIRITUAL

***Consejo de los ángeles:* A menudo prestamos más atención al depósito del coche que al nuestro.**

CUANDO la vida empieza a traquetear y nos sentimos como si no nos quedara gasolina, es posible que haya llegado el momento de llenar el depósito espiritual. Del mismo modo que un coche no puede andar sin gasolina, tampoco nosotros lo podemos hacer si carecemos del combustible necesario. El alma funciona con muchas clases de combustible: el amor, la compasión, el gozo del trabajo o la fe son tan solo algunas de las cosas que nos llevan de acá para allá en el largo camino de la vida. Y, como el coche, el alma no funciona bien con combustible barato. Cuando la vida parece vacía de sentido, cuando confundimos el bienestar material con el espiritual o negamos nuestra propia naturaleza, el alma sufre. Los ángeles prefieren que alimentemos el alma solo con el mejor combustible, ese que nos permite reafirmar la vida y realizar actividades que alimentan el espíritu tanto como el cuerpo.

Si tu entusiasmo está bajo o si no tienes ganas de hacer nada, comprueba el nivel de tu depósito espiritual. ¿Tienes solo medio depósito lleno? ¿Está vacío? ¿Qué tipo de combustible le pones habitualmente? Si es el más barato, es posible que tu alma no esté bien alimentada. Imagínate repostando en la gasolinera de los ángeles, llenando el depósito y haciendo rugir el motor con energías renovadas y con la sensación de tener un objetivo.

***Meditación de los ángeles:* Cuidaré mi salud espiritual.**

—— * ——

27 DE SEPTIEMBRE

EL PODER FRENTE AL AMOR

***Consejo de los ángeles:* El poder y el amor son como el agua y el aceite: no se pueden mezclar.**

HAY DEMASIADOS seres humanos que confunden el poder con el amor. Cuando intentamos cambiar la vida de alguien porque creemos amarlo y saber qué es lo mejor para él, no estamos amando, sino dominando. Cuando utilizamos el dinero o la influencia para intentar comprar el amor, lo que obtenemos es servidumbre, no devoción. Por supuesto, hay personas que prefieren ceder el poder a otros y eludir su responsabilidad, porque no confían en su capacidad para tomar decisiones. Es algo habitual en muchas relaciones, y es posible que aquellos que lo reciben crean sinceramente que actúan conforme al deseo del otro, es decir, que dominar es amar. Pero los ángeles saben que el amor verdadero no busca el poder, sino la felicidad de la persona amada. Cuando amamos de verdad, queremos que el otro descubra su potencial y sea responsable ante sí mismo, no ante nosotros.

¿Tienes o has tenido una relación que implique un juego de poder? ¿Ejerces tu poder sobre alguien? Si es así, ¿por qué? ¿Intentas controlar de alguna forma a la persona que amas? Date cuenta de que no tienes que entregar ni asumir el poder para que te amen.

***Meditación de los ángeles:* Soy el compañero y no el director de la persona que amo.**

—— * ——

28 DE SEPTIEMBRE

DESAFINADO

***Consejo de los ángeles:* Cuando desafina nuestra música interior, es que no estamos en armonía con el universo.**

EN SU FORMA más elemental, la música es el vínculo de conexión de la voz humana con el oído de Dios. Los mitos de diferentes culturas aseguran que el mundo se formó a partir del sonido y que la música es el eco de la voz del Creador. Todas las religiones y las tradiciones espirituales tienen sus himnos a la divinidad; generalmente se representa a los ángeles como cantores de loas a la gloria de Dios en el coro celestial o como tañedores de arpas o liras. Los monjes del Coro Tántrico Celestial realizan conciertos a lo largo del mundo en los que cantan por la paz mundial. Los ángeles nos animar a traer la música a nuestra vida y a expresar la música interior, para situarnos de forma natural en sintonía con Dios y con nuestra «musa» interna. Cuando permitimos que nos guíe la musa —el espíritu o el poder al que se dirigen poetas, músicos y artistas en busca de inspiración—, el espíritu se conecta con las más elevadas vibraciones y somos capaces de contribuir plenamente a la elevación espiritual del universo.

Para lograr armonía en la vida necesitamos distinguir entre las personas y las cosas en las que nos reflejamos instintivamente y las que son causa de discordia. ¿Con quién te sientes en armonía? ¿Con quién te encuentras desafinado? Escucha la canción de tu alma, ¿estás bailando al son de otro? ¿Respondes a tus necesidades e impulsos creativos? La música es una poderosa fuerza curativa; deberías intentar escuchar más a menudo tu música favorita, moverte a su ritmo y cantarla, o empezar a tocar un instrumento para recuperar la vitalidad y la armonía en tu vida y dar salida a la expresión de tu espiritualidad.

***Meditación de los ángeles:* Estoy en armonía con las vibraciones de los ángeles.**

—— ✳ ——

29 DE SEPTIEMBRE

NO ES JUSTO

***Consejo de los ángeles:* «Es mucho menos necesario saber cómo será la vida que abrirnos a su misterio».**
JACK KORNFIELD, *A Path with Heart*

EL PRESIDENTE Jimmy Carter dijo en cierta ocasión que la vida no es justa. El hecho de que fuera un presidente quien hizo tal declaración produjo una impresión muy intensa. La vida *no es* justa. Es triste, pero ¿dónde hemos aprendido la noción de lo que es justo? ¿Es justo para el resto de las personas tener que vivir en función de lo que otro considera justo? Cuando pensamos en el sentido de la vida, solemos olvidar la cuestión de la justicia. Recuerda que has aceptado que existe una imagen fundamental en el universo, una inteligencia divina que recuerda a tu corazón que no está solo y que este mundo no es una partida de dados que alguien juegue a nuestras expensas. Si la justicia existe, reside en el misterio. Aunque nunca seremos capaces de comprender *por qué* les suceden cosas buenas a los malos (y viceversa), debemos aceptar que el concepto de «bueno» es subjetivo, y que existe un contexto más amplio que la información limitada que somos capaces de percibir con el cuerpo y la mente.

Si te pierdes en el intrincado laberinto de la necesidad de justicia, te volverás loco. Deja de esperar que las cosas sean justas y acepta lo que puede suceder, a ti o a los demás. Las cosas son así y no puedes cambiarlas. Después tienes que buscar una forma de curarte. Cultivar la virtud de la compasión es el mejor modo de iniciar el proceso de curación y de dejarte llevar a lugares inesperados. La vida no es justa, pero los actos divinos son inescrutables.

***Meditación de los ángeles:* No me obsesionaré con la justicia y dejaré que Dios me guíe por el camino de la resignación y el amor.**

—— * ——

30 DE SEPTIEMBRE

METAMORFOSIS

***Consejo de los ángeles:* La metamorfosis es cambio. La vida es cambio. La metamorfosis es vida.**

LA METAMORFOSIS es una de los temas fundamentales en la mitología. Todos los seres cambiaban de forma, y los héroes sufrían transformaciones internas a través de los ritos de pasaje y de las pruebas de purificación. El significado del mito es que la transformación es siempre mágica y dolorosa, y si tenemos la valentía suficiente de buscar nuestra verdadera naturaleza, se nos recompensará con la ayuda misteriosa de lo sobrenatural y descubriremos el mágico poder que hay dentro de nosotros para transformar la vida. Muchas veces el cambio nos asusta, pero los ángeles nos aseguran que no solamente es beneficioso, sino inevitable. Nada es estático; incluso las cosas que día tras día parecen iguales están sometidas a cambios continuos de su estructura atómica y a mutaciones de energía. Si deseamos transformar nuestra vida, pero nos da miedo lo desconocido, los ángeles nos piden que dejemos a un lado los temores y confiemos más en la orientación y la protección de Dios y en el proceso natural de la vida.

Puede que ocurran o estén a punto de ocurrir cambios importantes en tu vida; de algunos debes ser perfectamente consciente; otros puede que se produzcan y permanezcan en el nivel de la inconsciencia. Y puede que otros estén a la vuelta de la esquina. Tienes que estar atento y preparado para aprovechar cualquier oportunidad de transformación. Si te sientes paralizado, deja que los ángeles te ayuden a liberarte de los temores al cambio.

***Meditación de los ángeles:* Amo la vida en todas sus formas de cambio y aprovecho su capacidad de crear cosas nuevas.**

1 DE OCTUBRE

UN MODELO A SEGUIR

***Consejo de los ángeles:* Si vivimos una mentira, ¿cómo podremos defender la verdad?**

TENER un modelo a seguir es una parte fundamental de la vida. Todos necesitamos personas que nos inspiren, que nos den esperanza y valor, que sean un ejemplo al que aspirar. Pero los ángeles se preguntan qué clase de ejemplos a seguir hay en la actualidad. ¿En qué personas íntegras y valientes podemos fijarnos como fuente de inspiración y orientación? Uno de los problemas más serios de esta sociedad es que no respetamos la línea que separa el trabajo de la integridad personal. A menudo nos decimos, si alguien hace su trabajo, ¿qué importa lo que haga con su vida personal? Los ángeles piden que se tenga cuidado. Por utilizar un ejemplo evidente, un presidente que engaña a su mujer y miente a su familia y al país puede ser un buen líder en lo que se refiere a su trabajo, pero los ángeles no creen que sea el mejor modelo a seguir. Los líderes tienen una responsabilidad con el pueblo, y todo lo que hagan en su vida personal y pública debe seguir los principios básicos de integridad. Así, los ángeles esperan de nosotros que busquemos un modelo de integridad a seguir, pero también que nosotros seamos un buen modelo. Ese es el único camino adecuado y seguro para aprender, tanto a través de nuestros actos como de nuestras palabras.

¿Quién es tu modelo a seguir, la persona que tiene más influencia sobre ti? ¿Por qué lo elegiste? ¿Qué clase de ejemplo te gustaría ser? Tienes el poder de inspirar a otros, pero ¿lo utilizas?

***Meditación de los ángeles:* Soy consciente de mi responsabilidad como ejemplo de integridad para otros.**

—— * ——

2 DE OCTUBRE

NO TE METAS EN TUS ASUNTOS

***Consejo de los ángeles:* Todo es asunto de Dios.**

SEGURAMENTE alguna vez hemos oído decir: «Ocúpate de tus asuntos», o «No te metas en mis asuntos». Sin embargo, a veces también a los ángeles les gustaría decirnos: «No te metas en tus asuntos». ¿Qué significa? Pues que dejes de tomarte demasiado en serio a ti mismo y a tus asuntos. ¿Cuáles son tus asuntos? Quizá estás dando consejos a otros y ofreciendo tu opinión sin pensarlo, para evitar ocuparte de tu vida y de qué hacer con los asuntos que tienes entre manos. Si no estás de acuerdo con las decisiones de la gente que te rodea, hasta el punto de que no te ocupas demasiado de tus propios asuntos, presta atención y pregúntate: «¿De verdad es cosa mía?». Ten el valor de reconocerlo sinceramente.

Cuando los ángeles nos transmiten el mensaje de que no nos metamos en nuestros asuntos, quieren decir que lo dejemos estar y les permitamos cuidar de lo que ha escapado a nuestro control. Liberándonos de todos estos asuntos, podemos regresar a la sencillez y estar en paz sin que nos importe lo que hace el vecino.

***Meditación de los ángeles:* Conseguiré olvidarme de mis asuntos y tomar siempre la dirección del amor.**

3 DE OCTUBRE

MENOS ES MÁS

Consejo de los ángeles: **Necesitamos más respeto.**

MUCHAS VECES creemos que la razón de nuestra infelicidad es que necesitamos más: más dinero, más cosas y más amor. Pero queriendo más, se pierde la oportunidad de disfrutar y bendecir lo que se tiene. Sin duda, querer más de la vida es un instinto humano, pero en la sociedad actual ese instinto toma senderos desviados. El bombardeo de mensajes que nos dicen que necesitamos más *cosas* es continuo. Párate a pensar qué es lo que verdaderamente necesitas. ¿Más cosas materiales? Seguro que no, teniendo en cuenta que, probablemente, ya vives sin ellas. Necesitas tener *menos*, para darte cuenta de lo que te *sobra*.

Cuando te liberas de la necesidad de tener más, los ángeles te ofrecen un don del cielo. Recibirlo es una bendición superior a todas las cosas que ahora te rodean. Serás capaz de captar los mensajes de los ángeles y todo lo bueno te llegará porque ellos sabrán que pueden confiar en ti y que sabes venerarlo.

Meditación de los ángeles: **Tengo un don especial del cielo.**

—— * ——

4 DE OCTUBRE

REBELIÓN CONTRA DIOS

***Consejo de los ángeles:* Cuando nos rebelamos contra Dios, nos estamos rebelando contra el bien que está dentro de nosotros.**

LOS RABINOS definen el pecado en el judaísmo como «rebelión contra Dios», es decir, una desobediencia premeditada contra la conducta correcta que recogen las enseñanzas de la Torah. La vida está hecha de moral estricta y preceptos éticos que, cuando se siguen, aseguran la armonía sobre la Tierra. Cuando nos desviamos de esos principios, se pone en peligro la salud y seguramente la supervivencia de la comunidad, y se perturba el orden divino. A veces nos asalta la tentación de rebelarnos contra Dios, por ejemplo, cuando sufrimos una tragedia. Decimos: «¿Cómo es posible que Dios lo permita? ¡No creeré en Él nunca más!». Pero eso no es pecado, sino una comprensible angustia humana, que Dios sabe que debe expresarse antes de que llegue la curación. La forma más compleja de rebelión contra Dios implica un comportamiento en la vida que desprecie los valores divinos del amor, la compasión, la sinceridad y la decencia. No se trata entonces de un simple enfado ante un poder externo que nos parece arbitrario, sino el rechazo de los aspectos divinos de nuestro ser. Acabamos por desligarnos de nuestro ser más íntimo y nos convertimos en seres *impíos.* Los ángeles son los agentes de la integridad y de la piedad, y están aquí para recordarnos la forma más elevada de conciencia, la que nos une a Dios y a nuestra alma.

¿Cómo defines el pecado? ¿Cuáles son los peores pecados que puedes imaginar? ¿Y el peor que hayas cometido? Piensa en lo cerca que estás de Dios cuando actúa lo mejor de tu naturaleza, porque Dios es la fuerza unificadora del amor y la compasión que mantiene el vínculo de la vida.

***Meditación de los ángeles:* No intentaré tener una buena vida, sino una vida buena.**

—— * ——

5 DE OCTUBRE

LA AVENTURA

***Consejo de los ángeles:* «O la vida es una aventura extraordinaria o no es nada». I. A. R. WYLIE**

CUANDO pensamos en la aventura, la primera imagen que se nos viene a la cabeza es una escapada, salvaje e intrépida, a tierras lejanas, como las que emprendían los pioneros que descubrieron y conquistaron nuevos mundos, los jóvenes inquietos que se iban a la guerra o los viajeros a la búsqueda de lugares desconocidos y nuevas experiencias. Pero la aventura no implica necesariamente un cambio de lugar: una aventura es un viaje a lo desconocido, y como no conocemos el futuro, todos los días pueden convertirse en una aventura. La mejor forma de prepararse es adoptar una actitud expectante: levantarte por la mañana y dar la bienvenida al nuevo día como si fuera la próxima escala de un viaje alrededor del mundo, para atraer placeres inesperados y quizá algún milagro.

¿Has vivido alguna aventura últimamente? ¿Cómo te comportas ante lo desconocido: te asusta eres precavido o curioso? Si tienes un espíritu aventurero, haz como si mañana fueras a emprender una gran aventura. Cuando te levantes, prepárate para tener un día lleno de sorpresas, emociones y misterios. Asegúrate de anotar todas las aventuras que te sucedan durante el día.

***Meditación de los ángeles:* Soy un explorador de la vida.**

6 DE OCTUBRE

La dependencia mutua

***Consejo de los ángeles:* Hacen falta dos personas para bailar un tango.**

En una relación amorosa profunda, las partes son mutuamente dependientes. Es necesaria una cierta dependencia de la persona amada, porque, si no, la relación es aburrida y superficial. En una sociedad que fomenta el individualismo y que cada uno se saque las castañas del fuego, parece mal visto depender de los demás. Pero ¿qué tiene de malo? Es verdad que cuando se depende de los demás cabe la posibilidad de que nos decepcionen o nos hagan daño, pero ¿es eso el fin del mundo? ¿Acaso es cierto que la dependencia trae consigo necesariamente el dolor? Aprender a necesitar a los demás y a aceptar esa necesidad da miedo, porque nos hace vulnerables. Pero es imposible entablar una relación íntima sin ser vulnerable. El verdadero problema aparece cuando uno es vulnerable y desea depender de alguien que no le corresponde. La mutua dependencia es clave para estrechar los lazos en una amistad o en una relación. Nunca conseguirás mantener una relación sana sin ser dependiente. El hecho de que solo una de las partes de la pareja sea dependiente nunca es un buen principio, precisamente el que dos personas se necesiten y dependan la una de la otra es la base de la intimidad vital.

Los ángeles nos recuerdan que estar solos no es nuestra condición. Las relaciones humanas pueden ser maravillosas, y lo cierto es que todos necesitamos a los demás. Por lo que se refiere al auténtico amor, siempre debemos tener mucho cuidado. Pero ¿qué es lo peor que puede pasarnos cuando nos unimos a alguien? ¿Y qué si pasara?

***Meditación de los ángeles:* Seguiré a mi corazón lejos del miedo, hasta el éxtasis del amor profundo.**

7 DE OCTUBRE

LA SERPIENTE ENTRE LA MALEZA

***Consejo de los ángeles:* Todo lo que se reprime acaba por salir a la luz.**

UNA AMIGA nos cuenta una historia de su infancia que para ella tuvo un enorme significado simbólico. A un hombre que trabajaba en la granja de su familia le atacó una serpiente, pero en lugar de dejarla tranquila o, simplemente, alejarse de ella, el trabajador la estuvo hostigando, lanzándole cosas hasta que se deslizó entre la maleza para ponerse a cubierto. Más tarde, su padre llegó a casa y salió al jardín. Como no sabía nada de la serpiente comenzó a rastrillar cerca de la maleza, y la serpiente, todavía irritada, apareció de repente y mordió a su padre, que estuvo a punto de morir por la picadura. La moraleja de la historia, asegura esa amiga, es que cuando se reprime o se agobia a la serpiente que llevamos dentro, esta se venga. El miedo y la preocupación, y los impulsos que negamos o ridiculizamos, tienen la mala costumbre de aparecer y atacar cuando menos lo esperamos. Los ángeles advierten que tenemos que expresar, y no reprimir, nuestros sentimientos, sacarlos a la superficie para poder enfrentarnos a ellos, para que dejen de estar al acecho.

¿Reprimes tus sentimientos o eres incapaz de enfrentarte a ellos? ¿Por qué? ¿Crees que desaparecerán si los ignoras o los menosprecias? O, por el contrario, ¿se harán oír por mucho que intentes negarlos? Los ángeles sugieren que cuando tengas sentimientos desagradables que quieras enterrar, los saques a la luz y dejes que te hablen. Debes intentar dialogar con esos miedos, sentimientos de culpa o vergüenzas y escribir esa conversación. Sin duda será instructiva.

***Meditación de los ángeles:* No niego mis sentimientos, por mucho que me asusten.**

—— * ——

8 DE OCTUBRE

LA TELEVISIÓN BASURA

***Consejo de los ángeles:* Mirada de ángel.**

IMAGÍNATE que eres un ángel que ve la televisión por primera vez. Si hicieras *zapping,* ¿qué tipo de imágenes observarías que dominan en la pantalla? ¿Has notado que la mayor parte de los programas de máxima audiencia tratan de asesinatos? ¿Te has dado cuenta de que casi todos los telediarios, sobre todo cuando dan las noticias locales, se limitan a hacer poco más que un recuento de muertes truculentas? Además, los programas de televisión que no tratan de muertes o de asesinatos, basan su argumento en traiciones, como las telenovelas. Los que se anuncian como comedias reflejan conductas tan exageradas o insustanciales que resulta imposible que sean ciertas. ¿Qué crees que dirían los ángeles de la programación de televisión y de lo que revela acerca de la conciencia colectiva? ¿La vida humana es tal y como se la representa en televisión?

Intenta pensar cuándo fue la última vez que viste algo edificante e inspirador en televisión. ¿Con qué frecuencia ocurre? ¿Es fácil encontrarlo en algún canal? La próxima vez que te sientes delante de la tele, mírala como si fueras un ángel, y cuando asistas a uno de esos "recuentos", reza para que Dios los acoja en su seno. Ya que pasas tanto tiempo viendo esas cosas, cambia tu actitud ante ellas.

***Meditación de los ángeles:* Prestaré más atención a la forma que tienen los ángeles de ver el mundo.**

——— * ———

9 DE OCTUBRE

FÓRMULAS

Consejo de los ángeles: **No obtendrás nada sin esfuerzo.**

UN MUNDO dominado por la psicología de andar por casa y las reglas espirituales de bolsillo no es el más adecuado para crear unos cimientos sólidos. Si crees que el verdadero éxito espiritual se alcanza rápidamente y sin esfuerzo, perderás muchas oportunidades de forjar tu carácter y de descubrir partes de ti que necesitarás cuando tengas éxito. El esfuerzo y el trabajo serio nos permiten basar las experiencias y las enseñanzas en la realidad de la existencia. Solo entonces tendremos una base firme. Investiga nuevas ideas, escucha las experiencias de los demás y recuerda que para la vida real no existen fórmulas.

Los ángeles quieren que tengas cuidado con las fórmulas y las recetas para el éxito que te aconsejan los demás. No debes intentar forzar las situaciones para aplicar esas fórmulas, porque puede que no te des cuenta de que ese momento concreto requiere una estrategia diferente. La próxima vez que vayas a seguir una fórmula, párate un minuto y pregúntate qué solución reclama la situación.

Meditación de los ángeles: **Mi vida no es una fórmula.**

—— * ——

10 DE OCTUBRE

MORALIDAD SIN CULPA

***Consejo de los ángeles:* Vigila tus pensamientos, porque serán palabras. Vigila tus palabras, porque serán actos. Vigila tus actos, porque serán hábitos. Vigila tus hábitos, porque serán tu carácter. Vigila tu carácter, porque será tu destino.**

FRANK OUTLAW

LA MORALIDAD es el discernimiento interior de lo que es correcto o incorrecto, y se basa en lo que la mayoría considera una acción correcta en función de cada situación. Por tanto, la moralidad no consiste en adoptar las conductas que complacen a los demás y, después, en privado, hacer todo lo contrario. Abunda la gente que utiliza la moralidad como medio para controlar la conducta ajena, y son muchos los que la han sufrido como un chantaje emocional que les hace sentirse culpables. Muchos moralistas de salón se dedican a escribir libros para sermonear a los niños diciéndoles cosas como «dime con quién andas y te diré quién eres». Lo que en realidad quieren decir es: o sigues nuestras reglas o serás un «fracasado». Sin embargo, los ángeles llaman la atención sobre el hecho de que, a menudo, los «fracasados» son las personas más divertidas, y que si tienes el coraje de romper con esa trampa moral, los perdedores pueden convertirse en ganadores.

Con la ayuda de los ángeles, y siendo honrado, serás creativo, trabajador y no te agobiará la culpabilidad. La verdadera moralidad permite tener un profundo respeto por los demás, que no se basa ni en el juicio ni en el castigo. Una clase de moral que se alcanza gracias a la integración espiritual. Respeta a los demás sin importarte que no piensen como tú, y estarás en armonía espiritual con tus pensamientos, palabras y obras.

***Meditación de los ángeles:* Cada día descubriré algo nuevo sobre la virtud y me ejercitaré en ella junto a los ángeles.**

—— * ——

11 DE OCTUBRE

MORALIDAD SIN CULPA

***Consejo de los ángeles:* «Cuando un hombre comparece ante el Juicio divino, lo primero que se le pregunta no es "Has creído en Dios" o "Has rezado o has cumplido con los ritos", sino, "¿Te has comportado honrada y lealmente en tu trato con el prójimo?"».**

TALMUD

EN ESTA ÉPOCA parece que la sociedad no considera lucrativa la ética. Seguramente a la mayoría no nos pilla por sorpresa, saturados como estamos por medios de comunicación cuyo objetivo parece ser la codicia y no la ética. A nuestro alrededor vemos cómo se recompensan conductas poco honorables y cómo los editores se hacen multimillonarios publicando libros sobre asesinatos. Los abogados hacen carrera defendiendo a personas cuya culpabilidad es evidente. La frase «La verdad os hará libres» convence a muy poca gente, porque se refiere a la libertad interior y no a la apariencia. Al contrario, la filosofía actual parece ser «Puede que la verdad te haga libre, pero no te hará rico». Cuanto mayor es el culto al dinero y al poder, menos importancia tiene la ética. Los ángeles nos advierten que cuando somos incapaces de responder ante Dios si la vida que hemos llevado ha sido honrada, es cuando nos damos cuenta de que nuestros falsos dioses nos han traicionado.

¿Recuerdas algún momento de tu vida en que hayas sido víctima de un comportamiento poco ético? ¿Eres honrado en tu vida cotidiana? Si nunca te has parado a pensarlo, deberías llevar durante un par de días un Registro Ético en el que puedas comprobar hasta qué punto eres honrado con los demás.

***Meditación de los ángeles:* Me portaré con los demás lo más honradamente posible.**

—— * ——

12 DE OCTUBRE

ADIVINANZAS

***Consejo de los ángeles:* «Sé intachable con tus palabras. Es el primer compromiso que debes adoptar si quieres ser libre y feliz, y si quieres trascender el nivel de existencia del infierno».**
DON MIGUEL RUIZ

¿HAS TENIDO alguna vez la sensación de que todo el mundo miente, aunque no tenga ninguna razón para hacerlo? ¿Has adivinado alguna vez lo que alguien hacía en realidad, después de que te haya contado lo que él quería que creyeses que hacía? Desperdiciarás mucha energía intentando deducir la verdad. Y, por desgracia, una cosa *es* cierta: se cuentan muchas mentiras con la intención de evitar hacer daño a los demás con la verdad. Pero la verdad te hará libre. Lo que quiere decir que las mentiras piadosas, aunque se digan para no hacer daño, nos esclavizan. Podemos echar la culpa a los demás y decir «No lo entendería, le haría daño». Pero si de algo podemos estar seguros es de que cuando elegimos «jugar a las adivinanzas», los demás también lo harán con nosotros.

Piensa cuántas veces has utilizado ese juego en tus relaciones con los demás. Si tienes valor para hacer algo verdaderamente interesante, empieza a decir la verdad, aunque te arriesgues a perder algo querido. No solo no lo perderás, sino que además Dios y los ángeles te bendecirán.

***Meditación de los ángeles:* Mi vida no es un juego de adivinanzas.**

13 DE OCTUBRE

INDIFERENCIA

***Consejo de los ángeles:* «Liberarse y abandonarse a Dios» no significa desvincularse de la experiencia humana.**

SE SUPONE que uno de los más elevados estados de la conciencia espiritual es la indiferencia o el desapego, pero los ángeles no están de acuerdo. Precisamente porque no está bien, nos impresiona ver que un niño se muestra desapegado. Que los ángeles nos estimulen a evadirnos de las preocupaciones no significa apartarse de la belleza del mundo y de la gente. El ser humano sabe huir del dolor, y la indiferencia es un método habitual para escapar de los problemas cotidianos. Sin embargo, forzar el desinterés por determinadas situaciones que nos asustan, produce más miedo y nos convierte en seres egocéntricos.

Si te desentiendes de sentimientos, relaciones, sueños y creatividad, no tendrás protección, los ángeles no podrán hacer nada. Si, por el contrario, te acercas a la dolorosa belleza de la vida, los ángeles sabrán cómo actuar.

***Meditación de los ángeles:* Estoy unido y conectado a la vida.**

*

14 DE OCTUBRE

Encerrados

***Consejo de los ángeles:* Tu espíritu siempre será libre.**

TODO EL MUNDO quiere ser libre, pero a menudo se siente enjaulado, reprimido por situaciones que limitan la capacidad de ser y de hacer lo que se debe. Es entonces cuando hay que recordar que en nuestro interior existe un espacio de libertad que nadie nos puede arrebatar, y al que siempre se puede recurrir. Los ángeles llaman a ese rincón «estado mental» y nos recuerdan que, al margen de las circunstancias, es nuestro estado original y nuestro destino. Mucha gente cree que lo que le impide ser libre es el trabajo, el matrimonio, la familia, la invalidez de los padres o la mala suerte. Pero lo cierto es que se puede ser libre en cualquier lugar y condición, siempre que se entienda que la mente y el espíritu son capaces de recorrer sin trabas el universo. El espíritu no está limitado por barreras físicas: la mente puede elevarse por encima de cualquier situación y el espíritu es capaz de atravesar cualquier muro.

Escribe una lista de todo lo que creas que forma tu concepto de la libertad. ¿Hay algo que te impide desarrollar tu sentido de la libertad? Ahora mismo, ¿qué miedos y preocupaciones te hacen sentirte enjaulado? Intenta sentarte tranquilamente y deja que tu mente y tu espíritu fluyan hasta un lugar libre de inquietudes y recelos, un lugar en el que los ángeles te ayudarán a relajarte y a confiar en tu capacidad interior de liberación.

***Meditación de los ángeles:* Sé que la libertad no es tanto un derecho como un desafío creativo.**

15 DE OCTUBRE

ASÍ ES LA VIDA

***Consejo de los ángeles:* El bienestar consiste en saber valorar lo que nos ofrece la vida.**

LAS COSAS son como son. Si intentamos cambiarlas o perdemos el tiempo con deseos imposibles, solo conseguiremos frustrarnos y desilusionarnos. Te gustaría medir 1,80 metros y no 1,70; tener una voz melodiosa, 100 millones de pesetas y que tus familiares fueran sensatos. Pero lo cierto es que tu altura, tu voz, tu cuenta corriente y tu familia son como son; así es la vida. Quejarse continuamente por lo que no se tiene desemboca en un círculo vicioso del que es muy difícil salir, que convierte la vida en un juego de espejos que refleja y devuelve aumentado nuestro descontento. Los ángeles nos advierten que, a veces, no queda más remedio que aceptar las cosas tal y como son, de ese modo seremos libres de emprender el verdadero camino. Así, las circunstancias personales ya no serán una cruz que soportar, sino simples caprichos de la vida que dejarán de angustiarnos cuando seamos conscientes de que no tenemos ni el poder ni la posibilidad de cambiarlas.

***Meditación de los ángeles*: No puedo cambiar lo que no está a mi alcance.**

—— * ——

16 DE OCTUBRE

Incertidumbre

***Consejo de los ángeles:* La única certidumbre de la vida es la incertidumbre.**

Siempre es bueno saber hacia dónde vamos, tener metas en la vida y una mínima declaración de intenciones, aunque la verdad es que nadie quiere saber, en el fondo, qué va a sucederle a lo largo de su vida. Pero hay ocasiones en que tenemos la sensación de ir a tientas entre la niebla, sin darnos cuenta del infierno en el que estamos. Son momentos de auténtico miedo. ¿Cómo superarlos? ¿Podemos sortearlos o, en cambio, vamos directos a su encuentro? Es en ese momento cuando los ángeles nos recuerdan que, a veces, la incertidumbre es una bendición que puede darnos el empujón necesario para emprender un nuevo camino o para asumir riesgos y vivir más intensa y radicalmente. La incertidumbre puede reconducirnos hasta el sentido de nuestra identidad espiritual y, a menudo, una crisis de identidad vital puede traernos el despertar espiritual y proporcionarnos, incluso, una profunda satisfacción. La incertidumbre obliga a enfrentarse a la fragilidad, y ofrece la oportunidad de liberarse de la ilusión de control y de enfrentarse a la vida sin protección, pero en libertad. Los ángeles saben que la incertidumbre es el preludio del descubrimiento, y que el descubrimiento lo es, a su vez, del crecimiento. Y también saben que a Dios le gusta desconcertarnos un poco porque, quizá, esas «interferencias» nos recuerdan su presencia.

¿Están dominados algunos aspectos de tu vida por la incertidumbre? ¿Cómo te sientes? ¿Nervioso, frustrado, curioso? ¿Te gustaría eliminar esa incertidumbre? ¿Qué sucede cuando permites que te domine la necesidad de seguridad?

***Meditación de los ángeles:* Tengo el valor de no dejarme llevar por la continua necesidad de saber adónde voy y por qué.**

——— * ———

17 DE OCTUBRE

NATURALEZA DIVINA

***Consejo de los ángeles:* «Desde mi punto de vista, lo divino y lo humano no son polos opuestos. Cuanto más humano es uno, demuestra mayores características, cualidades y comportamientos que sugieren algo terrenal o divino. Cualquier forma de insinceridad, vileza, depravación o vicio no es expresión de la naturaleza humana, sino distorsión o perversión de la misma».**

HAROLD D. JESTER

PIENSA durante un minuto en la idea de la naturaleza humana. ¿Qué es lo primero que se te viene a la cabeza? Que tus pensamientos sean agradables dependerá de tus experiencias más recientes con otras personas. En nuestras reflexiones sobre la naturaleza humana influyen nuestras vivencias a lo largo de los años y lo que esperábamos de otras personas. La cita superior nos recuerda que la naturaleza humana es divina, y cuanto más profundamente humana, más divina.

Los ángeles son nuestros compañeros creativos y les facilitamos que se empleen a fondo en nuestra vida cuando desarrollamos cualidades y actitudes similares a las suyas. Piensa en las cualidades que caracterizan a los ángeles: amor, paz, gratitud, humor, alegría y compasión. Son atributos que sacan a relucir nuestra naturaleza divina.

***Meditación de los ángeles:* Mis pensamientos, palabras y obras son de naturaleza divina.**

—— * ——

18 DE OCTUBRE

COMBATE

***Consejo de los ángeles:* «Por sí mismos, tus combates no crean karma ni determinan el camino a seguir, solo lo hacen tus respuestas».**
GARY ZUKOV

EN LA ACTUALIDAD, la lucha es un deporte popular. Lo que hace el luchador profesional tiene mucho mérito, pero, en el aspecto personal, luchamos con las decisiones de la vida al menos una vez al día. El más famoso relato sobre la lucha relacionado con un ángel es la historia de Jacob, que luchó durante toda una noche con un ángel y que, al final, acabó por dislocarse el fémur. Al final, el ángel le dice: «Suéltame, que ha rayado el alba». Jacob respondió: «No te suelto hasta que no me hayas bendecido» (Génesis 32:36). El combate finaliza y Jacob recibe el nombre de Israel, que significa «el que ha sido fuerte contra Dios». Jacob está en cada uno de nosotros simbolizando la fuerza que nos empuja hacia Dios. En nuestro combate con la vida, lo que en realidad hacemos es pedir que el ángel nos bendiga, como hizo Jacob.

Cuando reconocemos en nuestro interior a Jacob, descubrimos nuestra conexión con Dios y que no seremos derrotados en la lucha. No importa lo que te suceda en la vida, ni la dificultad del combate: si utilizas tu libre albedrío por voluntad de Dios, serás bendecido. Recuerda a tu Jacob «interior» y sé consciente de que tu verdadero destino es ir por el camino recto hasta Dios.

***Meditación de los ángeles:* Cuando la vida se convierte en un combate, aspiro a la unidad con Dios.**

—— ✳ ——

19 DE OCTUBRE

PROHIBIDO EL PASO

***Consejo de los ángeles:* «Ningún maestro, ningún psíquico, ningún dios puede atravesar nuestra puerta interior si decidimos no dejarlo entrar».**
DENG MING-DAO

EN ESTA CITA la palabra clave es *decidir.* El único camino hasta el santuario de nuestra mente puede contaminarse cuando *decidimos* que influyan en él. Cuando no tenemos pensamientos propios o nos asusta no ser lo suficientemente buenos, los demonios que pululan a nuestro alrededor están preparados para aprovecharse de la situación. Cuando nos sentimos débiles, los demonios atizan la decepción para alimentar nuestra sensación de insignificancia. Dejamos que suceda y olvidamos que hemos elegido permitir la entrada de esos pensamientos destructivos. Cuando nos sentimos débiles, quizá no estemos aún preparados para admitir otra voz, sino que lo que necesitamos es, más bien, escuchar nuestra voz interior.

Hemos sido bendecidos con un gran don: el mundo privado de nuestra mente. Trátala como si fuera un santuario y, cuando recibas un consejo que no te satisfaga, no te dejes influir por él. Pregunta a los ángeles cómo defender tu puerta interior y pon de tu parte para no permitir la entrada a embaucadores.

***Meditación de los ángeles:* No dejaré atravesar mi puerta interior a cualquiera.**

—— ✳ ——

20 DE OCTUBRE

¡DEJA QUE OCURRA!

***Consejo de los ángeles:* «Entonces, querido señor Kappus, no debe asustarse si se levanta en usted una tristeza tan grande como nunca haya visto otra; si una intranquilidad, una nube oscura recorre sus manos y toda su actividad [...]. No se observe demasiado. No saque consecuencias demasiado rápidas de lo que ocurre; déjelo ocurrir sencillamente».**

RAINER MARIA RILKE, *Cartas a un joven poeta*

MUCHAS VECES tenemos sensaciones que nos asustan o inquietan y que intentamos evitar o borrar de nuestra mente. Con la suprema sabiduría de los poetas, Rainer Maria Rilke sabía que cualquier emoción o sensación que experimentamos tiene el poder de llevarnos donde no habíamos pensado ir, e incluso de transformarnos en seres nuevos, más fuertes y creativos. Conviene recordarlo cuando atravesamos momentos difíciles. Aunque no parezca una buena razón para sufrir, puede que el padecimiento nos conduzca hasta otro lugar. Los ángeles nos invitan a que no evitemos los pensamientos desagradables, a tener el coraje de enfrentarnos a ellos y de permitir que nos guíen en un viaje cuyo destino, aparentemente desconocido, es familiar al alma.

La próxima vez que tengas sensaciones de miedo o de inquietud intenta seguir el consejo de Rilke y deja que éstas te lleven donde quieran, sin intentar evitarlas o eliminarlas. Como Rilke recomendaba a su amigo, el joven poeta: «Piensa que la enfermedad es el medio con que un organismo se libera de lo extraño: no hay más que ayudarle a estar enfermo [...] pues ese es su progreso».

***Meditación de los ángeles:* Sé que, a menudo, la tristeza es el paso previo a la transición y la transformación.**

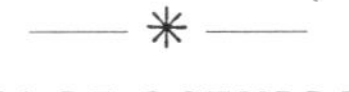

21 DE OCTUBRE

MALAS NOTICIAS

***Consejo de los ángeles:* Cuando ocurre algo «malo», el verdadero sentido de la vida toma cuerpo en nuestra alma y nos permite reírnos de nosotros mismos y no tomar demasiado en serio las ilusiones.**

UN LIBRO que se hizo popular hace unos años preguntaba «por qué les suceden cosas malas a los buenos». A los seres humanos les encanta explicarlo todo, y uno de los temas preferidos es el misterio de la desgracia. Muy a menudo los líderes religiosos se lanzan a hablar de determinadas materias por boca de Dios, y afirman, por ejemplo, que «el SIDA es un castigo divino contra quienes practican sexo inmoral» o que «en Los Ángeles se producen terremotos porque es un nido de víboras». El principal problema de este tipo de afirmaciones es que se basan en la creencia de que la muerte es un castigo. «La muerte se infiltrará en el culto de los pecadores secretos», dicen algunos, pero esa no es precisamente la realidad. Muchos «pecadores secretos» son longevos, mientras que mueren muchos niños inocentes. Las acciones de Dios van mucho más allá de lo que nosotros, como seres humanos, somos capaces de comprender. Y en muchas de esas acciones hay sentido del humor, pero no es el humor del payaso, sino el del travieso, que actúa en el mundo con intenciones misteriosas.

Deducimos todo tipo de significados de nuestra vida. Piensa en una desgracia reciente que hayas sufrido tú o que le haya acaecido a otra persona. ¿Confiabas en las intenciones inescrutables de ese divino travieso o intentabas entender por qué estaba sucediendo y qué significaba? La vida puede ser un cúmulo de paradojas, y solo cuando lleguemos a entenderlo, los ángeles nos recordarán que hay cosas que nunca sabremos, y que ese desconocimiento puede resultar muy creativo.

***Meditación de los ángeles:* Soy consciente de que las preguntas de Dios tienen multitud de respuestas.**

—— * ——

22 DE OCTUBRE

DESARRAIGO

***Consejo de los ángeles:* «La meditación no es una vía de escape de la sociedad. La meditación consiste en prepararse para volver a la sociedad, del mismo modo que la linfa alimenta al árbol».**

THICH NHAT HANH

EL MONJE budista Thich Nhat Hanh utiliza a menudo su ocupación preferida, la de jardinero, como una metáfora de la vida. «Durante muchos años he sido jardinero en nuestra comunidad», reflexiona en su ensayo *Being Peace*. «Sé que algunas veces es difícil trasplantar los esquejes. No es fácil trasplantar algunas plantas, por eso utilizamos un tipo de hormona vegetal que las ayuda a enraizar en la tierra. Me pregunto si existe algún tipo de poción... que pudiera ayudar a las personas desarraigadas a echar nuevas raíces en la sociedad.» Esa poción podría ser algo similar a la meditación, que no consiste en retirarse del mundo, sino en permanecer pegados a la tierra que nos une a las verdaderas raíces. Cuando profundizamos en la meditación, salimos de nuestra realidad física para entrar en el reino del alma, que nunca puede ser desarraigada, porque mora en la tierra de Dios.

¿Te has sentido desarraigado alguna vez en un trabajo, un hogar, una relación o, incluso, un país? ¿La muerte de un ser cercano te ha hecho sentir, de repente, que no perteneces a ningún lugar? A menudo, ese sentimiento de desarraigo es el que te muestra la dirección de tu auténtico hogar: Dios. Cuando utilizamos la meditación como un medio para centrarnos, nos apoyamos en las verdades eternas, cuyas raíces no pueden arrancarse porque no están plantadas en las arenas movedizas de la realidad material, sino en la base sólida de la conciencia divina.

***Meditación de los ángeles:* Mientras los ángeles estén a mi lado, sé que nunca me sentiré desarraigado.**

—— ✳ ——

23 DE OCTUBRE

DIFERENCIAS

***Consejo de los ángeles:* No es correcto ni incorrecto, simplemente diferente.**

ESTÁ BIEN ser diferente. Todos el mundo es diferente, aunque algunos no están a gusto con esas diferencias. Estas se miden en grados. Por ejemplo, una manzana es diferente de una naranja, pero ambas son frutas; una manzana y un trozo de pollo frito son diferentes, pero ambos son comida; una manzana y un árbol son diferentes, pero las manzanas crecen en los árboles. En el caso de las relaciones humanas, las diferencias se *sienten*. Eso puede llevarnos a una gran exploración en la que cada parte se alimenta de las diferencias que aprende sobre sí misma; o puede que, quizá, el grado de diferencia sea demasiado y dé como resultado un conflicto constante. Lo fundamental es no reducir las diferencias a una cuestión de corrección o incorrección, de bondad o maldad, sino tan solo de diversidad.

Cuando nos encontramos ante las diferencias llega el momento de decidir hasta dónde somos capaces de aceptarlas. ¿Es posible reducirlas? ¿O creceremos lejos de los conflictos de los demás? Pide a los ángeles que te ayuden a conocer tus respuestas interiores.

***Meditación de los ángeles:* Ni mis diferencias con los demás son tan grandes, ni mis semejanzas tan iguales.**

—— ✳ ——

24 DE OCTUBRE

DROGAS

***Consejo de los ángeles:* Basta con decir «No».**

¿TIENES PROBLEMAS con las drogas? Para que tu respuesta sea afirmativa no es necesario que estés enganchado a una droga dura. La comida, el sexo, las relaciones, la televisión, el consumismo o el ejercicio... hay muchas cosas que pueden desempeñar la misma función que la droga en nuestra vida. El problema es que muchas veces no somos conscientes de que estamos bajo su influencia. Una relación puede convertirse en una droga cuando estamos obsesionados por esa persona, hasta llegar a perjudicar incluso nuestro rendimiento. La cólera también puede ser una droga, y es necesario mantener un cierto autodominio ante situaciones frustrantes que nos enfurecen, para obtener a cambio la energía que nos faltaba. Los ángeles reconocen que hace falta valor para reconocer cuándo estamos utilizando una sustancia, una actividad o una relación como si fuera una droga; y aún más valor para dejar de usarla. Pero también saben que tenemos el coraje necesario y que una vez que nos ponemos en acción tenemos muchas posibilidades de encontrar la satisfacción que las drogas nunca pueden proporcionar.

¿Cuál es tu droga personal? Es interesante observar cuándo utilizamos determinadas actividades, relaciones o sustancias para evitar ciertos problemas o sensaciones. Nunca habríamos pensado que esas cosas desempeñan el papel de una droga en nuestra vida. Si descubres que tienes una droga personal, observa cuál es su efecto. Aunque te haga fuerte momentáneamente y parezca que te sienta bien, quizá deberías preguntarte cómo te ayuda a evitar ciertos problemas.

***Meditación de los ángeles:* Descubro mi entereza en la plena conciencia, no en la evasión.**

—— * ——

25 DE OCTUBRE

UN REFLEJO DEL MUNDO

***Consejo de los ángeles:* «No podremos descubrir quiénes somos si antes no descubrimos el universo, la Tierra y las necesidades de nuestro ser».**
THOMAS BERRY

LA MENTE REFLEJA lo que sucede a su alrededor de forma personal. Piensa que el planeta, la Tierra, es una mente central a la que todos estamos unidos; por eso, cuando se produce cualquier nueva información, también acaba por afectarnos. Los nuevos avances tecnológicos se reflejan en nuestra mente; y cuando estalla una guerra por conflictos religiosos o territoriales, nos aflige tanto odio y violencia. Podemos trasladar ese ejemplo a un ámbito más cercano para comprobar que reflejamos lo que sucede en la ciudad, el vecindario, la familia y el hogar. Todas las personas reflejan el *anima*, el alma del mundo, de diferentes maneras; algunos lo manifiestan a través del arte y otros encuentran esas imágenes en sus sueños. Thomas Berry afirma que para conocerse a sí mismo también es necesario tener conciencia del mundo.

¿Qué hacer cuando el mundo nos abruma con imágenes de dolor y de violencia? Buscar el equilibrio mental para evitar que la negatividad nos domine y mantener nuestra energía lo más sana posible, para alcanzar la providencia divina. De esa forma dejaremos una huella positiva en el anima mundi, *el alma del mundo.*

***Meditación de los ángeles:* Mi energía se transmite al mundo que me rodea.**

26 DE OCTUBRE

LA MENOR RESISTENCIA

***Consejo de los ángeles:* Muchas veces, la senda más fácil es el camino hacia la iluminación.**

TODOS ATRAVESAMOS periodos "bajos" en los que el cuerpo y la mente están más expuestos a la enfermedad o la depresión, y son más vulnerables al estrés. Durante estos periodos de menor resistencia, los ángeles nos sugieren que seamos conscientes de lo que sucede en nuestra vida. ¿A qué intentamos "resistirnos"? ¿Qué obstáculos absorben nuestra energía, nos dejan agotados y nos convierten en presa fácil de la confusión mental y de las molestias físicas? Cuando el desequilibrio afecta a nuestra vida, el cuerpo toma el control y nos obliga a descansar, haciendo que caigamos enfermos para permitir que nos recuperemos. Esa menor resistencia es una señal para detenernos a reflexionar. Si escuchamos a nuestro cuerpo es probable que nos sorprenda. Sólo abandonando el ajetreo cotidiano y centrándose en el descanso y la curación se alcanza la sabiduría espiritual que permite encaminar nuestra vida en una nueva dirección.

¿En qué aspecto de tu vida es menor tu resistencia? ¿Cómo podrías reforzarla? Haz una lista de todo lo que te gustaría hacer, de lo que te hace feliz y de cómo podrías cuidarte para aumentar tu resistencia. Tómate 15 minutos de descanso, relájate y escucha a tu cuerpo.

***Meditación de los ángeles:* Me tomo tiempo para alimentar el cuerpo y el alma.**

—— ✳ ——

27 DE OCTUBRE

PADRE CÓSMICO

***Consejo de los ángeles:* «Un niño sólo será adulto cuando rompa su adicción a la armonía, cuando elija lo que de verdad es importante y participe con alegría de las tensiones del mundo».**
ROBERT BLY

SI TRATAMOS A DIOS como a un padre cósmico y le exigimos que cumpla nuestros caprichos, entonces nos tratará como a niños. Imagínate que tu hijo utilizara tus regalos para someter a los demás niños, que a su vez le compraran esos regalos para ejercer su poder sobre otros: ¿seguirías dándole todo lo que te pide? Seguramente no. Y ¿cómo te sentirías si sirvieras en tu mesa lo mejor de lo mejor y tu hijo prefiriera ir a comer las sobras a casa del vecino? ¿Y si tu hijo te culpara de matarle de hambre? Así tratamos a Dios: esperando siempre más, pero desaprovechando las bendiciones que nos otorga. Quizá nos comportamos con Él como si fuera un padre cósmico, en vez de la mayor fuerza divina del amor.

Dios nos ama y quiere que disfrutemos de las bendiciones que nos concede. Cuando tenemos el corazón lleno de amor, somos capaces de compartir. Así reconocemos y honramos la fuente original de ese amor.

Meditación de los ángeles: **Aprenderemos a apreciar los dones divinos cuando confiemos en la generosidad de Dios.**

—— ✳ ——

28 DE OCTUBRE

TRAICIÓN

Consejo de los ángeles: **«Debemos tener claro que vivir solamente donde nos sintamos seguros o amar a quien no nos hará daño, significa mantenerse al margen del camino del dolor y, por tanto, de la verdadera vida»**

JAMES HILLMAN

CUANDO LA VIDA NOS TRAICIONA, podemos elegir entre encerrarnos en nosotros mismos para huir del dolor o afrontar la traición hasta que la situación cambie y estemos preparados para volver a amar. Se puede aprender mucho de la traición analizando las situaciones que nos provocan esa sensación. ¿Esperábamos que los demás cumplieran nuestras expectativas? ¿Por qué? Todo el mundo sabe que es difícil estar a la altura de las esperanzas ajenas; tal vez por eso nos duele que los demás no cumplan las nuestras.

Si te sientes traicionado, pide a los ángeles que te ayuden a entender por qué. Analiza tus expectativas y permítete abandonarlas. Cuando estés preparado y los ángeles te ayuden a perdonar, ábrete al amor.

Meditación de los ángeles: **Los ángeles nunca me traicionarán porque siempre son leales a Dios.**

29 DE OCTUBRE

CADUCIDAD

***Consejo de los ángeles:* Haz inventario de tus necesidades.**

¿QUÉ HACEMOS con lo que ya no necesitamos? Lo normal es que lo regalemos o nos deshagamos de ello. Aaunque somos conscientes de la necesidad de reemplazar o de tirar lo que ya no sirve, no sucede lo mismo con las costumbres o los comportamientos que han dejado de resultarnos útiles. Puede que haya personas con la que ya no tengamos nada en común; quizá el trabajo ha dejado de ser gratificante o quizá nos empeñamos en mantener emociones que en el fondo han dejado de interesarnos. Los ángeles sugieren que se haga un inventario interior de todo aquello que ya no responde a nuestras necesidades. Solo entonces podremos decidir qué hacer con ello y cómo reemplazarlo para seguir creciendo.

¿Qué pasa con las costumbres y los comportamientos que han dejado de ser productivos en tu vida? ¿Te has parado alguna vez a pensar por qué actúas de determinada forma o por qué frecuentas a determinadas personas que no aportan nada a tu crecimiento espiritual y emocional? ¿Qué sucedería si cortaras con todo aquello que es un lastre en tu vida? ¿Con qué podrías reemplazarlo?

***Meditación de los ángeles:* No tengo miedo de crecer ni de cambiar.**

—— ✳ ——

30 DE OCTUBRE

La ilusión de un trabajo seguro

***Consejo de los ángeles:* «La ilusión tiene la virtud de devolverte la fuerza cuando olvidas tu condición de espíritu que está viviendo una experiencia física para completar su aprendizaje.»**
Gary Zukav, *The Seat of the Soul*

¿Qué pasa cuando nos damos cuenta de que la vida que llevábamos no es más que una ilusión, y que todo lo que nos sostenía se ha venido abajo y nos enfrentamos al problema de reinventarnos una vez más? Una de esas ilusiones es la seguridad en el trabajo. Cuando basamos nuestra identidad en la actividad laboral con la que nos ganamos la vida, perder un trabajo puede destruirnos. Sin embargo, puede significar una nueva luz, tal vez hacer algo que siempre hemos deseado. La clave está en no sentirse burlado por la vida. La palabra *ilusión* viene del latín *illudere,* que significa «burlarse». Siempre podemos adaptarnos a una realidad nueva si comprendemos que en la vida todo es cambio.

Cuando estés en trance de reinventarte una vez más, recuerda la primera regla de los ángeles: las cosas no son tan graves como parecen. Si te sientes burlado por el universo, ríete de ti mismo y verás cómo desarmas a las energías negativas. Los ángeles se pondrán de tu parte, y empezarás a ver la existencia con los ojos de la humildad. Esto dará a tu vida un significado nuevo, que ya no estará basado en la ilusióin de seguridad, sino en tu auténtico puesto dentro del gran proyecto universal. Sé tu mismo; no seas tu trabajo. Aprende a saber lo que puedes hacer sin esas muletas, y serás capaz de andar mejor que antes.

***Meditación de los ángeles:* No me dejaré llevar por las ilusiones. Escucharé a los ángeles, aprenderé a ser humilde y recordaré que estoy aquí para aprender.**

*

31 DE OCTUBRE

OBSESIONES

***Consejo de los ángeles:* Todo va mal cuando confundimos la vida con los recuerdos.**

TODOS VIVIMOS, hasta cierto punto, en casas habitadas por los ruidosos fantasmas de la memoria. Las voces de los padres, de los abuelos, de los antiguos amantes, nos obsesionan. El arrepentimiento por lo que hicimos o lo que dejamos de hacer nos persigue, nos llena de culpa y nos paraliza cuando intentamos vivir. Por desgracia, los duendes y los trasgos del pasado gritan tanto que no nos dejan oír el presente. Y, sin casi darnos cuenta, vivimos según modelos antiguos que ya no sirven para nada, cambiando los recuerdos por la realidad y cometiendo equivocaciones que destruyen las posibilidades del presente. Cuando nos atormentan los recuerdos, conviene no olvidar que nuestros fantasmas se hallan tan bloqueados como nosotros mismos. También a ellos les gustaría tener una vida, pero están obligados a repetir una y otra vez sus fastidiosos ritos, porque no saben hacer nada mejor. Ciertos psíquicos sostienen que la mejor manera de ahuyentar a los fantasmas es hablar con ellos, ponerlos en el raíl adecuado y darles una patadita por detrás, justo en la dirección de la luz. Pruébalo la próxima vez que te atormente un recuerdo doloroso.

¿Te atormenta un recuerdo? ¿De qué o de quién? ¿Remordimientos o cosas del pasado que no has resuelto, personas del pasado que aún no has podido quitarte de encima? ¿Cómo influye todo esto en tu vida actual? ¿Alguna vez te has atrevido a mirar directamente a los ojos a estos fantasmas? Si examinaras de cerca a tus fantasmas, comprenderías que no tienen ningún poder sobre ti, porque son transparentes y puedes ver a través de ellos.

***Meditación de los ángeles:* Distingo entre el pasado y la realidad presente.**

—— * ——

1 DE NOVIEMBRE

DEMASIADO RUIDO

***Consejo de los ángeles:* Silencio y sordera no son la misma cosa.**

VIVIMOS en un mundo ruidoso. Mucho tiempo atrás, antes de que los coches, las bocinas, los teléfonos, las televisiones y los estampidos dominaran la Tierra, también existía el ruido, pero no era lo mismo. Se oía el canto de los grillos o el rumor de los ríos; voces de la Naturaleza que no perturbaban el delicado equilibrio del ecosistema. Sin embargo, en nuestra época los ruidos mecánicos han sofocado los ruidos naturales, alienándonos de nuestro entorno natural y, lo que es más grave, de nuestra voz interior. Los ángeles nos instan a que encontremos espacios de silencio, apartados del ruido cotidiano, adonde retirarnos a descansar, a practicar la contemplación o a escuchar esas voces sabias que probablemente están tratando de abrirse camino dentro de nosotros. Una media hora de silencio, sea en la cama o en el pico de una montaña, puede ejercer un efecto extraordinariamente beneficioso sobre el cuerpo, la psique o el espíritu.

Probablemente huyes del silencio porque quieres eludir el cultivo de tu interioridad o por miedo a la soledad o el abandono, pero los ángeles te garantizan que practicar regularmente el silencio y el apartamiento te ayudará, como ninguna otra cosa, a sentirte conectado con el mundo. A medida que aprendemos a estar bien solos y sintonizamos mejor con la sabiduría del alma, el espíritu se hace más amable y las personas que nos rodean captan la serenidad y la calmada fortaleza que desprendemos de un modo natural.

***Meditación de los ángeles:* Es en los momentos de quietud cuando mi alma habla y mi espíritu se renueva.**

2 DE NOVIEMBRE

DEBERES FAMILIARES

***Consejo de los ángeles:* La semilla que se siembra en el hogar se reproduce en el mundo.**

CADA MIEMBRO de la familia tiene, o debería tener, sus deberes, que en este caso no son solo sinónimo de quehaceres domésticos. Los auténticos deberes familiares consisten en ayudarse dentro de un sistema de apoyo mutuo que abarca todas las dimensiones de la vida, desde los aspectos prácticos y económicos hasta los de índole psicológica o espiritual. Si es cierto que la familia no es sólo un microcosmos de la sociedad, sino el lugar donde la sociedad comienza o acaba, nada es más importante que nuestra supervivencia como civilización que promociona y practica los valores del amor propio, la integridad, la compasión, el amor y la alegría entre los miembros de la familia. Estos deberes se han descuidado fatalmente en la sociedad actual, pero los ángeles, eternos optimistas, dicen que nunca es tarde para recuperarlos, porque todos y todos podemos empezar ahora mismo a ser más sensibles, más positivos y más cariñosos con los hijos, los maridos, las mujeres, los padres o con cualquiera que compartan con nosotros ese lugar amable que es el hogar.

¿Cómo son las relaciones con tu familia? ¿Por qué no intentas una reunión familiar en la que todos podáis reflexionar sobre estas ideas y analizar algunas de sus propuestas, con el fin de mostraros más positivos y edificaros los unos a los otros.

***Meditación de los ángeles:* Honro y respeto a los miembros de mi familia, tanto la biológica como la mundial.**

—— ✳ ——

3 DE NOVIEMBRE

LA PÉRDIDA Y LA NOCHE NEGRA DEL ALMA

***Consejo de los ángeles:* «Pues el que quiera salvar su vida (temporal, su comidad y su seguridad en este mundo), la perderá (la vida eterna); y el que pierda su vida (su comidad y su seguridad en este mundo) por mí, la hallará (la vida eterna)».**

MATEO 16:25, Biblia ampliada

CUANDO nos encontramos en la «noche negra del alma» a causa de una pérdida, nos enfrentamos con la muerte. Una noche negra del alma es una experiencia mística, porque nos trae el misterio bajo muchas formas. Cuando nos atenaza el dolor, llegamos a pensar que solo la muerte puede salvarnos, pero luego surge de lo más profundo del alma una voz que nos dice: «¡No! La muerte no salva; es el momento de levantarse y luchar por la vida». Ha llegado el momento de ponerse en pie, soportar el fuego y dejar que la vida se desarrolle. Los ángeles estarán a nuestro lado, como comadronas, no para librarnos del dolor del nacimiento, sino para asistirnos, para facilitarnos la labor hasta que despertemos a la nueva luz de la conciencia de lo sagrado que nos llenará de fuerza el alma.

Escribe lo que te diría Dios en un momento de dolor o pérdida. No dejes de escribir hasta que notes que la verdad aflora en ti. No dejes de escribir hasta que el sonido sagrado de los latidos de tu corazón entre en sintonía con el alto coro de los ángeles cantores. Mantente contigo y con tu dolor hasta que tu alma salga a flote en el agua de la vida. Dios bendice tus fracasos y tus pérdidas; mira todo lo que te han aportado.

***Meditación de los ángeles:* Nunca olvidaré que esas noches negras siempre dan paso al día.**

—— ✻ ——

4 DE NOVIEMBRE

PRIORIDADES FALSAS

***Consejo de los ángeles:* El equilibrio financiero es mucho menos importante que el equilibrio vital.**

A LOS HUMANOS suelen faltarnos la intuición y la disciplina que hacen falta para ordenar nuestras prioridades. ¿Cuántas personas conocemos —incluidos nosotros mismos— que no cumplen una dieta o dejan de ir al dentista o al médico porque «están muy ocupadas» o porque «no se han hecho el seguro correspondiente»? ¿Cuántas veces hemos descuidado a nuestra pareja o nuestras relaciones familiares porque teníamos demasiado trabajo y nos faltaba tiempo para pasarlo con las personas que queremos, con la excusa de que tenemos que ganar dinero para ellos y de que pensamos ocuparnos de todo cuando «las cosas vuelvan a su cauce»? ¿Cuántos no meditamos ni nos tomamos tiempo para tranquilizarnos, por que no lo tenemos, para acabar con la salud destrozada y teniendo que tomarnos un descanso por haber abusado de nuestras fuerzas? Todo esto es tan absurdo como planificar un viaje por toda Europa sin gasolina en el coche. A fin de cuentas, ¿de qué valen un coche nuevo o una abultada cuenta bancaria, si no tenemos ánimo para disfrutarlos o, lo que es peor, nos morimos por no haber hecho de la salud física, emocional y espiritual nuestra principal prioridad?

Tómate tiempo para comprobar tu lista de prioridades. Si has descuidado tu salud o la has dado por supuesta, piensa de qué serviría tu lista de prioridades si enfermaras. Confecciona una lista de cómo incorporar actividades buenas para la salud a tu agenda.

***Meditación de los ángeles:* La salud es lo primero.**

—— * ——

5 DE NOVIEMBRE

ESCONDIDO EN LAS SOMBRAS

***Consejo de los ángeles:* «Siempre que evitamos conocernos a nosotros mismos estamos eludiendo el conocimiento de los demás, dominándonos a nosotros. Sé el Dueño, un Dueño cariñoso para ti mismo, y el mundo se te abriá de par en par, porque estarás preparado para recibirlo. Sé tu Dueño y conviértete en ángel».**

KIM CONRAD

LA SOMBRA se forma cuando nos colocamos en la luz. No podemos aspirar a prescindir de la sombra cuando encontramos a los ángeles, porque seguimos dentro de un cuerpo humano, que siempre proyectará sombra. Evitar la sombra por miedo a su carga negativa significa que hemos perdido el camino de la intuición, pues como la noche hermosa nos muestra las estrellas, los planetas y otras maravillas que no se pueden ver de día, nuestra sombra nos permite ver lo que nos perdemos cuando solo queremos conocer los aspectos cómodos, ordenados, limpios y estériles de la vida. Las sombras reúnen lo opuesto a los ideales propios del ego. El ego, que es nuestra persona o la máscara que mostramos al mundo, necesita incorporar tanto nuestros ideales como nuestra propia sombra.

Imagina que tu yo es un barco. ¿Lo cargarías solo de luz placentera, feliz y espiritual, o permitirías también la presencia de la sombra? ¿La dejarías en las bodegas, para evitar su influencia negativa, o permitirías que estuviera en el puente para colaborar con la luz? Cuando cargamos un barco de forma desigual, el peso de la sombra puede hacerlo naufragar. No temas a tu sombra, pide ayuda a los ángeles para distribuir adecuadamente la carga de tu barco y podrás navegar por las aguas oscuras del alma.

***Meditación de los ángeles:* Mi sombra y yo trabajamos mano a mano con los ángeles.**

—— ✳ ——

6 DE NOVIEMBRE

AGUA

***Consejo de los ángeles:* «Los pensamientos y los sentimientos fluyen como las aguas de un río... No debemos perder de vista los pequeños riachuelos que confluyen en él..., es decir, los pensamientos, las sensaciones y los sentimierntos que nacen en nosotros, su nacimiento, duración y muerte».**

THICH NHAT HANH

LA PRIMITIVA ceremonia del bautismo era una experiencia cercana a la muerte, en la que el sujeto bautizado se sumergía por completo en el agua hasta que empezaba a respirar mal, y luego salía a la superficie como si hubiera resucitado. La idea del renacer era, pues, algo más que un concepto abstracto; era un acontecimiento real que tenía fuertes repercusiones en la psique. El hecho de que la pila bautismal tenga la forma de un vientre refuerza la idea de un nuevo nacimiento, en este caso no del cuerpo, sino del alma. En psicología, el agua representa el inconsciente, la profundidad, el dominio del alma. Es el mundo de los sentimientos, la intuición, la vida espiritual; la localización de las fuentes mitológicas de la juventud y la inmortalidad. Hacer caso de nuestros sentimientos y respetar la intuición nos mantiene vivos y nos rejuvenece. El agua es el símbolo de la limpieza, la renovación y la sabiduría interior.

¿Qué imágenes de agua te impresionan más? ¿La superficie tranquila de una piscina o un lago, donde se refleja algún momento importante de tu vida? ¿El arroyo que te invita a pensar en un asunto grave dejándote llevar por la corriente del inconsciente? ¿Adopta la forma de un manantial, quizá de sabiduría, un manantial deseado, la respuesta concreta a una necesidad o a una oración? Tómate un momento y realiza una asociación libre con la imagen del agua, y luego escribe todo lo que se te pase por la cabeza.

***Meditación de los ángeles:* Me sumerjo sin temor en los senderos de la vida.**

—— * ——

7 DE NOVIEMBRE

REFLEXIÓN Y ABANDONO

Consejo de los ángeles: **La palabra rechazar es también sinónimo de empujar. Si alguna vez nos hemos visto rechazados por un ser humano, pensemos en que nos ha empujado hacia Dios y hacia los ángeles.**

CUANDO el fin de una relación personal nos produce una profunda pena, la mayor parte de nuestros amigos mejor intencionados nos aconseja analizar nuestras relaciones con el problema del abandono, si queremos salir de nuevo adelante. La realidad es que todos vivimos con un sentimiento de abandono y rechazo, que procede del momento mismo en que aterrizamos en este planeta y realizamos ese primer y doloroso acto de respirar. ¿Por qué quiere Dios que abandonemos ese vientre seguro, en el que aún podemos juguetear con los ángeles y sentirnos incondicionalmente amados? Por muy cerca que nos sintamos de otra persona, nunca podrá liberarnos de nuestro profundo temor al abandono. Nuestro auténtico hogar es el amor, y el amor viene de Dios, por eso si logramos no olvidar nunca de donde venimos, estaremos en casa, allí donde nuestro corazón se halla siempre lleno de amor.

Con la ayuda de los ángeles, puedes mirar cara a cara a los sentimientos dolorosos que te producen esa sensación de soledad y apartamiento de los demás, de no ser nunca aceptado tal como eres. Si te han abandonado, abandona tú los mecanismos de defensa, ríndete a los sentimientos que surjan de tu interior, porque los ángeles están guiándote por ese proceso doloroso.

Meditación de los ángeles: **Por muy doloroso que sea el rechazo, siempre encontraré consuelo en una verdad: los ángeles nunca me abandonan.**

—— ✳ ——

8 DE NOVIEMBRE

La tragedia y el destino

***Consejo de los ángeles:* En la tragedia yace la semilla de nuestro destino.**

¿Hemos pensado alguna vez que el destino y la tragedia van de la mano? Puede que sea nuestro destino experimentar la pérdida. No sabemos por qué; forma parte del paquete sorpresa que Dios nos ha enviado. La tragedia nos ayuda a descubrir nuestro destino, nuestra meta real. En palabras del maestro tibetano Sogyal Rinpoche: «El duelo nos obliga a contemplar directamente nuestra vida, a encontrar una meta donde antes no había nada». La tragedia nos conecta con los valores más profundos; cuando sufrimos una pérdida grave, los pequeños sinsabores de la vida se hacen insignificantes, y las cosas que antes parecían importantes pierden su capacidad de impresionarnos. Es imprescindible que aprendamos a comprender el valor que tiene el día de hoy, y que comencemos a aprovecharlo en vez de esperar a mañana. La tragedia, cuando llega, nos ayuda a recordar que ni las atrocidades más espantosas han podido extinguir la llama del espíritu humano, pero cuando permitimos que esa llama se apague —si nosotros mismos la extinguimos—, los ángeles lloran por el dolor que somos incapaces de transformar en otra cosa, por la luz que no podemos ver, por el destino que se nos ha escapado.

¿Ha ocurrido en tu vida alguna tragedia que haya abierto las puertas de tu destino? Las personas capaces de sobreponerse a una tragedia son aquellas que ven en los problemas una oportunidad de probar su valor, su voluntad y su compromiso vital. Cuando te enfrentes a la tragedia, comprenderás que el valor para afrontarla te lo proporciona tu compromiso con la vida.

***Meditación de los ángeles:* La tragedia puede ser el mayor agente transformador de la vida.**

—— ✳ ——

9 DE NOVIEMBRE

AJUSTAR CUENTAS

***Consejo de los ángeles:* Las cuentas solo se ajustan con nosotrs mismos.**

AJUSTAR CUENTAS con alguien es un mal asunto, que nace de un complejo de culpa o inferioridad, el cual, a su vez, procede de la impotencia y el victimismo. Por lo general, ocurre lo siguiente: permitimos que los demás nos hagan daño y luego, en vez de afrontar con sinceridad la situación, nos retiramos a un rincón, llenos de ira, aplicando a las heridas el bálsamo de las fantasías de venganza. Ajustar cuentas tendría sentido si nos diera auténtico valor, ya que, al final, la ira puede ser un impulso creativo, como comprobamos en las historias de personas que han triunfado impelidas por un deseo irreprimible de probar que eran capaces de hacer algo a pesar de las críticas o de su propia condescendencia. El problema es que la venganza resulta siempre desproporcionada. Invertimos demasiados esfuerzos mentales en gente que no merece tanta energía ni tanto tiempo, y que probablemente no aprenderá nada por mucho que nos venguemos. Los ángeles aconsejan que cada vez que pensemos en invertir nuestra valiosa energía en vengarnos de alguien, la canalicemos concediéndonos una dosis extra de amor y atención a nosotros mismos. Solo así podremos calmarnos, y ya tranquilos preguntarnos el porqué de nuestra ira y para qué puede servirnos. Si el enfado es contra nosotros por no vivir como deberíamos, podemos aprovecharlo no para hacernos daño, sino para aprender a ser más felices.

¿Deseas vengarte de alguien en particular? ¿Por qué? ¿Cómo te parece que podrías hacerlo? ¿Realmente adelantarías algo haciéndole sufrir? ¿No son tus metas últimas la satisfacción personal y la paz de espíritu?

***Meditación de los ángeles:* Si soy feliz con mi vida, no necesito vengarme de nadie.**

—— * ——

10 DE NOVIEMBRE

AUTÓNOMOS, NO AUTÓMATAS

***Consejo de los ángeles:* «Cuando todos piensan los mismo, es que nadie piensa».**
GEORGE S. PATTON

AUTÓMATA es aquella persona que actúa mecánica o automáticamente, sin pensar de un modo autónomo. Por el contrario, una persona autónoma es independiente y domina sus actos. Para el autómata la vida es una línea recta compuesta de reglas y normas que sigue ciegamente. Una persona autónoma respeta las normas, pero también comprende que a veces esas leyes nada tienen que ver con las de Dios o la Naturaleza. Cultivemos la autonomía, y podremos jugar creativamente con los ángeles.

¿Qué prefieres ser un autómata o una persona autónoma? ¿Qué tipo de personas deseas que te quieran? Piensa en ciertas situaciones de tu vida en las que tienes un comportamiento automatizado. Piensa en situaciones de autonomía. Cada vez que sospeches que has puesto el piloto automático, pídeles a los ángeles que te devuelvan a su asiento de conductor.

***Meditación de los ángeles:* Soy autónomo, porque mi vida no es un hecho automático.**

—— * ——

11 DE NOVIEMBRE

VETERANOS

***Consejo de los ángeles:* «Tú pones las fotos y yo pongo la guerra».**
WILLIAM RANDOLPH HEARTS
A FREDERIC REMINGTON

TODOS SOMOS veteranos de la vida. Un veterano es, por definición, una persona que ha formado parte de un ejército o tiene una experiencia militar. Todos somos veteranos de nuestro propio rango, porque la vida está llena de batallas y a veces es una guerra continua. Hay quien gana medallas en la batalla de la vida, sencillamente por tropezar o por estar en el sitio adecuado en el momento justo, sin necesidad de conocer las trincheras o de entrar en combate real. Otros, sin embargo, aunque han estado en la primera línea de la vida no obtienen ni una mención. Pero Dios distingue a los auténticos soldados, porque los ángeles entran en batalla con nosotros y conocen enseguida a los hombres y las mujeres que sirven.

Piensa en su situación de veterano. ¿Te sientes a gusto con ella? ¿Alguna vez te han aclamado cuando no creías merecerlo? ¿Qué rango te concederían los ángeles en el servicio a tu país y a la providencia divina?

***Meditación de los ángeles:* Me gusta ser un veterano de la vida.**

—— * ——

12 DE NOVIEMBRE

TRAMPAS

***Consejo de los ángeles:* Cuando muerdes el anzuelo, estás perdido.**

LA VIDA está llena de trampas al acecho. Somos como ratoncillos, dispuestos a caer en ellas por un poco de queso. Son muchas las tentaciones que actúan como anzuelos: promesas de salud, de fama o de amor. Estamos tan hambrientos de atención que la buscamos en sitios inadecuados. Podemos caer en la trampa del consumo, creyendo que cuantas más cosas acaparemos, más importantes nos considerarán los demás. Pero la peor de todas las trampas es creer que las respuestas a nuestras plegarias tienen que llegar de fuera, no de nuestro interior. Los ángeles nos previenen para que no tomemos decisiones basadas en la desesperación, sino en la sabiduría. Nos recuerdan que no es el queso, sino las ilusiones y las desilusiones lo que nos atrapa y nos mantiene prisioneros, hasta que nos damos cuenta de lo que son en realidad y empezamos a mirar más allá en busca de la felicidad.

¿Recuerdas en cuántas trampas has caído, antes y ahora? ¿Qué fue lo que te indujo? ¿Qué ilusiones y qué desilusiones pusiste en ellas? Siempre hay un modo de salir de una trampa, basta con cambiar la vida o el comportamiento que antes llevabas. Cuando por fin despertamos a la realidad, las trampas que nos retenían se abren automáticamente y nos damos cuenta de que queríamos ser libres.

***Meditación de los ángeles:* No me dejo seducir por el canto de sirenas de la ilusión.**

—— ✳ ——

13 DE NOVIEMBRE

SENSIBILIDAD MÍTICA

***Consejo de los ángeles:* «Aunque no los invoquemos, los dioses siempre están presentes».**
C.G. JUNG

¿HASTA QUÉ PUNTO nos afecta la mitología en la vida cotidiana? Son muchos los arquetipos y los símbolos antiguos que se hallan presentes en la vida diaria, aunque pocas veces nos damos cuenta. Tomemos como ejemplo los días de la semana y veremos que todos llevan aparejado el nombre de un dios. El lunes, cuando comienza oficialmente la semana de trabajo, es el día de la Luna y de la influencia femenina del agua. La próxima vez que tengamos un asunto con la Luna en lunes deberíamos reflexionar sobre lo que representa nuestro satélite. El domingo es el día del Señor (dómine). El martes corresponde a Marte/Aries; el miércoles, a Mercurio/Hermes; el jueves, a Júpiter/Zeus; el viernes, a Venus/Afrodita, y el sábado se refiere al sabbat, la fiesta sagrada del judaísmo.

Sintoniza con el dios o el arquetipo de cada día. Presta atención a sus influencias y piensa cómo puedes honrar cada símbolo o cada divinidad. Piensa de qué modo pueden influir en tu vida esos dioses o diosas. No pases sin percibirlo delante de sus estatuas o de las empresas que lleven su nombre. Presta atención a todos, pues puede que unos se manifiesten más que otros.

***Meditación de los ángeles:* Desarrollo mi sensibilidad mítica como una forma más de consciencia.**

—— ✳ ——

14 DE NOVIEMBRE

PURIFICACIÓN

***Consejo de los ángeles:* Nunca es tarde para ser puro.**

LA IDEA de la pureza nos intimidad profundamente. ¿Quién, aparte de la Virgen Santa, está libre de impurezas? Sin embargo, los ángeles nos proponen una pureza de otro tipo; no es un ideal por encima de las fuerzas humanas, sino una forma de limpieza espiritual. ¿Verdad que nos bañamos a diario? ¿Por qué no emplear con el alma los mismos cuidados y la misma higiene? Hay muchas formas de purificar la vida que nada tienen que ver con ser vírgenes o santos. Podemos servir a los demás; podemos derramar esperanza y alegría. Podemos reprimir las críticas y practicar la comprensión. Los actos puros, es decir, aquellos que están dictados por el amor y la atención, no solo limpian el alma, también aumentan la energía que nos rodea y regocijan el corazón de los ángeles.

¿Qué significa para ti la pureza? ¿Ser virtuoso? ¿No tener pensamientos impuros? ¿Hacer algo para mejorar el mundo? Confecciona una lista con todas las formas posibles de purificación, partiendo de tu situación espiritual y de su influjo sobre los demás. Puro también quiere decir «completo y total». ¿Cuántas cosas puedes hacer de un modo más completo, que sean totalmente parte de Dios?

***Meditación de los ángeles:* Si hago algo por tener un entorno más edificante, me estoy preparando para purificarlo.**

—— * ——

15 DE NOVIEMBRE

SEPARACIÓN

***Consejo de los ángeles:* «Estar juntos es un comienzo; seguir juntos es un progreso; trabajar juntos es un éxito».**

HENRY FORD

CADA VEZ que nos apartamos de la verdad de que todas las criaturas —los seres humanos, los animales y la Naturaleza entera— son igualmente importantes a los ojos Dios, estamos abriendo la puerta al mal. La palabra *diablo* viene del griego *diabolos*, que significa «calumniador», término formado, a su vez, por *dia* y *ballein*, que quieren decir «arrojar fuera». Es decir, arrojar, apartar y decir mentiras; he aquí el significado original del mal. Nada nos causa más problemas aquí, en la Madre Tierra, que la mentira de la separación. El racismo es uno de sus productos. Cuando nos separamos de la Naturaleza creyendo que no vive realmente o que no es tan importante como el bienestar humano, introducimos el mal del desequilibrio. Todo aquello que intentemos arrojar de nosotros volverá para obsesionarnos. Las personas que abandonamos son tan frágiles como nosotros y tienen la misma necesidad de amor.

Los ángeles quieren que respetemos la vida con reverencia. Cada vez que nos apartamos de algún aspecto de la vida, dejamos de reverenciarla. ¿De quién debo separarme? ¿De determinadas personas? ¿De ciertas cosas del mundo? Pide a los ángeles que curen las separaciones de tu vida para que puedas reverenciarla entera.

***Meditación de los ángeles:* La próxima vez que me separe del mundo, pediré ayuda y guía a los ángeles.**

16 DE NOVIEMBRE

POCO INTELIGENTES

***Consejo de los ángeles:* «Escuchar a todos los que se acercan a nosotros, al margen de su nivel intelectual, es un deber humano».**
PAUL FREIRE

SER MÁS inteligente que otros nos produce satisfacción, porque estamos convencidos de hacer las cosas bien y de comprender las razones y los motivos que mueven a los demás. Es como si dirigiéramos el Universo con Dios. El problema es que ni siquiera Dios lo controla todo. Los seres humanos hacen cosas sorprendentes, que el poder divino no controla. Incluso Dios aprende de la más sencilla de sus criaturas. No podemos negar que existe gente realmente tonta, ni que, aún peor, a veces tienen poder. Es un pensamiento frustrante para los más inteligentes, pero, en general, la estupidez adopta muchas formas, y los más listos pueden cometer también las mayores tonterías, mientras que los menos dotados tienen a veces ideas inspiradas que no esperábamos de ellos. Los ángeles aconsejan que no nos dejemos llevar de nuestra supuesta superioridad intelectual; por el contrario, que nos concentremos siempre en hacer las cosas lo mejor que podemos y sabemos. De ese modo estaremos tan ocupados que no tendremos tiempo de indagar en la inteligencia o la falta de inteligencia de los demás.

¿Conoces a alguien especialmente tonto? ¿Por qué? ¿Te gusta sentirte más listo que él? ¿Tiene alguna cualidad que pueda redimirle? ¿Cuántas tonterías has hecho tú a lo largo de tu vida? ¿Qué pensarías si te enteraras de que otras personas te consideran tonto, en vez de pensar en ti como en un ser complejo, pero humano y completo, al fin y al cabo?

***Meditación de los ángeles:* Un ser humano tiene muchos aspectos, de modo que no se le debe reducir a uno solo de su personalidad.**

—— * ——

17 DE NOVIEMBRE

LA CORRUPCIÓN

***Consejo de los ángeles:* «La cobardía nunca puede ser moral».**
MAHATMA GANDHI

LA *CORRUPCIÓN* se define como «falta de honradez, aceptación de sobornos y debilidad moral». Todo el que corrompe a otro lo hace generalmente dándole algo a cambio, y cuando aceptamos el soborno sabemos que estamos cometiendo una incorrección, porque hacemos de los deseos ajenos una prioridad nuestra. Es frecuente oír hablar de corrupción en muchas facetas de la vida pública, donde hay personas que buscan el poder, pero ¿qué ocurre en nuestra propia vida? ¿No somos también capaces de manipular las situaciones para obtener ventajas sobre los demás? ¿No aceptamos también pequeños sobornos cuando mostramos acuerdo en cosas que no nos parecen correctas, para satisfacer el deseo de otros? Los niños saben perfectamente cuando se les está sobornando, y aprenden a sobornar a los demás. ¿No existe un parecido entre la pequeña corrupción que aceptamos para ganar poder personal y la que se realiza en las altas esferas?

Es muy importante que examinemos nuestro comportamiento para obtener poder, y nos preguntemos si nos dejamos corromper o corrompemos a otros, de una u otra forma. ¿Tenemos la tendencia a dejar de lado nuestros valores para ganar algo? Siempre que la corrupción se instala en nosotros, produce una debilidad, y las estructuras corruptas caen antes o después. ¿Estoy yo mismo en peligro de caer?

***Meditación de los ángeles:* Me apartaré siempre de la corrupción y mantendré el amor en mi corazón.**

*

18 DE NOVIEMBRE

Pensar con claridad

***Consejo de los ángeles:* Si no puedes pensar con claridad, deja vagar los pensamientos.**

TODOS HEMOS experimentado alguna vez la frustración que produce no pensar bien. La mente trabaja en círculos, como si dentro del cerebro soplara un viento que se lleva nuestros pensamientos como si fueran hojas. Pero los ángeles dicen que si no podemos pensar con claridad, pensemos de otro modo, dejando que las ideas se muevan de un lado para otro, en zigzag, y observándolas. Se trata de uno de los principios de la meditación: dejar que los pensamientos vayan y vengan, sin juzgarlos ni oponer resistencia. En ese momento —cuando ya no estamos apegados a ellos—, los pensamientos se aquietan y se hace la luz en nuestra mente. Al principio no resulta fácil dejarlos ir, aunque lo intentemos, y continúan irritándonos y confundiéndonos, pero, poco a poco, si somos capaces de respirar hondo, sentarnos y dejarlos correr, los pensamientos inútiles tienden a desaparecer, y aparecen los útiles, devolviéndonos la calma y permitiendo la concentración tras un breve ejercicio.

Cuando nos sintamos confusos, lo mejor es sentarnos, cerrar los ojos y dejar que los pensamientos fluyan libremente. No prestemos atención a ninguno; por el contrario, dejemos que vayan y vengan, manteniendo la calma y la respiración, como si ellos fueran niños jugando en el parque, y nosotros la niñera que los observa. A medida que practicamos la meditación y nos despegamos de los pensamientos, la mente se hace más clara.

***Meditación de los ángeles:* Cuando no puedo pensar con claridad, dejo de pensar momentáneamente.**

—— ✻ ——

19 DE NOVIEMBRE

PREJUICIOS E INTERPRETACIONES

***Consejo de los ángeles:* «Cada vez que criticamos a otros y reaccionamos con ira y resentimiento ante el mundo, estamos interpretando lo que hacen o dicen los demás».**
DON MIGUEL RUIZ

SOMOS COMO pequeños satélites llenos de prejuicios e interpretaciones, cada uno situado en la pequeña órbita de su verdad. ¿Cuánto tiempo hace que escuchamos a otra persona, sin leer algo distinto en sus palabras? ¿Cuándo fue la última vez que no interpretamos sus actos o su comportamiento? Oír a los demás sin proyectar en ellos nuestras creencias es un ejercicio que requiere tiempo. ¿Verdad que resulta muy frustrante que otros interpreten erróneamente lo que decimos? Por tanto, necesitamos decidirnos a no hacer conjeturas. Los ángeles estarán cerca, para enseñarnos a escuchar la vida, sin tapar con nuestro propio velo todo lo demás.

La próxima vez que nos digan algo, lo tomaremos sin juzgarlo. Si alguien nos habla, no pensaremos que lo hace por algún motivo escondido. Si alguien nos cuenta una experiencia, no lo cuestionaremos. Cuando sintamos la tentación de acabar la frase de otra persona, creyendo que sabemos que lo quiere decir, nos callaremos y dejaremos que acabe de hablar. Conviene que examinemos por qué nos comportamos así. Quizá tenemos la necesidad de que sepan lo inteligentes que somos y lo bien que controlamos la situación, o quizá pretendemos evitar la intimidad que se desprende de saber escuchar. Pediremos ayuda a los ángeles para practicar la escucha, y entonces notaremos un cambio en nuestra vida.

***Meditación de los ángeles:* No quiero interpretar; quiero, sencillamente, escuchar.**

—— ✳ ——

20 DE NOVIEMBRE

EL LADO BUENO

***Consejo de los ángeles:* El lado bueno es siempre el mejor.**

LA EXPRESIÓN «Busca el lado bueno de la vida» no es solo una forma de consolar a los que sufren, sino uno de los mejores instrumentos que poseemos. El doctor Peter Lodewick, que ha escrito un hermoso libro titulado *A Doctor Looks at Diabetes: His and Yours*, hace una perspicaz observación que puede aplicarse no solo a esa enfermedad, sino a cualquier persona. Lodewick dice que, al contrario que muchos diabéticos a los que la dependencia de la insulina les produce irritación, él piensa que esa sustancia es una especie de bendición: «Si la insulina no se hubiera descubierto en 1921, mis posibilidades de sobrevivir habrían sido nulas», y continúa reflexionando: «Me siento admirado y agradecido; la insulina es para mí la sustancia que me da fuerza y vigor». No podríamos encontrar un ejemplo mejor de que en cualquier faceta de la vida es siempre posible ver el lado bueno, y de que cuando lo hacemos así aumentan nuestras posibilidades de vivir más y mejor. Las estadísticas demuestran que el diabético ve en la insulina una especie de maldición y un recorte de su libertad, que solo tiene la virtud de controlar su enfermedad, pero el doctor Lodewick lleva una vida activa, productiva y feliz, y dedica muchos esfuerzos a conseguir que otras personas hagan lo mismo. Tenemos en nuestra mano la posibilidad de elegir cómo queremos que nos afecten las circunstancias; podemos odiar la insulina o utilizarla en nuestro provecho, pero, en todo caso, si queremos continuar vivos, tenemos que considerarla una bendición.

Piensa en varias cosas que consideres una molestia en tu vida. Luego, dales la vuelta y busca el lado bueno. ¿No crees que tu actitud determina tus posibilidades de restringir tu vida o sentirte libre?

***Meditación de los ángeles:* Cuando miro el lado bueno, veo la luz.**

*

21 DE NOVIEMBRE

UNA CONSULTA DIRECTA

***Consejo de los ángeles:* «Es mejor hacer profecías que vivir de las predicciones».**
CAROLINE W. CASEY

EN LA ACTUALIDAD, son muchas las personas que consultan a los espíritus del otro lado, para obtener información sobre el mundo y sobre su propia vida. Pero si de veras deseamos crecer y madurar en nuestra vida espiritual, necesitaremos consultar voces más autorizadas. ¿Por qué no escuchar la voz de nuestro propio espíritu, en vez de oír las de los espíritus ajenos? ¿Por qué no hablar directamente con el Gran Creador? En vez de preocuparnos por la vida después de la muerte, comencemos a crear una experiencia de vida hermosa y amable *antes* de la muerte.

Cuando nos damos cuenta de que ha llegado el momento de depender de nosotros mismos, al lado de los ángeles, y tomar decisiones para descubrir nuestro corazón y nuestra psique, para lograr la verdadera información que necesitamos, se disparan en nosotros muchos miedos. La próxima vez que sientas la necesidad de acudir a un adivino o a un psíquico, recuerda que la información que recibas puede reflejar tus propios miedos. Practica la consulta directa con Dios en tu corazón.

***Meditación de los ángeles:* Prestaré atención a mi corazón, a mi alma y a mi espíritu cuando quiera conocer los detalles de mi destino.**

22 DE NOVIEMBRE

HACER CUENTAS

***Consejo de los ángeles:* «Resulta muy difícil estar satisfecho cuando nunca se deja de hacer cuentas».**
RICHARD CARLSON

SI CONTINUAMENTE hacemos cuentas de nuestros actos, no sabremos interpretar lo que los demás hacen por nosotros. A veces tenemos ciertas reglas en nuestra mente y esperamos que los demás las cumplan, aunque ni siquiera nos molestamos en comunicarlas. Hay personas que ponen pegas a una amistad porque calculan que la otra persona no les dedica el tiempo debido. Otras creen que aquel amigo que le necesitó en un momento de crisis, le debe algo. ¿Qué le debe? ¿Qué amistad es esa que tiene que recordar las deudas? Es cierto que a veces llevar la cuenta puede evitar posteriores resentimientos, por ejemplo, en los asuntos relacionados con el dinero, pero pocas cosas en el terreno de la amistad tienen un valor monetario, de modo que será mejor abandonar la idea de la deuda cuando se trata de amistades.

El cálculo de las deudas conduce al resentimiento, mientras que la generosidad libremente compartida nos lleva al amor sin condiciones. Será mejor echar cuentas con nosotros mismos, y si no tenemos nada que dar, no demos nada, pero pensemos siempre qué pasaría si los ángeles quisieran pasarnos la cuenta de todo lo que hacen por nosotros.

***Meditación de los ángeles:* No necesito llevar las cuentas del amor.**

—— * ——

23 DE NOVIEMBRE

EL CARÁCTER PASIVO-AGRESIVO

***Consejo de los ángeles:* Hay ciertas situaciones en las que resulta imposible ganar, por tanto, es mejor evitar el conflicto.**

UNO DE LOS EJEMPLOS más claros de la imposibilidad de ganar es aquella situación en la que nos enfrentamos con la agresión de una persona pasiva. Se nos juzga, se nos declara culpables y se nos condena, sin siquiera saber que hemos estado delante de un tribunal. El comportamiento pasivo-agresivo es una trampa para las dos partes, y una de las peores faltas de sinceridad. Todos tenemos a veces esa tendencia; somos pasivos-agresivos cuando levantamos obstáculos en el camino de otra persona, en vez de decirle que nos ha herido con su actitud; y lo somos cuando dejamos que otros tomen decisiones que nos afectan, para luego odiarlos porque nos controlan. Tratar con situaciones en las que nos sentimos desarmados es un asunto que requiere valor y sinceridad, y una continua dosis de sabiduría por parte de los ángeles, pero estos siempre nos ayudarán pidiéndonos sencillamente que nos comportemos con honradez y luego nos olvidemos del problema e intentemos ser felices.

Cuando nos convertimos en el objetivo del ataque de una persona llena de energía negativa, lo mejor es darnos cuenta de lo que pasa y pensar con claridad. Una persona pasiva-agresiva quiere que la escuchen, pero utiliza para ellos medios que a veces pueden ser destructivos. Si la situación es grave, y no tenemos más remedio que enfrentarnos a ella, pediremos ayuda a los ángeles, y preguntaremos a esa persona qué le pasa con nosotros. Luego nos mantendremos firmes, porque la falta de honradez y sinceridad está en el aire y tiene tanta capacidad de contagiarnos como el peor de los virus. Por eso, a veces, cuando el aire está llego de actitudes pasivas-agresivas, es mejor poner tierra por medio.

***Meditación de los ángeles:* No permitiré que me afecten las actitudes pasivas-agresivas, porque los ángeles me enseñan que tengo cosas más importantes que hacer.**

—— * ——

24 DE NOVIEMBRE

CORTE DE ENERGÍA

***Consejo de los ángeles:* A veces no queda más remedio que realizar nuestro trabajo a la luz del día.**

TODOS SABEMOS lo que es un corte de energía. De repente, todo se detiene. Todas las comodidades cotidianas que damos por descontadas, desaparecen súbitamente, y nos sumimos en el caos. ¿Qué se puede hacer sin luz, sin teléfono, sin agua caliente, microondas, televisión, fax y ordenador? Cuando esto ocurre, nos damos cuenta de nuestra dependencia de los objetos externos, y de lo lejos que estamos del entorno natural. Pero es entonces cuando tenemos la oportunidad de buscar otras fuentes espontáneas a las que no habíamos prestado atención. Lo mismo ocurre cuando sufrimos un corte de energía emocional. Estamos confusos, frustrados o desesperados, y parece que todas nuestras fuentes de energía cotidiana se han apagado; nos quedamos a oscuras, buscando a tientas el camino. En tales casos, lo primero es recordar que, antes o después, volverá el fluido energético, pero, mientras tanto, aprovecharemos para quedarnos tranquilos, sin las preocupaciones que suelen agitarnos, y conocernos a nosotros mismos, a nuestros familiares y a nuestros vecinos. También podemos imaginar otras fuentes alternativas, y recurrir a la central energética de los ángeles, una luz garantizada, que nunca se apaga.

¿Has sufrido últimamente un «apagón»? ¿Qué fuentes alternativas han buscado? ¿Has aprendido algo nuevo a oscuras? ¿Cuánto ha tardado en volver la luz? La próxima vez que te ocurra, aprovecha el tiempo para buscar una fuente de energía dentro de ti y mantenerla siempre viva.

***Meditación de los ángeles:* Hay en mi interior una fuente de energía que siempre está disponible.**

25 DE NOVIEMBRE

COSAS QUE DAMOS POR SUPUESTAS

***Consejo de los ángeles:* «Nunca sabes lo que tienes, hasta que lo has perdido».**
JONI MITCHELL, *Big Yellow Taxi*

SI PENSÁRAMOS en las cosas que damos por descontadas, en vez de apreciarlas como si fueran regalos, la lista sería interminable. Abrir los ojos por la mañana y poder ver todo lo que nos rodea, saltar de la cama, lavarnos y vestirnos sin necesidad de que nadie nos ayude, respirar sin dificultad, andar, correr, bailar; todas ellas funciones básicas que solo apreciamos cuando caemos enfermos, tenemos un accidente o envejecemos, y empezamos a necesitar la ayuda de otras personas. Pero incluso para los que no se valen físicamente por sí mismos, quedan aún razones para saborear la vida. En su relato, *El pequeño Herr Friedemann*, Thomas Mann describe el éxtasis de su protagonista paralítico cuando comprende lo mucho que aún tiene que agradecer a la vida. «Comprendió que todo puede disfrutarse, y que es absurdo distinguir las experiencias "felices" de las que no lo son. Aprendió a aceptar las emociones tal como surgían... fueran tristes o alegres... y a amar la ternura que fluía de él... porque aquella apacible felicidad era creación suya.»

Reflexiona sobre todas esas capacidades que sueles considerar normales. ¿No es extraordinario que seas capaz de comer tu solo, de conducir, recordar las cosas o cortarte las uñas sin ayuda? Intenta darte cuenta de la presencia de Dios en todas tus tareas cotidianas, y da gracias por tu capacidad para realizarlas.

***Meditación de los ángeles:* Nunca más tomaré con ligereza el regalo de la vida.**

---

26 DE NOVIEMBRE

NÚMEROS

***Consejo de los ángeles:* «Somos mortales, vulnerables y falibres; solo poseemos unos días contados, que, además, pueden estar llenos de penas, dolores y humillaciones. Precisamente por eso, hay quien piensa que, del aquí y el ahora, es mejor olvidarse. Yo creo, precisamente por eso, que debemos apurar el aquí y el ahora hasta el final».**

TIMOTHY MILLER

EN LO MÁS profundo de nuestro entendimiento sabemos que tenemos los días contados, que solo poseemos una cierta cantidad de tiempo para hacer lo que deseamos, antes de que llegue la hora. Pero esta certeza nunca debe apartarnos de la esencia de la vida. Podemos contarlo todo: los minutos, el dinero, los hijos, los amores... En otras épocas, se contaron incluso los ángeles con los argumentos más extravagantes. Los números son instrumentos útiles, pero los ángeles nos aconsejan que miremos la vida, más allá de los números.

Pensemos unos minutos en los números. Puede que tengamos un número favorito, porque somos supersticiosos. En ese caso, debemos preguntarnos si la creencia en los números nos lleva a descuidar el aquí y el ahora. Los números son conceptos intelectuales que nos ayudan a solucionar ciertos problemas, pero el misterio está en el aquí y el ahora. Cuando somos conscientes de la realidad, podemos evitar que los conceptos humanos nos hagan olvidar el misterio.

***Meditación de los ángeles:* Todo cuenta para mí, aunque no lo numere.**

—— * ——

27 DE NOVIEMBRE

LAS REINAS DE LA ESCENA

***Consejo de los ángeles:* Si subiéramos de verdad a un escenario, se nos pasaría en un minuto.**

TODOS SABEMOS lo que es una reina de la escena, y hasta es probable que en este momento haya una en nuestra vida que nos exige una atención absoluta. Las reinas de la escena se caracterizan, bien por cometer todo tipo de locuras que las mantienen siempre al borde del desastre, bien por exagerar las cosas normales que les ocurren. En todo caso, se trata de convertir el mundo en un escenario en el que solo están ellas. Las reinas de la escena llevan las típicas gafas humanas de aumento, que convierten cualquier hecho banal en un drama de enormes proporciones; no pueden entender por qué su última crisis amorosa no aparece en la televisión o por qué la prensa nacional no se hace eco del problema de sus uñas rotas, pero lo que peor comprenden es por qué no les duran las amistades. Los ángeles saben que, en el fondo, una reina de la escena es una persona de espíritu, que tiene una apasionada vinculación con la vida. En el caso de que, dentro de nosotros, haya una (y, seamos sinceros, quién no lo es un poco), debemos pedir a los ángeles que nos enseñen a emplear provechosamente esa tendencia. Escuchando más a otras personas y menos a nosotros mismos probablemente descubramos es que mucho más apasionante observar el continuo drama —y la continua comedia— de la vida que crearlo.

Hay dos tipos de reina de la escena: la que lo demuestra y la que lo esconde. Esta última vive a través de terceros, de las novelas románticas, las películas o los culebrones. Si somos así, deberíamos preguntarnos por qué nos encantan las crisis, la inestabilidad y la pena o el dolor extremos, pero si estamos hartos de nuestras locuras, será mejor pedir a los ángeles que nos ayuden a encontrar formas más positivas de conectar con nuestro espíritu creativo.

***Meditación de los ángeles:* Busco formas sanas de encontrar sentido a mi vida y vivirla apasionadamente.**

—— * ——

28 DE NOVIEMBRE

EL MUNDO ES UNA PANTALLA DE PROYECCIÓN

***Consejo de los ángeles:* «No eres solo aquel que buscas, sino también aquello que miras».**
CHARLES A. HILLIG

AUNQUE nos resulte difícil creerlo, la mayor parte de las cosas que percibimos en el mundo y en los demás está en lo más profundo de nosotros mismos. Las cosas que nos trastornan suelen ser las mismas que utilizamos para trastornarnos y trastornar a los demás. Si tuviéramos el valor de mirar la vida con esta sinceridad, estaríamos mucho más sanos mentalmente. Somos el centro del universo, del universo de nuestra mente. Se necesita mucho valor para comenzar a percibir nuestras proyecciones en la pantalla del mundo, y verlo tal como es, no tal como nos gustaría que fuera.

Si crees tener suficiente valor para ello, escribe con todo detalle algo malo o molesto que te haya hecho otra persona, y, luego, pide a los ángeles que te ayuden a reconocer cuándo has hecho tú algo parecido. Si lo miras de frente, sabrás por qué te trastorna tanto, y los ángeles te ayudarán a reírte de lo sencillos y, al mismo tiempo, lo complicados que somos a veces.

***Meditación de los ángeles:* Bien utilizadas, las proyecciones pueden ayudarme a mirar la realidad más de cerca.**

—— ✳ ——

29 DE NOVIEMBRE

MEZQUINDAD

***Consejo de los ángeles:* La mezquindad es espantosamente fea.**

LA MEZQUINDAD es un rasgo distintivo de los seres humanos, que no podemos imaginar en otras especies. Es la tendencia a ocuparse de lo trivial, un pasatiempo que a los ángeles les parece absolutamente aburrido. Hay incluso otras definiciones menos respetables, como «estrechez de miras» o «malevolencia y rencor». Es fácil caer en ella sin darnos cuenta, pero lo hacemos con demasiada frecuencia; nos dejamos llevar por las cosas insignificantes, y permitimos que nos amarguen el día, nos concentramos en nosotros mismos y descuidamos los sentimientos de los demás. La mezquindad se concentra sobre todo en las deudas; el mezquino es esa persona que siempre está echando cuentas de lo que le deben y que nunca olvida aquel préstamo que dio o aquel favor que hizo, probablemente a regañadientes, para que se lo devuelvan. Los ángeles preferirían que fuéramos capaces de distinguir lo que es realmente importante de lo que sencillamente un reflejo del ego. La mezquindad no es precisamente un rasgo de triunfadores, sino una característica que solo se permiten los fracasados. Puede que cuando hacen las cuentas se crean los vencedores de esa guerra estúpida que solo ellos declaran, pero, en realidad, han perdido el respeto de las personas que los rodean, y la oportunidad de disfrutar de unas relaciones genuinas y plenas.

¿Conoces a alguna persona mezquina? ¿Te gusta estar a su lado? ¿Hay algún problema en tu vida que sea el resultado de una perspectiva mezquina? ¿Cuáles son esas quejas mezquinas que te ponen contra la pared? Cuando te sientas tentado a comportarte mezquinamente, acércate a los ángeles para no caer en ello. Intenta ir más allá de los confines de tu mente y abrirte al inmenso espacio de la conciencia.

***Meditación de los ángeles:* Intento mantener el objetivo de mi corazón y mi mente en su mayor ángulo de apertura.**

— ✳ —

30 DE NOVIEMBRE

El resfriado común

***Consejo de los ángeles:* «En un determinado momento, puede haber un 5 por 100 de ciudadanos estadounidenses resfriados, lo cual supone, por lo menos, 20 millones de personas que se encuentran en un estado lamentable y la posibilidad de que cualquiera de ellas pueda coger un resfriado ahora mismo».**

Joan y Lydia Wilen

Nunca nos sentimos tan corrientes como cuando padecemos un resfriado común. Aunque se trata de un trastorno menor de la salud, pertenece a un grupo de enfermedades producidas por unos doscientos virus distintos. El resfriado supone una infección de la nariz y la garganta, que también puede infectarnos la laringe y los pulmones. Los estudios médicos han demostrado que los resfriados no están directamente relacionados con el frío; es decir, que la exposición a bajas temperaturas o el salir a la calle con tiempo húmedo y ventoso no significa necesariamente que nos resfriemos, porque el catarro no depende de la temperatura, sino de los virus. Siempre hay un misterio en quién enferma y por qué, y los ángeles quieren que respetemos el misterio respetando todo lo que nos pasa.

Puede que tener un resfriado común nos sirva para comprender que somos tan frágiles como cualquier otra persona, o quizá para distanciarnos algún tiempo de ciertas cosas de nuestra vida y aislarnos un poco de los demás, con el objetivo de no exponerlos al contagio. Cuando estamos resfriados, nuestros sentidos pierden sensibilidad; no podemos oler, oír, si siquiera ver como antes, y esa sensación nos aparta de la realidad cotidiana. Por otra parte, parece claro que nuestro cuerpo se está limpiando. Por tanto, la próxima vez que pillemos un catarro, aprovechemos para apartarnos del mundo hasta que nos hayamos recuperado.

***Meditación de los ángeles:* No temo distanciarme del mundo, para dejar que mi cuerpo se limpie.**

— ✳ —

1 DE DICIEMBRE

FENG SHUI

***Consejo de los ángeles:* Nuestro entorno no es, ni más ni menos, que una extensión de nosotros mismos.**

LA ANTIGUA práctica china del feng shui, o el arte del emplazamiento, se basa en la creencia de que todas las cosas poseen un campo energético, y de que, por tanto, hay que buscar la situación más adecuada para la armonía de los edificios y los objetos. El feng shui llega al extremo de convertirse en una superstición. Por ejemplo, los chinos están convencidos de que si la cocina representa la riqueza, y el baño es el lugar por donde se escapa el agua, este nunca debe estar cerca de aquella, porque se escaparía la fortuna de la familia. El feng shui no carece de lógica, y su respeto por los espacios y la estética nos puede enseñar muchas cosas, pero no debemos crear un espacio basándonos en la superstición. Si perdemos dinero, no será porque el baño esté enfrente de la cocina, sino, más probablemente, porque hayamos hecho una mala inversión o tengamos algún asunto económico al que prestar atención. Los ángeles nos advierten de que no debemos poner demasiado énfasis en las ideas supersticiosas, que, en vez de ayudarnos a dominar el entorno, producen los efectos contrarios.

Otra de las creencias del feng shui es que la suerte de los anteriores ocupantes de una casa se transmite a los nuevos, de modo que nuestra vida podría seguir la dirección que tuvo la de los antiguos vecinos. Es cierto que la vivienda tiene campos energéticos, y que la energía negativa queda atrapada en el espacio, pero también lo es que somos conscientes de nuestra propia energía, y si nos rodeamos de luz, amor y fuerzas angélicas, todas las casas que habitemos tendrán nuestras buenas vibraciones y atraerán energías positivas.

***Meditación de los ángeles:* Respeto las energías de mi entorno, pero sé que mi actitud es la mejor predicción de mi suerte.**

— * —

2 DE DICIEMBRE

NUESTRA ÚNICA POSIBILIDAD

***Consejo de los ángeles:* Espera el milagro inesperado.**

CUANDO nos encontramos frente a un dilema, la actitud más normal es detenerse a pensar y solucionarlo, pero, a veces, nos dejamos arrastrar por los supuestos más negativos, y nos convencemos de que no hay forma de salir de la situación. Otras veces, nos volvemos hacia lo que parece «nuestra única posibilidad»: una buena relación amorosa, un ingreso de dinero o una nueva posesión que nos garantice la salida. ¿Cuántas veces nos detenemos a esperar un milagro? Los milagros vienen de Dios; no dependen del control humano. La mejor situación para un milagro es pedirlo y luego dejar que suceda, sin recurrir a nuestras salidas habituales o a nuestros métodos inservibles. Esta actitud facilita que el milagro llegue hasta nosotros. Esperamos un milagro cuando no sabemos cuál es la salida, ni podemos conocer qué dirección tomarán los acontecimientos, y, en efecto, el milagro puede resultar exactamente lo contrario de lo que esperábamos.

Cuando se nos ocurra una solución, esperemos un poco y pidámosle antes a Dios un milagro. A veces los milagros son muy sutiles, por tanto hay que prestar atención al misterio para captar lo que es milagroso.

***Meditación de los ángeles:* Confío en que Dios sabe qué es lo mejor para mí.**

—— ✳ ——

3 DE DICIEMBRE

LA SUERTE

***Consejo de los ángeles:* Cuando nos encomendamos a la suerte, estamos entregando el hermoso don de nuestra capacidad de decidir al tirano despiadado de la supersitición y a la inseguridad de la fortuna o el destino.**

¿HAS EMPLEADO alguna vez la expresión «Con mi suerte...», seguida de un pensamiento negativo? «Con mi suerte, lloverá el domingo y se me estropeará el traje», «Con la suerte que yo tengo, habrá algún asteroide que recorra mi cielo». Reflexiona en lo que decimos cuando comentamos nuestra mala suerte. En primer lugar, damos por sentado que existe una fuerza así llamada, y, en segundo lugar, admitimos un pensamiento realmente descorazonador: que sentimos la ausencia de la gracia en nuestra vida. ¿Has pensado alguna vez que decir: «Yo nunca gano nada», significa: «Soy una víctima del cruel dios del destino». Los ángeles desean que dejemos de etiquetar las experiencias vitales según la buena o la mala suerte, y que, por el contrario, pensemos que hemos recibido la bendición de Dios. Da igual lo que nos depare la vida, porque todas las cosas están bendecidas.

Abandona hoy mismo tu concepto de «suerte» y déjate bendecir por Dios. Estar bendecido quiere decir estar agradecido porque confiamos en la voluntad de Dios, sea cual sea nuestra situación. Los budistas buscan la ecuanimidad que les permite aceptar todas las cosas, sean buenas o malas, sin hacer juicios, porque todo forma parte de una totalidad perfecta. Abandonar los prejuicios de la superstición y aceptar que estamos bendecidos, requiere un tiempo, pero los ángeles te tomarán de la mano, para enseñarte lo absurdo de la superstición cada vez que la palabra «suerte» se te venga a la boca. «Con tu suerte...».

***Meditación de los ángeles:* No dependo de la suerte, sino de la bendición de Dios.**

—— * ——

4 DE DICIEMBRE

INADECUADO

***Consejo de los ángeles:* «Sus calcetines llamaban la atención, sin disminuir el respeto».**
SAKI, *Ministers of Grace*

DURANTE el tiempo que duró el escándalo de Monica Lewinsky, se habló mucho en Estados Unidos de las conductas «inadecuadas». El propio presidente Bill Clinton admitió que su relación con la señorita Lewinsky lo había sido; se dijo que el *Starr Report* había tratado de un modo «inadecuado» el escandaloso material; la cinta de vídeo de la declaración de Clinton ante el tribunal se proyectó, según se dijo, en un día «inadecuado», por ser Rosh Hashanah, el comienzo de las fiestas sagradas del judaísmo, y, de hecho, así fue. Aunque no todos estamos siempre de acuerdo en lo que es o no inadecuado, los ángeles tienen una definición muy práctica, a la que podemos recurrir en caso de duda: la conducta adecuada es aquella que domina el comportamiento inspirado en la decencia y, según el diccionario, «la propiedad en la conducta y el lenguaje; la observación de los requerimientos de la modestia». Cuando tenemos que elegir cómo comportarnos, si de verdad se puede decir que actuamos con modestia e integridad —con el propósito de apoyar la verdad y la justicia—, entonces estaremos comportándonos «adecuadamente», aunque los demás no se sientan a gusto. Solo así podremos atraer la atención de otras personas, sin perder su respeto.

Escribe tu definición de lo que significa para ti una conducta inadecuada, y piensa en qué consiste la falta de adecuación en tu vida.

***Meditación de los ángeles:* Cuando tenga que manifestar algo, lo haré con modestia, integridad y decencia.**

— ⁎ —

5 DE DICIEMBRE

«PARA AYER»

***Consejo de los ángeles:* Es tiempo de entregar el tiempo a Dios.**

MUCHOS PROBLEMAS provienen de querer encajar toda la vida en un horario de locos. La famosa frase «Es para ayer», que tanto se oye en el mundo del trabajo, demuestra que vamos atrasados aun antes de empezar. Ha terminado el plazo, y ni nos hemos dado cuenta. El único recurso que nos queda es ajustar nuestra vida a un ritmo que siempre nos lleva «con la lengua fuera», porque no entendemos que los seres humanos solo podemos administrar el tiempo, nunca controlarlo. Los ángeles contemplan divertidos nuestra inútil carrera por adelantar al tiempo, y esperan a que nos detengamos a respirar, para recordarnos que esta veleidosa mercancía pertenece solo a Dios. En efecto, cuando lo dejamos en sus manos, no solo en la oración, sino en la confianza, descubrimos que las cosas tienen un modo misterioso de hacerse y de ampliar el tiempo, al margen de las medidas humanas.

¿Tienes algún proyecto que sea «para ayer»? Si es así, ¿cómo lo estás gestionando? ¿Te estás volviendo loco? ¿Te obligas y obligas a otros a traspasar los límites de lo razonable? ¿Vives aterrorizado por el fracaso? Hay personas a las que les gusta comprometerse con plazos imposibles, lo que las obliga a una descarga suplementaria de adrenalina. Otras se encuentran en una posición insostenible en sus empleos, con el trabajo amontonado, siempre sin tiempo para hacerlo. Sea cual sea el caso, los ángeles conocen la solución: sencillamente, dejar el tiempo en manos de Dios. Si quieres, escribe tu proyecto y el plazo en un papel, mételo en un sobre y envíaselo a Dios, imaginando que lo echas al correo. No tienes que preocuparte; Dios lo tendrá a tiempo. Mientras tanto, siéntate, relájate, trabaja a un ritmo razonable y espera la sorpresa.

***Meditación de los ángeles:* Cuando confío en el reloj divino, mi trabajo diario adquiere una nueva dimensión.**

—— * ——

6 DE DICIEMBRE

ANHELOS

***Consejo de los ángeles:* Los anhelos son como los postes del camino, indican la vía hacia el alma.**

UN ANHELO es un deseo profundo de algo que, de un modo u otro, puede satisfacernos plenamente. Anhelamos tener libertad para hacer las cosas que queremos. Anhelamos un trabajo que nos apasione. Anhelamos un amor que llene el vacío de nuestro corazón. Es bueno sentir anhelos, porque nos permiten soñar, pero cuando esos deseos nos impiden valorar el aquí y el ahora, serán más una carga que un estímulo para tener una vida más feliz. Los ángeles nos aconsejan que dejemos hablar a los anhelos, para conocer qué cambios deseamos en nuestra vida que nos hagan personas más seguras, más libres y más satisfechas. Podemos atraer el amor abriendo el corazón a los demás. Los anhelos son instintos de mejora, por eso es bueno empezar dando las gracias por estar vivos. Cuando generamos agradecimiento, siempre recibimos abundancia.

¿Cuáles son tus anhelos? ¿Cómo afectan a tu vida? ¿Te sientes harto e insatisfecho? ¿Te sirven de estímulo? A veces, los anhelos nos conectan con nuestras necesidades más profundas. ¿Qué te dicen tus anhelos sobre las necesidades de tu alma? Pídeles a los ángeles que te inspiren y te envíen oportunidades que te ayuden a satisfacer los requerimientos de tu alma.

***Meditación de los ángeles:* Doy las gracias por mi vida y por los anhelos que me conectan con mi alma.**

—— * ——

7 DE DICIEMBRE

VAMPIROS

***Consejo de los ángeles:* «Mira cómo teje la telaraña su red para la incauta mosca». Drácula**

NO todos los vampiros tienen colmillos, ni recorren la Tierra desde la puesta de sol hasta el amanecer, ni tienen el exótico encanto de Bela Lugosi. La vida cotidiana está llena de vampiros, de gente que solo puede vivir alimentándose de energía ajena. Todos tenemos un amigo narcisista, un vecino, un compañero de trabajo o un pariente que solo nos llama para contarnos sus penas y deprimirnos con sus problemas. ¿Cuántas veces hemos bendecido el invento del contestador automático, cuando oímos el mensaje de esa voz quejosa que nos resulta tan familiar? Es curioso, pero aunque ella parece una víctima de la humanidad, las auténticas víctimas somos nosotros, esas moscas incautas que quedan atrapadas en su red manipuladora. Si tienes un vampiro en tu vida, que te quita la energía en forma de tiempo y esfuerzo, con el recurso del resentimiento, te doy un consejo. La próxima vez que te llame, dale el número de la Cruz Roja y dile que allí le quitarán el hambre. Luego, cuelga y vive tu vida.

Si quieres librarte de un vampiro, pero no te atreves a enfrentarte a él, pide ayuda a los ángeles, y te darán valor para sincerarte con esa persona y a establecer tus límites.

***Meditación de los ángeles:* No permito que otros se aprovechen de mi preciosa energía.**

— * —

8 DE DICIEMBRE

HECHICEROS

***Consejo de los ángeles:* «Los hechiceros se valen de ciertas artes especiales para explotar las fuerzas de la Naturaleza en su provecho. El verdadero propósito de la metafísica es perfección nuestro ser interior en sabiduría, virtud y entendimiento. Toda mejora forzada es hechicería».**

MANLY P. HALL

MANLY HALL asegura que es mejor practicar la metafísica que la hechicería, porque, si lo hacemos con honradez, aumentará nuestra sabiduría y nuestro entendimiento. Pero utilizar la metafísica para satisfacer las necesidades de nuestro ego y forzar el lado oscuro del mundo en nuestro provecho es hechicería. Todos aquellos que hacen conjuros para otros o para ellos mismos están poniendo en marcha un bumerán, que, antes o después, volverá a ellos. Todo lo que sale de nosotros, vuelve a nosotros, de una u otra forma, y nunca podemos predecir cómo va a volver lo negativo. Oímos hablar de magia «negra» y magia «blanca», o magia positiva y magia que se hace para perjudicar a otras personas, pero todas las clases de magia son un intento de controlar el destino y las personas. Los ángeles prefieren que recemos por nuestras grandes necesidades, en vez de forzar la mano de Dios.

Olvídate de la magia y las hechicerías. Examina tu vida, y asegúrate de que no recurres nunca a esos medios. La magia es contraria a la conciencia angélica, y se complica aún más cuando intentamos meter a los ángeles en ello para lograr nuestros propósitos. Si sospechas de que alguien la hace contra ti, pide a los ángeles y al arcángel san Gabriel que te ayuda a transformar ese campo energético en bien para todos.

***Meditación de los ángeles:* No soy un hechicero, sino un ser espiritual que necesita crear amor.**

—— ✳ ——

9 DE DICIEMBRE

GUARDAR LA FILA PARA PAGAR

***Consejo de los ángeles:* ¿Qué ocurriría si la persona que tenemos al lado es un auténtico ángel?**

TODOS SABEMOS lo que pasa cuando vamos a comprar a una tienda. Guardamos la fila para pagar la comida que hemos comprado, rodeados de chicles, caramelos, comida llena de grasa, revistas «femeninas», periódicos y todo tipo de tentaciones que no necesitamos. Pero, detrás de nosotros, esperan otras personas: gente triste, gente alegre, la mayoría nerviosos, padres con niños, personas solas, viejos y jóvenes. Y todos sabemos lo molesto que es encontrase con personas que atascan la fila, porque discute un precio o paga con tarjeta. Sin embargo, no falta alguien que nos sorprende con una sonrisa. ¿Es que no recordamos lo bien que nos sienta ese gesto cuando estamos impacientes porque tenemos prisa? La amabilidad tiene poder para superar las situaciones difíciles, y siempre que se nos invita a relajarnos y a establecer un momento de comunicación amable con alguien es que hay un ángel presente.

La próxima vez que guardes fila, mira a tu alrededor y luego observa tus propios gestos. ¿Te sientes conectado con la gente que te rodea o aislado de ella? Imagina que todas las personas que ves reciben el amor y la protección de los ángeles. ¿Te parecen distintos ahora?

***Meditación de los ángeles:* Cuando tengo que guardar fila, me tranquilizó y miró a los demás con los ojos del amor divino.**

10 DE DICIEMBRE

LA BUENA VIDA

***Consejo de los ángeles:* «Limítate a hacer lo que puedas en todas las circunstancias de la vida. Aunque estés cansado o te sientas mal, haz lo que debes y nunca tendrás que reprocharte nada».**
DON MIGUEL RUIZ

¿CUÁNTAS VECES has comenzado una charla o mantenido un diálogo con otras personas hablando de lo mal que está el mundo? Nuestro amigo Mick Laugs nos ayuda a comprender que el tiempo es precioso y no se debe malgastar en hablar de lo negativo, en vez de centrarnos en las buenas cosas de la vida. Mick invierte el tiempo sabiamente, contando sus sueños, sus metas y las cosas positivas relacionadas con ellas. Habla de progreso y crecimiento espiritual, por eso siempre aprendo algo bueno de él. Como se centra en lo bueno de la vida, Mick recibe, a su vez, la misma información de los demás, porque no es imposible estar bien en el mundo, pero se hace más fácil cuando nos centramos en las cosas buenas de nuestra vida y no nos obsesionamos con todo lo malo que nos rodea.

Los ángeles quieren que comprendamos que cerca de nosotros hay personas que sienten bienestar en el mundo. Intenta recordar los mejores ejemplos de esa gente que sabe disfrutar de las cosas. ¿Por qué no te centras en lo que funciona bien, en vez de hacerlo en lo que no funciona? La próxima vez que alguien quiera comenzar una conversación sobre cosas negativa, cambio de argumento con toda educación.

***Meditación de los ángeles:* Compartiré y profundizaré todo lo que es positivo en mis conversaciones cotidianas.**

—— * ——

11 DE DICIEMBRE

BUSCA TU LADO «EXCÉNTRICO»

***Consejo de los ángeles:* Ser «excéntrico» no es malo.**

LOS PERFECCIONISTAS son incapaces de relajarse y disfrutar de paz interior. Los excéntricos, por el contrario, pueden hacerlo. «Excéntrico» quiere decir «fuera del centro», por eso se utiliza para definir a las personas que tienen una apariencia o un comportamiento poco convencional. Los expertos que han estudiado ese carácter, han llegado a la conclusión de que ese tipo de personas es más feliz y está más contenta con su vida, y que, desde pequeños, aceptan que son distintos a los demás. No se trata de no tener nuestro centro sagrado; por el contrario, debemos buscarlo y reforzarlo con el ejercicio de prácticas espirituales, pero todos tenemos alguna excentricidad, que influye en las cosas, y las hace menos aburridas, más creativas y satisfactorias, y permite que los ángeles formen parte de ellas.

A veces la experiencia de la vida y la forma de verla que tiene un excéntrico no se concilian bien, porque, para ello, hace falta tener un fuerte centro espiritual. En el mundo actual se producen continuos ataques a nuestro equilibrio, pero los ángeles pueden ayudarnos a comprender las cosas y contrarrestar las fuerzas que nos descentran. Solo tú puedes encontrar el equilibrio entre el centro y lo excéntrico, porque, recuerda, no estás solo. Los ángeles nos ayudarán encantados a encontrarlo.

***Meditación de los ángeles:* Mi centro está en la oración.**

—— * ——

12 DE DICIEMBRE

LOS LÍMITES DEL AMOR

***Consejo de los ángeles:* El amor es paciencia, amabilidad y pensamiento. Sin que se enfade el apóstol Pablo.**

DECIR que el amor tiene límites es casi una redundancia, porque, por su propia naturaleza, el auténtico amor debe tener la honradez de establecerlos. Cuando de verdad queremos a alguien, queremos lo mejor para esa persona, aunque lo mejor pueda no gustarle. No es fácil despedir a un hijo de 25 años que no ha encontrado un trabajo y aún vive de nosotros, ni tampoco negar un préstamo a nuestro mejor amigo, del que sabemos que se ha gastado hasta el último céntimo en drogas. No es fácil dejar que la persona que nos preocupa vuelva a caer en sus errores y tenga que vivir con esas consecuencias, en vez de caer en la tentación de rescatarla y hacerla mejor. Y, por la misma razón, no es fácil enfrentarse a un amigo o a un amor que nos ha hecho daño, para ayudarles a comprender los límites, diciendo: «Estos son los límites que no debes traspasar». Sí, el amor tiene límites, y esos límites sirven para amar adecuadamente. Los ángeles saben que todos tenemos el valor de amar, lo que significa valor para establecer los límites y ayudar a los que amamos a respetarlos. El amor razonable no consiste en dar un apoyo ilimitado. Lo importantes es estar siempre ahí, para los demás, como una presencia empatética. Siempre podemos ayudarlos a ayudarse a sí mismos.

¿Hay alguien en tu vida que deba conocer los límites del amor? ¿Te resulta difícil establecerlos? ¿Te resulta difícil respetarlos, tanto los tuyos como los suyos? Si es así, examina la función y la finalidad de los límites para tu vida, y pide a los ángeles que te ayuden a defenderlos.

***Meditación de los ángeles:* Empeñarse en salvar a los demás no es necesariamente un acto de amor.**

—— * ——

13 DE DICIEMBRE

UN DESPERTAR AGITADO

***Consejo de los ángeles:* Dios no es siempre educado.**

A NADIE le gusta la rudeza, porque los malos modos y la grosería son lo contrario de la civilización, pero a veces necesitamos una cierta rudeza que nos saque de la inconsciencia y nos devuelva al mundo de la realidad. Para despertarnos hace falta algo más que una palmadita en el hombro o una sugerencia hecha con amabilidad y educación, es decir, algo más parecido a un mazazo en la cabeza, un golpe en la espalda o una sacudida cósmica, más allá de las palabras. Los malos despertares pueden ser la señal de que Dios ha decidido intervenir finalmente. En vez de enfadarnos, deberíamos estar agradecidos a quien nos sacude para despertarnos, aunque no lo haga con los mejores modos. Los despertares agitados suelen resultar dolorosos, pero nos ayudan a enfrentarnos a nuestra ceguera y nuestra locura. Los ángeles nos darán el valor necesario para examinarnos con sinceridad y elegir lo que, en vez de adormecernos, nos mantiene despiertos.

¿Estabas dormido y te despertaron? ¿Fue un mal despertar? Piensa en tus despertares y en los cambios que han supuesto en tu vida. ¿Hay algo en este momento de tu vida que te empeñes en no ver, alguna situación que requiera una atención más sincera por tu parte? Si es así, pregúntate qué es eso que no quieres ver y qué pasaría si haces caso a tu intuición en lo relativo a ese asunto.

***Meditación de los ángeles:* Prefiero afrontar las realidades incómodas que ignorarlas.**

— * —

14 DE DICIEMBRE

PACIENTES

***Consejo de los ángeles:* Los ángeles tienen muchos pacientes que cuidar.**

PACIENTE es aquel que afronta la aflicción con ánimo tranquilo. Ser paciente supone una batalla, porque la mayoría de las personas tenemos tendencia a ser impulsivos, a hacer algo. La palabra *paciente* viene del latín *pati*, que significa «sufrir», y que también ha dado origen a *pasión* y a *pasivo*. Por eso el paciente es el que sufre. Según Santa Teresa: «Aquel que es paciente, lo obtiene todo», queriendo decir que todo llega a tiempo, y que hay que aprender a desear lo que se tiene. Para esperar pacientemente una experiencia divina, hay que sentirse cómodos con la idea de que no podemos controlarlo todo y de que solo la fuerza de la sabiduría divina puede arreglar las cosas de tal modo que ni siquiera nos hayamos atrevido a soñarlo. Lo mejor de la paciencia es que cuando dejamos el control de la situación en manos de Dios, permitimos que el tiempo nos haga el favor.

¿Hay algo que te produzca impaciencia? Si has intentado no controlarlo todo, pero sigues sufriendo, como indica la palabra paciente, *¿crees que has salido airoso de la prueba? A veces intentamos ser pacientes, pero no podemos, porque en realidad no lo somos, solo lo intentamos, y es que no prestamos atención a los mensajes que nos mandan los ángeles. ¿Qué te quiere decir tu impaciencia? ¿Hay algo que aún no has hecho? Cuando hay que decidir el momento de ser paciente y el de pasar a la acción, no poseemos más herramienta que la sabiduría.*

***Meditación de los ángeles:* Permito que los ángeles aporten sabiduría a mi paciencia, para saber cuándo tengo que actuar.**

—— * ——

15 DE DICIEMBRE

DERECHOS IMAGINARIOS

***Consejo de los ángeles:* Las cosas que no cuestan nada siempre se disfrutan a costa de otro.**

¿HAS CONOCIDO alguna vez a alguien convencido de que el mundo «le debe algo»? No se trata precisamente de gente agradable. Suelen pasarse la vida quejándose de todo lo que les falta o esperando que vengan otras personas a «sacarles las castañas del fuego», a darles algo a cambio de nada. Naturalmente, la mayoría de las personas creen tener derecho a un cierto grado de felicidad y satisfacción, y hacen bien; los ángeles siempre insisten en que disfrutemos y estemos alegres. El problema surge cuando empezamos a creer que lo merecemos todo, sin dar nada a cambio. Tenemos derecho a la felicidad, pero no a que todo sea gratis. Los ángeles nos avisan de que todo aquello que tomamos del universo, sin contrapartida, nos esperará en la cuenta final. Conviene dominar los derechos fantásticos para no encontrarnos con una factura que no podemos pagar, cuando llegue el momento de abonar la cuenta de lo gastado en el Hotel Tierra.

¿A qué tienes derecho? ¿Estas dispuesto a pagarlo con la moneda del esfuerzo, el compromiso y la persistencia? ¿Alguna vez has recibido algo sin dar nada a cambio? ¿Lo ha hecho alguien contigo? ¿Qué te gustaría tener en este momento en tu vida? ¿Qué piensas hacer para recibirlo?

***Meditación de los ángeles:* Me esfuerzo física y espiritualmente por lograr lo deseo.**

—— * ——

16 DE DICIEMBRE

POR FAVOR, SEÑOR

***Consejo de los ángeles:* Gracias, Dios mío.**

CONSIDERANDO la dificultad de la vida actual en este mundo frenético, uno se imagina que la expresión «Por favor, Señor» se eleva a los cielos a todas horas, en todas las lenguas y entre todo tipo de gente. Por lo general, rogamos a Dios que cambie la situación o a la gente que nos rodea, pero, en realidad, cuando pedimos a Dios que cambie algo, le estamos pidiendo que nos cambie a nosotros. Naturalmente, nos parecería maravilloso que Dios cambiara a esas personas que mezquinas que se cruzan en nuestro camino, pero eso solo ocurre cuando los individuos experimentan un auténtico cambio en la conciencia, cuando cada cual acepta la responsabilidad de cambiar el mundo, empezando por sí mismos. Los ángeles nos ayudarán a cambiar y perseverar en el cambio.

La próxima vez que necesites decir «Por favor, Señor», piensa en añadir también un «Gracias, Dios mío, por darme fuerzas y valor para cambiar», y verás con nuevos ojos las cosas que puedes cambiar en tu vida y en tu forma de percibir las cosas que pueden traerte la paz, porque en el fondo de toda llamada a Dios está la necesidad de pacificar nuestros corazones. Cuando disfrutamos de una auténtica paz, no sentimos la necesidad de pedirle nada a Dios, porque lo tenemos todo.

***Meditación de los ángeles:* Dejo que los ángeles intercedan por mis ruegos y me faciliten la posibilidad de un cambio real en el corazón y la conciencia.**

—— * ——

17 DE DICIEMBRE

SACAR LA BASURA

***Consejo de los ángeles:* Cuando la vida huele mal, es que ha llegado el momento de sacar la basura.**

AUNQUE a nadie le guste, sacar la basura es una de esas cosas que hay que hacer; basta imaginar lo que ocurriría si, en vez de recogerla, la apiláramos durante días, meses o años. La imagen resulta tan horrible que es mejor no pensarlo, y sin embargo, pasamos aún más tiempo sin sacar nuestra basura personal, porque todos tenemos una basura interna y externa que deberíamos recoger periódicamente, y el hecho de que no se vea no significa que sea buena para la salud. Las iras que hemos ido acumulando, las responsabilidades que hemos descuidado; antes o después, su mal olor invade nuestra vida y la de aquellos que nos rodean. Los ángeles saben que se necesita valor para sacar la basura personal, para limpiar nuestra vida y descargarnos de los pensamientos y los actos destructivos o anacrónicos que nos impiden crecer y ser felices, y tampoco ignoran no se puede hacer en un día, pero nos animan a que examinemos los actos o los pensamientos que solo sirven para hacernos retroceder o para agrandar nuestros problemas, y hagamos un esfuerzo periódico para llevarlos al centro de reciclaje de los ángeles, donde ellos estarán encantados de hacerlos desaparecer.

¿Hay en tu vida basura con la que no sabes qué hacer? Puedes dibujar tu cubo de la basura psíquico y llenarlo de todo lo que debas tirar. Entre otras cosas, puede haber relaciones que ya no te sirven de nada, hábitos que deberías perder, temores que te impiden vivir plenamente. Por tanto, saca la basura, para que se la lleven los ángeles.

***Meditación de los ángeles:* Me esfuerzo regularmente por mantener mi vida sana y equilibrada.**

—— * ——

18 DE DICIEMBRE

¿POR QUÉ TANTA PRISA?

***Consejo de los ángeles:* Despacio.**

EN LA PELÍCULA *La mujer del obispo* hay dos personajes que toman un taxi y le dicen al conductor que los lleve a su destino por vías secundarias, para así poder disfrutar del paisaje nevado. El taxista contesta que le encanta encontrar dos personas que saben adónde van y no les importa demorarse en el camino, porque la mayoría de las personas que cogen su taxi no solo no tienen la menor idea de adónde quieren ir, sino que, además, llevan una prisa terrible. Pensemos en el verbo *correr*, no es cierto que ya hay algo en sus sonidos que nos pone nerviosos. ¿Por qué tenemos que correr siempre? Si llegamos tarde, pidamos a los ángeles que allanen el camino y procedamos a paso natural, acabaremos por descubrir que llegamos a tiempo.

Cuando vamos corriendo, no percibimos lo que nos rodea y nos aislamos de las cosas. Es bueno saber dónde estamos, adónde vamos y por qué. Así pues, vayamos despacio, tomemos aire y sintamos la vida a lo largo del camino. Pidamos a los ángeles que nos ayuden a tomarnos todas las cosas con tranquilidad.

***Meditación de los ángeles:* No tengo prisa.**

—— ✳ ——

19 DE DICIEMBRE

VICIOS ANTINATURALES

***Consejo de los ángeles:* No te expongas a enfrentarte a la «brigada contra el vicio» de los ángeles.**

LLAMAMOS vicio a una práctica o un hábito malo o inmoral. El significado original de la palabra es *debilidad.* Por lo general, solemos quitar importancia a los vicios diciendo que son cosas que pertenecen a la intimidad de cada cual, pero ha llegado la hora de mirarlos tal como son. Cualquier hábito que nos cause pena a nosotros o a otras personas, que dañe nuestra salud o disminuya la calidad de vida del planeta puede considerarse un vicio. La mayor parte de la gente piensa, por ejemplo, en el tabaco cuando oye esta palabra, pero también podríamos considerar un vicio el hecho de quemar combustibles contaminantes tanto en los coches como en las casas, ya que estas combustiones dañan el planeta como el humo del tabaco daña nuestros pulmones.

Apártate de cualquier tipo de vicio, por muy inocente que te parezca.

***Meditación de los ángeles:* Cuando mi conciencia está con los ángeles, el vicio queda lejos de mí.**

— ✳ —

20 DE DICIEMBRE

¿DE DÓNDE VENIMOS?

***Consejo de los ángeles:* «El viaje es la vida; el destino ha quedado atrás».**
ELLA PATTERSON

NUESTRO destino es igual a nuestro origen, porque la vida no es otra cosa que una vuelta a la fuente. Sin embargo, no se trata de girar siempre sobre lo mismo, porque estamos aquí para cumplir un contrato que, por ahora, desconocemos, ya que nada más entrar en el oscuro canal del nacimiento olvidamos muchas cosas y solo nos quedan las preguntas. ¿Qué o a quién traemos con nosotros en el viaje? ¿Qué buscamos? ¿Dónde está la verdad?

Pídeles a los ángeles que te ayuden a recordar de dónde vienes. Esta noche, cuando te estés preparando para irte a dormir, ruégales que desciendan hasta tus sueños y te guíen más profundamente por el viaje de la vida. Repítelo y todas las noche tendrás una nueva clave sobre tu vida.

***Meditación de los ángeles:* Sé que mi viaje con los ángeles durará para siempre.**

—— * ——

21 DE DICIEMBRE

SOL

***Consejo de los ángeles:* El Sol sale, el Sol se pone, el Sol vuelve a salir.**

EL SOL es la gran fuente de energía de nuestro planeta. No es solo luz, sino también iluminación, es decir, una metáfora de la verdad, del conocimiento y de la sabiduría divina. Por esa razón, aparece representando a Dios, el supremo ser de luz, y al reino de los ángeles en el arte y la mitología. Por ejemplo, el aura de los ángeles es una especie de Sol, un disco que emite rayos de luz para simbolizar la iluminación espiritual. Cuando tenemos un mal día, cuando nos domina la tristeza, nos ayuda a recordar que la luz volverá, aunque, por el momento, el Sol esté oscurecido por las nubes. Cuando parece que el astro ha desaparecido de nuestra vida, los ángeles nos recuerdan que mañana saldrá puntualmente, para alumbrar un nuevo camino. Ese es su ciclo natural, y cuando, en vez de luchar contra lo evidente, entramos en el curso natural de las cosas, nuestro camino se ilumina, aunque no siempre sepamos adónde nos dirigimos.

¿Dónde esta el Sol en tu vida en este momento? ¿Está saliendo y empezando a arrojar luz sobre un problema o un misterio? ¿Brilla con la fuerza del mediodía, llenándote de energía y entusiasmo? ¿Se ha puesto, abandonándote a la oscuridad de lo desconocido? Si estás frustrado o no ves con claridad algún aspecto de tu vida, recuerda que al Sol nunca le falta la energía, por el contrario, la luz estará siempre en el horizonte mientras seas paciente y mantengas la esperanza.

***Meditación de los ángeles:* Soy consciente del ciclo natural de las cosas, porque no tema la oscuridad, ya que no es otra cosa que el preludio del amanecer.**

— * —

22 DE DICIEMBRE

LA LLAMA ETERNA

***Consejo de los ángeles:* «Hay un fuego en la Naturaleza que nunca se apaga y que ningún frío puede extinguir».**

HENRY DAVID THOREAU, *A Winter Walk*

ESE FUEGO al que se refiere Thoreau en la cita reside en el corazón humano, la fuente de la «virtud», por emplear una de sus palabras favoritas. La bondad hace surgir el verano aun en el peor de los inviernos. Ese fuego es una llama eterna, porque representa el aliento del espíritu, la fuerza creadora que mantiene todas las cosas vivas. Thoreau tiene la inteligencia de no ver en la Naturaleza un adversario, sino un amigo constante; para él, el invierno es un verano «cubierto por una ligera capa», y el sol, una fuerza continua de vida y de luz en los días fríos y en los días cálidos. Los ángeles nos recuerdan que, como el sol, nuestra llama interior —nuestro espíritu— está siempre dispuesto a darnos calor, aun en tiempos de vacío y dolor. Cuando conectamos con los dones del espíritu —creatividad, pasión, imaginación—, somos capaces de derretir la nieve de la desesperación y descubrir los restos de vida que no habían muerto, solo estaban esperando la llegada de la primavera.

¿Hasta qué punto estás en contacto con tu espíritu? ¿Utilizas eficazmente los dones del espíritu en tu vida? ¿Puedes identificar qué es lo que deprime o mata tu espíritu? Recuerda que los ángeles siempre están ahí para despertar el fuego interior y avivar la llama que se lleva la tristeza y el miedo, e irradia energía, pasión y acción creativa.

***Meditación de los ángeles:* Me caliento con la radiante energía de mi eterna llama interior.**

—— * ——

23 DE DICIEMBRE

RECHAZO PSÍQUICO

***Consejo de los ángeles:* «Las corrientes del Ser Universal circulan a través de mí; formo parte de Dios».**

RALPH WALDO EMERSON

FORMAMOS parte de la psique colectiva y, aunque no seamos conscientes, su contenido depende también de nosotros. Puede que haya llegado el momento de examinar qué es lo que añadimos a la colectividad. Somos muchos los que queremos mejorar la sociedad, pero buscamos teorías conspiratorias, delincuentes a los que castigar y causas que nos deprimen. Este rechazo espiritual solo contribuye a hacernos más temerosos, y no aligera la carga. Aunque hayamos encontrado nuestro camino espiritual, no toda nuestra energía está destinada a hacer del mundo un lugar más habitable. No merece la pena continuar juzgándolo todo, sería mejor que recicláramos nuestras actitudes juzgadoras con la ayuda de los ángeles.

Aunque nos aisláramos todo el día, continuaríamos influyendo en la psique colectiva. Comienza a observar desde hoy qué es lo que ofreces a la colectividad. ¿Estás enviando un rechazo psíquico al gran espíritu colectivo? ¿Puede reciclarse? El primer paso es estar alerta a nuestro comportamiento y a nuestros pensamientos. Pide a los ángeles que amplíe tus miras, para que puedas saber lo que debes hacer.

***Meditación de los ángeles:* Soy parte de Dios.**

— * —

24 DE DICIEMBRE

Riesgos

***Consejo de los ángeles:* «Es mejor arriesgarse y perder que no arriesgarse nunca».**

CUANDO oímos hablar de riesgos, nuestro primer impulso en echar a correr en dirección opuesta. Casi todo el mundo prefiere no jugar en la Bolsa, pero entonces son otros los que se hacen millonarios. ¿Cuáles son las consecuencias de eludir los riesgos? Es probable que no perdamos nada en materia de dinero o de ilusión de seguridad, pero ni ganamos ni hacemos realidad nuestros sueños. La verdad es que los que se arriesgan —con inteligencia— son aquellos que viven una vida más intensa. Los ángeles saben que la vida es riesgo por su propia naturaleza, porque cambia continuamente. La vida es cambio, y el riesgo es adaptación al cambio. Naturalmente, riesgo no es lo mismo que temeridad. Por otra parte, ¿quién dice que jugarse todo el dinero en valores seguros o participar en una carrera sea temerario? Cambiar de profesión, salir con un poeta arruinado, reunir el coraje de decir a alguien que le queremos, son riesgos que pueden parecer absurdos, pero que quizá deberían recetarlos los médicos. Cuando tenemos el valor de seguir los dictados del corazón, nunca nos equivocamos, sea cual sea el resultado.

¿Cuáles son los riesgos que te asustan? ¿Qué riesgos crees que corres? Si crees que corres algún riesgo, detente un momento y pregunta a los ángeles, luego escucha lo que dice tu corazón, tu intuición o tu voz interior antes de decidirte a asumirlo. Los ángeles estarán siempre a tu lado para guiarte, sea cual sea el resultado.

***Meditación de los ángeles:* Arriesgarse es vivir.**

—— ✳ ——

25 DE DICIEMBRE

EN EL NOMBRE DE JESÚS

***Consejo de los ángeles:* «Tu nombre es imponente y sagrado». Salmo III:9**

LOS CRISTIANOS han aprendido a terminar sus oraciones con las palabras «en nombre de Jesús, amén». Para el cristiano el nombre de Jesús es la más sagrada de las palabras que lo conecta con Dios, pero, al margen de cuál sea tu tradición religiosa, te será difícil no admirar las enseñanzas de Cristo si hojeas la Biblia. Lee los Evangelios siempre que necesites un consejo o una inspiración.

Si tienes algún problema en la vida y necesitas encontrar tu equilibrio interior, di para ti: «En el nombre de Jesucristo», y espera. Aunque hayas nacido en el seno de otra religión, sentirás una luz interior siempre que nombres a Jesús. Repítelo hasta que hayas recuperado tu equilibrio, y recuerda que Jesús nunca nos abandona.

***Meditación de los ángeles:* Nada puede cambiar mi fe en Cristo.**

—— ✳ ——

25 DE DICIEMBRE

LAS FIESTAS

***Consejo de los ángeles:* Siempre que nos entregamos, recibimos el regalo de nuestro ser divino.**

SE SUPONE que las fiestas son sagradas y existen para regocijarnos en el amor de Dios, aprovechar el tiempo para reflexionar sobre nosotros mismos y celebrar el gran regalo de estar vivos. Pero los seres humanos son capaces de convertir incluso estas fiestas en una pesadilla de tensiones y caos. Las fiestas de Navidad se han convertido en una excusa para un ávido materialismo que solo nos proporciona tensiones, insatisfacción y vacío interior. Honramos a Dios afanándonos por hacer los mejores regalos o los más baratos, con un exceso de actividad que nos desequilibra aún más. Y todo ello en el caso de tener una familia con la que celebrarlas, porque, en caso contrario, las fiestas solo sirven para recordarnos nuestra soledad. Los ángeles desean que recuperemos el auténtico sentido de las fiestas, como una época para dar gracias y extender el amor angélico y el servicio a los demás. Así, las fiestas serán el mejor momento para volver a conectar con nuestro ser divino.

Aprovechemos el tiempo para reflexionar sobre el sentido de las fiestas. Si solo significan para ti tensiones o depresión, los ángeles pueden ofrecerte muchos antídotos. Hazte voluntario, ve a servir la cena a los pobres, visita a los enfermos y a los solitarios, recoge juguetes para los niños que nada tienen, o aprovecha para regalar tu amor preguntando a tus amigos o a tus familiares qué es lo que necesitan de verdad, y verás cómo muestran su sorpresa y aprecian lo que haces por ellos.

***Meditación de los ángeles:* Bienvenidas sean las fiestas si sirven para ampliar mi conciencia espiritual.**

— ✳ —

27 DE DICIEMBRE

Rutina cotidiana

***Consejo de los ángeles:* Lo cotidiano es bueno cuando no se convierte en rutina.**

LAS TAREAS cotidianas son buenas, pero no podemos estar activos veinticuatro horas al día, durante toda la semana. El trabajo y los deberes existen para ayudarnos a crecer, no para acabar con nuestra salud. Muchos somos víctimas de la actividad, y adquirimos innumerables compromisos que solo sirven para amontonar cosas pendientes, facturas, deudas y problemas. Para abarcarlo, trabajamos cada vez más, pero solo conseguimos estar cada vez más tensos. Nos ponemos enfermos, perdemos las amistades y se resiente nuestra salud mental. Nadie en su sano juicio se arriesgaría a una enfermedad cardiaca por hacer tantas cosas (trabajo, gimnasio, etc.). Por eso, si nos empeñamos en seguir así, lo pagaremos con un ataque al corazón o con un serio trauma que nos obligará a detenernos.

Si eres esclavo de la rutina y la actividad, ha llegado el momento de pedir a tu ángel personal que te ayude a diseñar el plan espiritual que necesitas. Dedica más tiempo a las cosas realmente importantes, haz una lista de las personas que pueden ayudarte a compartir tus tareas y descansa. Puede que entonces te des cuenta de que necesitas grandes cambios en tu vida: cambiar de profesión, viajar, dejar una relación que no te conviene, etc. Sea cual sea tu situación, debes saber que siempre hay respuesta para todo y que puedes salir de la rutina si quieres.

***Meditación de los ángeles:* Me tomaré el tiempo necesario para reducir las tensiones de mi vida.**

—— * ——

28 DE DICIEMBRE

EL FINAL DE LA BÚSQUEDA ESPIRITUAL

***Consejo de los ángeles:* «¿Qué es lo que queda cuando se derrumba nuestro yo y caen todas las murallas, el miedo o la libertad?».**
STEVE HARRISON

SI BUSCAMOS el espíritu, ¿qué encontramos al final del camino? ¿Qué pasaría si no encontráramos nada, solo el vacío, y, sin embargo, nos sintiéramos mejor que antes? Por fin, quedaríamos vacíos de nuestro culebrón personal, de los gurus, de los métodos, de las meditaciones, de los hábitos y las creencias, y podríamos dedicarnos a conocer de verdad. Si al final de nuestra lucha se derrumba ese yo con el que nos hemos identificado, encontramos los demonios de la noche oscura del alma y descubrimos que nada ha servido para nada ¿para qué necesitamos llegar a ese punto? Porque solo así seremos libres y nos pareceremos a los ángeles.

Ser como los ángeles significa convertirnos en un poder sanador allí donde estemos. La posibilidad está en nuestras manos; el camino es mucho más sencillo de lo que creemos. Cuando alcanzamos el estado que hay más allá del yo, ya no necesitamos identificarnos con el bien o con el mal, porque ya no queda más que la expresión de la libertad.

***Meditación de los ángeles:* No temo ir más allá de mi yo y entrar en el ámbito de la libertad.**

⁂

29 DE DICIEMBRE

ESTERILIDAD

***Consejo de los ángeles:* Una vida sin el espíritu de los ángeles es triste y estéril.**

¿QUÉ se nos viene a las mientes cuando pensamos en un espíritu roto, en un alma perdida, en un corazón negro o en un cuerpo sufriente? Son imágenes que despiertan en nosotros la tristeza y la desesperanza. Si hemos experimentado algo parecido, sabemos que la vida en esa situación parece estéril y vacía de divinidad y de belleza. Un alma perdida es triste, mientras que un alma sólida es un tesoro de riquezas. ¿Hay algo peor que un corazón negro, necesitado de venganza? En cuanto al cuerpo, cuando está enfermo o cansado es como una casa vacía que se ha quedado vacía, aunque en otros tiempos fuera un hogar que albergara una familia entre sus paredes. Los ángeles tienen antídotos para todos nuestros males, y quieren ayudarnos a transformar ese terreno estéril que hay dentro de nosotros en un refugio cálido y amoroso.

Si te sientes estéril y triste, llama enseguida a los ángeles y pídeles que te ayuden a recuperar tu bienestar. El cuerpo debe estar en armonía con el espíritu, el alma y el corazón. Los ángeles nos guían para volver a congraciarnos con el ser que llevamos dentro.

***Meditación de los ángeles:* Mi alma y mi espíritu están llenos de la luz de los ángeles.**

—— * ——

30 DE DICIEMBRE

DARSE CONTRA LA PARED

¿ALGUNA vez te has dado contra una pared? Si es así, no habrás conseguido más que hacerte daño. Las paredes son adversarios formidables, y cuando nos damos contra ellas sufrimos las consecuencias. La expresión «darse contra la pared» significa llegar al final de nuestras posibilidades. Nada va bien, todo se ha agotado, hemos dado todo lo que teníamos y no nos queda adónde ir. Si no somos como Casper, el simpático fantasma, no podemos atravesar las paredes, de modo que nuestra única alternativa es abrir una puerta o quedarnos bloqueados. Si estamos en una situación frustrante, la mejor solución es detenernos antes de la pared y reflexionar. ¿Cómo salir adelante, si ya hemos hecho todo lo que podíamos? Si tratamos con gente imposible, ¿cómo prescindir de ella o, al menos, no dejar que influya en nosotros? Si nos encontramos ante un callejón sin salida en un determinado proyecto, ¿qué alternativas tenemos para comenzar de nuevo? Si tenemos una relación amorosa que no funciona, ¿qué hacer para afrontar los problemas que estamos eludiendo? Los ángeles nos recuerdan que nada justifica que nos demos contra la pared, y nos invitan a pedir su ayuda para recuperar nuestras fuerzas y seguir adelante.

¿Te has dado contra la pared últimamente? Si es así, ¿qué te condujo a hacerlo? Intenta ver tu problema como una pared con una mensaje escrito. ¿Qué te dice? Cópialo, y piensa en todo lo relacionado con el problema. Imagina ahora que estás frente a la pared. ¿Qué puedes hacer, romperla, saltarla, volar por encima? Visualízate saltando la pared de tu problema, es decir, superándolo.

***Meditación de los ángeles:* Me enfrento a los problemas antes de que se conviertan en un muro.**

— * —

31 DE DICIEMBRE

DÓNDE ENCONTRAR A LOS ÁNGELES

***Consejo de los ángeles:* Cuando nos quedamos un rato solos con nosotros mismos, podemos experimentar la atemporalidad de los ángeles.**

NO TENEMOS que ir muy lejos para encontrar a los ángeles, porque siempre están a nuestro alrededor, en ese maravilloso vacío que llamamos la Nada. Salir a buscar a los ángeles es como emprender un viaje en busca de la felicidad, podemos dar la vuelta al mundo, pero, al final, comprenderemos que está dentro de nosotros. Los ángeles nos responden cuando nosotros respondemos a la vida con conciencia angélica, es decir, cuando nos acordamos de dar las gracias, cuando dejamos de obsesionarnos con la opinión que tienen los demás de nuestros actos y nuestras palabras, cuando reconocemos nuestro dolor, en vez de esconderlo.

La próxima vez que busques a los ángeles, creyendo que están muy lejos, tómate tiempo y detén tu actividad. Quédate solo y espera a que te llegue una imagen o una información nueva, que te acerque a la conciencia intemporal de los ángeles. Basta con que te detengas a esperar y dejes que sea tu propia necesidad la que determine el resultado.

***Meditación de los ángeles:* Sé dónde están los ángeles.**